EU
uropean nion

EUは危機を超えられるか

Can EU overcome its crisis?
Dynamics of integration
and fragmentation

統合と分裂の相克

岡部直明［編著］
EU研究会［著］

NTT出版

「EUは危機を超えられるか」目次

序　章

試練の大欧州

明治大学国際総合研究所フェロー
岡部直明（おかべ・なおあき）

ジャーナリスト。1947年高知県生まれ。69年早稲田大学政経学部卒、日本経済新聞社入社。東京本社経済部記者等を経てブリュッセル特派員、ニューヨーク支局長、取締役論説主幹、専務執行役員主幹、コラムニストを歴任。早稲田大学大学院客員教授を兼務。2012年より現職。著書に『ドルへの挑戦』『主役なき世界』『応酬——円ドルの政治力学』『ベーシック日本経済入門』（いずれも日本経済新聞出版社刊）など。

PROLOGUE

SUMMARY IN THIS CHAPTER

大欧州は最大の試練にさらされている。
英国のＥＵ離脱決定が欧州を揺さぶる。
ユーロ危機は収束に向かうが、ギリシャに不安は残る。
しかし平和の連合、ＥＵに崩壊はありえない。
危機にあってＥＵの再統合が試される。

序章
試練の大欧州

日本人にとって欧州連合（EU）はいまなお遠い存在であるようだ。かつて詩人の萩原朔太郎が「ふらんすに行きたしと思へどふらんすはあまりに遠し」と嘆き、戦中の政治家である平沼騏一郎が「欧州の天地は複雑怪奇」といって政権を投げ出したこともある。しかし、人口5億人を超す世界最大の経済圏をいつまでも「遠し」とか「複雑怪奇」で済ませるわけにはいかない。EUの激動は、日本企業の活動にも日本人の生活にも大きな影響を与えずにはおかないからだ。

冷戦終結を受けて拡大と深化を遂げた大欧州はいま最大の試練にさらされている。英国は国民投票でEU離脱を決めた。その衝撃はEUを揺るがした。反EU機運はEU各国に広がっている。中東の危機はEUをおおい、押し寄せる難民受け入れをめぐってEUの亀裂が深まっている。パリ、ブリュッセルなど主要都市にテロが連鎖するなかで、移動の自由というEUの土台も揺らいでいる。ユーロ危機はようやく収束に向かっているが、震源地のギリシャ経済になお不安が残されている。複合的危機のなかで、このままEU統合は進むのかという懸念が広がる。

しかし、2度の世界大戦を経てできたこの平和の連合が崩壊するわけではない。ユーロの解体もありえない。危機にあってこそ発揮されるEUの粘り強さに着目すべきだ。主役なき世界にあって、グローバル・アクターとしてEUの役割は大きい。過度の悲観論に陥ることなく、「EU危機」の深層を冷静に分析し、その可能性を展望するのが本書の狙いである。

1　衝撃広げる英国のEU離脱

２０１６年６月23日、EU離脱を問う英国の国民投票は僅差で「離脱」が「残留」を上回る結果になった。予想をくつがえすこの結果は、世界を揺さぶった。EU内の移民の急増に不満をもつ英国民が「英国第一」の呼びかけを受け、反EUの国民感情を爆発させたのである。

しかし、このEU離脱は英国自身の首を絞めるオウン・ゴールといえる。「英国の分裂」を招いたのである。離脱か残留かは世代間、所得階層間、そして地域間で鮮明である。65歳以上の高齢層は離脱が58％だが、18歳から24歳までの若者は残留が72％に達している。所得階層をみても、ホワイトカラーは残留でブルーカラーは離脱という傾向がみえる。

地域間での落差も大きい。スコットランドは62％、北アイルランドは56％が残留だし、首都のロンドンは60％が残留を求めている。もともと英国からの独立を求めてきているスコットランドは、国民投票の結果を受けて、独立のための住民投票実施とEU加盟に動き出している。北アイルランドはアイルランドとの統合に動く可能性もある。さらにシティーを抱えるロンドンは、シンガポールのような都市国家をめざすことも考えられる。

テリーザ・メイ新首相は「グレートブリテンと結束を」と呼びかけたが、国民投票で英国は「グレートブリテン」から「リトル・イングランド」への道を選択したことになる。

もちろん、スコットランドの独立・EU加盟にはEU内に異論がある。独立に積極的なカタルーニャ州を抱えるスペインは早くも反対の声をあげている。しかし、国民投票の結果が「英国の分裂」を招いたことは間違いなく、メイ政権は困難なかじ取りを迫られることになる。

それにしても、40年間も享受したEUメンバーの座を英国はなぜ捨てるのか。英国は欧州共同体(EC)加盟を12年も待たされた。盟主だったドゴール仏大統領に2度にわたって拒否されたのである。EC加盟はドゴール死後の1973年である。

苦労して手にしたメンバーシップを捨てるという選択は、EU官僚(ユーロクラート)嫌いで有名だったサッチャー首相でさえ念頭になかった。ジスカールデスタン、シュミット、ミッテラン、コールという強力な仏独連合と渡り合ってきたサッチャー首相でさえ、ユーロ創設や政治統合に反対しながら、EUのなかで生きる道を選択していた。国家の命運を決めるぎりぎりの選択を国民投票に委ねるという政治の失態は歴史に刻まれるだろう。

国民投票を決めたキャメロン首相は残留を求めたが、もともとEU懐疑派だった。1992年、英ポンドはジョージ・ソロスの為替投機を受け、欧州通貨制度(EMS)の為替相場メカニズム(ERM)からの離脱を余儀なくされる。「暗黒の水曜日」と呼ばれる屈辱の日を、キャメロンは財務相のスピーチライターとして体験する。

ユーロ危機のさなか、ユーロ圏首脳が苦悶しているときに「ユーロに入ってなくてよかった」と語って、ひんしゅくを買ったこともある。ユーロ創設以来、EUはユーロ圏と非ユーロ圏の

2重構造になっている。キャメロンは大国意識の強い英国の首相として疎外感を味わっていたに違いない。

英国の国民投票は、EU離脱派と残留派の闘いとされてきたが、実は離脱派と懐疑派の闘いだったのである。内相としてEU域内からの移民流入を抑制してきたメイ首相も残留派でありながら、EU懐疑派だったといえる。残留派が離脱派に押されたのは、「消極的残留」にとどまっていたからだろう。

それにしても、保守党内の基盤強化のために国民投票を選択したキャメロンにしろ、もともと残留派だったのに、権力闘争のため離脱派の先頭に立ったボリス・ジョンソンなど英国の政治エリートが「自国本位」どころか「自分本位」だったのは残念である。そのツケは英国とEUに重くのしかかっている。

ウィンブルドン現象といわれるほど外資に依存した英国経済への打撃は深刻である。第二次大戦後、「英国病」と呼ばれる経済停滞に悩まされた老大国がよみがえったのは、サッチャー改革など国内改革だけでなく、EUという単一市場で生きられたからである。輸出入ともほぼ半分が対EUである。EU内でのサプライ・チェーンもきめ細かく築かれている。

外資が英国に拠点を置くのは、英国が単一市場EUに属しているからである。その基本条件が揺らげば、外資は拠点を欧州大陸などに分散するしかなくなる。

金融機能が集積したロンドン・シティーも安泰ではいられなくなる。英国で免許を取ればE

U圏全域で事業ができる金融パスポートの扱いがどうなるか、外資は心配し始めている。ゴールドマン・サックスは英国の拠点を移転することも検討しており、米金融機関の動きに各国の金融機関が追随する可能性もある。

欧州大陸ではシティーからの移転を積極的に受け入れようという動きもある。フランスのオランド大統領は、ユーロ決済機能はシティーではできなくなるとけん制している。フランクフルト、パリ、アムステルダム、エディンバラ、ダブリンなどに金融機能が分散する公算もある。

外資の動きしだいで、英国経済に大きな影響が出る。EU離脱を受けた大幅なポンド安で優良資産に割安感が出て、買収の動きが目立っている。日本のソフトバンクが英半導体設計のアーム・ホールディング(ARM)を3兆3000億円で買収するのもその動きだろう。英国内にはこうした外資流入を歓迎する見方がある一方で、優良資産の売却は英国の競争力に響くとの見方もある。

最大の問題は、EU離脱で先行き不透明感が強まるなかで、既存外資は、新規投資を見合わせ、さらには拠点の移転を検討する可能性が強いことだ。ポンド安は輸出増要因だが、ポンド危機になれば、話は別である。景気後退と物価高が同時進行するスタグフレーションに陥れば、イングランド銀行のかじ取りは難しくなる。EU離脱で英国は「新英国病」に悩まされることになりかねない。

EUとの離脱交渉は円滑に進む保証はない。それどころか難航は避けられないだろう。メイ首相は「最良の条件を引き出す」と強調するが、EU内で最も英国寄りとみられるドイツのメルケル首相でさえ「いいとこ取りは許さない」と公言している。英国にすれば、移民流入を抑制しながら、EUへの市場アクセスはこれまで通りにしたいという姿勢だが、EUは英国を特別扱いするわけにはいかない。

ノルウェー方式が有力案とされるが、英国は受け入れられないだろう。単一市場に完全にアクセスできる一方で、移動の自由の原則は受け入れる。それにEUの法制は受動的に受け入れ、一定の拠出金も支払うという方式だ。これでは何のためにEUから離脱するのかわからない屈辱的な方式と映るだろう。

EUとの離脱交渉には、ボリス・ジョンソン外相はじめ離脱派の7人の政治家があたることになるが、きびしい離脱交渉で英国に「大後悔時代」が訪れるかもしれない。

2　離脱ドミノは防げるか

英国のEU離脱をめぐってEU側が英国に甘い顔ができないのは、英国の国民投票の結果がEU内に広がっている反EU機運をあおり、離脱ドミノにつながりかねないという危機感があるからだ。

反EU機運はEU内のあちこちに広がっている。いずれも反移民などを掲げる極右か急進左派勢力である。ポーランドでは右派の「法と正義」のシドゥウォ政権が難民受け入れに反対する。オーストリアでは極右、自由党が人気を集める。

その動きはEUの原加盟国にさえ広がる。オランダでは極右の自由党が勢力を伸ばし、イタリアでは「五つ星運動」がローマ、トリノなど19都市の首長の座を獲得した。ドイツでさえ、極右「ドイツのための選択肢」が地方選で得票を伸ばした。なにより、フランスではマリーヌ・ルペン党首の極右「国民戦線」が根を張り、大統領の座さえうかがう展開である。

その一方で、英国の国民投票の結果が各国に微妙な影響を与えているのも無視できない。スペインでは急進左派の「ポデモス」が勢力を伸ばしてきたが、英国の国民投票後の総選挙では低迷した。EU離脱に伴う英国の大混乱をみて、スペイン国民は安定を求めたとみることもできる。

それにしても、なぜEU内でこうも反EU機運は広がっているのか。そこには、共通する構造要因がある。EUの拡大と深化というグローバル化のなかで、所得格差は広がった。若者を中心とする構造的失業は、独り勝ちのドイツ以外のEU全域で深刻化している。移動の自由というEUの基本原則のもと、旧東欧圏などEU域内からの移民が増えれば、そこにあつれきも生じることになる。

それだけではない。イラク戦争、さらにはアラブの春を受けた中東危機は、中東、北アフリカからの大量の難民を生んだ。ドイツのメルケル首相は積極的な難民受け入れを表明したが、難民受け入れをめぐってEU内の亀裂は深まった。難民受け入れを長期的な成長戦略と位置付けるドイツの考え方をどのEU加盟国も受け入れられるものではなかった。

難民問題をめぐるEU内のあつれきが深まるなかで、イスラム国（IS）によるテロがパリやブリュッセルで起きた。イスラム国の過激思想が、自由で開放的なEU主要国のなかで繁殖したのは、皮肉である。中東の危機はEUの危機と連鎖することになったのである。それは、EUの土台である移動の自由という原則さえ揺さぶっている。

こうしたなかで、反移民などを唱える大衆迎合的な勢力が根を張っていくことになる。しかもそれは選挙など民主主義的手続きに基づいている。そうした勢力の批判の矛先はEUに向けられることになる。

問題は、反EU勢力の台頭が英国に続くEU離脱ドミノにつながるかである。2017年の欧州政治の季節がその流れを決めることになる。春のフランスの大統領選挙と秋のドイツの総選挙が最大のヤマ場である。とりわけ、仏大統領選挙でルペンの国民戦線がどこまで勢力を伸ばせるかが注目される。

排外主義とポピュリズムはいまや世界的潮流である。英国の国民投票でのEU離脱がトランプ現象に揺らぐ米国の大統領選にどこまで連動するかである。しかし、行き過ぎた振り子はいずれ戻る。

そのとき英国のEU離脱はどう位置付けられるか。英国の経済悪化や離脱交渉の難航予想など混乱ぶりをみれば、英国のEU離脱は「モデル」ではなく「反面教師」になるかもしれない。

EU内には離脱ドミノへの警戒感が強いが、EUは後戻りができない仕組みになっている。単一通貨ユーロには離脱の規定がなく、離脱するにはEUから離脱するしかない。それは自国通貨を捨てEU経済のなかで生きてきたユーロ圏各国にはありえない選択である。ユーロ危機の震源地、ギリシャでさえユーロ離脱という選択肢は最初からありえなかった。旧東欧圏など非ユーロ圏もユーロ導入を目標にしており、EUの深部に入ることをめざしている。

もともと英国はEU内では特別な存在だった。EU離脱という選択肢がありえたとすれば、ユーロにも加わらず、移動の自由を規定するシェンゲン協定にも参加しないというアウトサイダーの立場にあったからだ。それに、EUメンバーでなくても国際社会で生きて行けるという大英帝国としての大国意識があったとみられる。もちろん、それはEU経済の深い相互依存のなかにある英国にとって、大きな誤算になるだろう。

反EUの機運は簡単に収まりそうにはないが、かといってそれがEU離脱のドミノにつながるかというとそうはならないだろう。EUはこれまでにも「求心力が働く時代」と「遠心力が働く時代」を繰り返してきた。しかし、そのなかで着実に統合を進めてきたのがEUである。

冷戦後の大欧州の形成は、求心力の時代とすれば、いまの反グローバリズムは遠心力の時代かもしれない。しかし、反グローバリズムの風潮はいずれ行き詰まる。その弊害を人々が肌で感じるようになれば、EUに求心力が戻る時代はまたくるはずである。

3　ユーロ危機は終わったか

大欧州の危機は、ユーロ危機から始まったといえる。ギリシャ危機はその震源にあった。そこには、欧州文明の源流であるギリシャに対する特別扱いが潜んでいた。

まず、ギリシャのEU加盟は1981年とかなり早かった。大国であるスペインやポルトガルより早いのは、特別扱いというしかない。筆者は1980年代なかばにたびたびギリシャを訪れたが、ほかのEU諸国に比べてかなり見劣りがした。

ユーロ加盟はもっと意外だった。2001年に早々と参加が認められた。この早すぎる加盟に落とし穴があった。加盟のための財政基準は実は達成されていなかった。2010年になって初めてこの財政粉飾が明らかにされる。ギリシャのユーロ加盟に甘さが残ったのは、当時、ユーロの主役である独仏でさえ、国内総生産（GDP）の3％以内という財政基準を満たせないという事情もあった。ユーロフォリア（ユーロ）による陶酔が続くなかで、ユーロ圏全体として財政規律が緩んでいた面は見逃せない。

財政粉飾によるギリシャ危機は瞬く間に、ユーロ圏の弱い輪に連鎖する。PIIGS（ポルトガル、アイルランド、イタリア、ギリシャ、スペイン）というありがたくない呼び名をつけられる。弱い輪に共通しているのは、債務危機（ソブリン・リスク）と金融危機が連鎖していた点である。ピサニフェリー・パリ大教授はこの連鎖を「危険なタンゴ」と名付けていた。危機に見舞われた国々は、若者を中心に構造失業に悩まされることになる。それは反EU機運をあおる結果になる。

ユーロ危機は、リーマン・ショックによる世界経済危機の後遺症が残るなかで、深刻化する。グローバル化し情報に過敏になった金融市場が危機に拍車をかけた。国際発信力の強い英国メディアのユーロ懐疑論が世界に伝播する。

危機が危機を呼ぶなかで「市場の時間」と「政治の時間」の落差が目立つようになる。EUはもともと加盟国間でじっくり時間をかけて話し合い、着実に実行するのを得意としてきた。逆にいえば、危機対応力に欠けていたともいえる。

危機対応は市場に押される形で動き出す。救済機関として欧州金融安定ファシリティ（EFSF）が創設されたのは2010年5月である。欧州安定メカニズム（ESM）が常設機関としてその機能を引き継ぐことになる。

欧州中央銀行（ECB）の対応も鈍かった。2011年11月にドラギ総裁が就任して、大胆な金融緩和でユーロ危機の収拾をめざすことになる。ユーロ危機を防ぐため何でもするという「ドラギ・マジック」はユーロ危機一色の市場心理を和らげるのには役立った。

しかし、ギリシャ危機の克服は簡単ではなかった。大衆迎合的色彩の濃い左派のチプラス政権は、EU、ECB、そして国際通貨基金（IMF）のトロイカ体制の支援を受け入れる条件である財政緊縮に抵抗する。支援協議の難航で一時は銀行が休業に陥るという異常事態になった。ＩＭＦ内には中南米債務危機を打開した経験から、結局、債務削減に取り組むしかないという考え方があるが、ドイツは反対する。海運、観光、農業のほかにこれといった競争力のある産業をもたないギリシャの危機克服にはなお時間がかかる恐れがある。

この危機のなかで、チプラス政権は中ロへの接近を強めている。ロシアのプーチン大統領との蜜月ぶりを演出し、中国には港湾の売却にも応じた。

ユーロ危機は、単一通貨の構造問題を露呈した。金融政策はＥＣＢのもとに一元化されているのに、財政政策と金融行政はばらばらという構造問題である。本来、資金調達力の乏しい国までユーロの看板のもとに、安易に資金調達する結果になり、債務危機を招いてしまった。

財政政策の一元化は、まだ議論の段階にある。ＥＵ委員会が提唱するユーロ共同債構想には、ドイツは反対する。トリシェ前ＥＣＢ総裁が提案するユーロ財務省構想も動き出してはいない。ＥＵの原則である「主権の共有」を超えて「主権の移譲」に踏み込むことにはなおためらいがあるからだ。

危機にある国に対しては、財政規律を高めるため相互監視を強める新財政協定を維持するしかない状況だ。財政統合に踏み出せるかどうかが今後のユーロを占う試金石である。

金融行政の一元化は「銀行同盟」という形で動き出した。ＥＣＢのもとに銀行監督を一元化するとともに、統一的な破たん処理を進める。それに統一的な預金保険制度を設けるというものである。銀行同盟は運営に課題は残るものの、危機をばねに統合に動き出した例といえるだろう。

最大の問題は、危機に見舞われた国をどう立て直すかである。ユーロの信認にとって財政規律の維持が基本であることは間違いないが、といって危機にある国に財政緊縮を強いれば、かえって危機を深める危険もある。それはアジア通貨危機でIMFが犯した失敗でもあった。財政規律と成長戦略のバランスこそ重要になる。

ユーロ運営は独り勝ちになったドイツを中心に進められている。財政規律を最優先するドイツと成長戦略を重視するフランスの経済思想がかみあってはじめてユーロ圏経済は安定し、単一通貨ユーロは輝きを取り戻すだろう。

4　大欧州への歴史の重み

多くの難題を抱えるEUだが、その歴史は重い。欧州を戦場とする2度の世界大戦を経て、欧州に永遠の平和を求めるため創設されたこの組織には、平和を願う欧州の人々の思いとそれを支える政治指導者たちの知恵と実践力が息づいている。冷戦の終結は、この平和の組織を「大欧州」に格上げすることになる。旧東欧圏などへの拡大と単一通貨ユーロの創設による深化である。大欧州は冷戦後の米国一極体制に、新たなライバルとして、くさびを打ち込むことになる。

この欧州統合を先導したのは、フランスのコニャック商人だった。ジャン・モネである。学歴はなく実業家ともいえない一介の商人が「欧州統合の父」と呼ばれるようになるのは歴史の不思議というしかない。

商人として米国、中国はじめ世界を歩いてきたモネが表舞台に出るのは、第1次大戦後である。創設された国際連盟の副事務総長に抜擢されたのである。ジュネーブの国際連盟で机を並べていたのが事務次長の新渡戸稲造だった。のちに「独仏の懸け橋」「大西洋の懸け橋」になるモネと「太平洋の懸け橋」をめざした新渡戸の遭遇は歴史的だったといえる。

国際連盟はしかし失敗に終わる。敗戦国ドイツに過大な負担を負わせたことが、ナチスの台頭を許すことになる。モネはこのころから「独仏の共通の資産になる新たな政策が必要になる」(回想録)と考えていた。独仏国境のアルザス・ロレーヌ、ザール、ルール地方の炭鉱と製鉄所を超国家機関で管理する構想を描いていた。

それが第2次大戦後に花開く。EUの出発点である欧州石炭鉄鋼共同体(ECSC)の創設である。エネルギー源である石炭と軍需につながる鉄鋼を共同管理することで、独仏を和解させ、戦争をなくす。経済と安全保障の2面作戦だった。

このモネ構想を表舞台で動かしたのは、フランスのシューマン外相と西独のアデナウアー首相だった。シューマンは第1次大戦でアルザス・ロレーヌがフランスに返還されて初めてフランス国籍を得た経験をもつ。一方のアデナウアーはケルン市長時代もナチスに抵抗してきた。欧州統合の土台である独仏和解にふさわしい顔ぶれだった。

しかし、欧州統合を支えたのは欧州の政治家たちだけではなかった。米国が欧州復興のために打ち出した「マーシャル・プラン」が決定的な役割を担っている。ドイツの復興を軸に欧州全体を復興させるというこの計画は、欧州統合を促す。同時に、それは東西欧州の分断という冷戦の時代を決定づけることになる。

戦後の欧州統合には歴代大統領からジャーナリストまで米国に人脈を築いたモネの功績が大きい。そのモネの敵は、皮肉にもフランス国内にいた。国家主義者のドゴール大統領である。モネが求めた「超国家」(欧州合衆国)ではなく、「国家連合」にこだわった。この思想対立は、いまのEU運営をめぐる摩擦にも残されている。

欧州統合を支えてきた米国だが、欧州経済共同体(EEC)への英国の加盟をドゴール仏大領が拒否したことで、米欧関係にきしみが生じる。EECが経済の砦になることを警戒したケネディ米大統領は多角的貿易交渉(ケネディ・ラウンド)を提唱する。貿易自由化にあたって、地域主義(リージョナル)を取るか多角主義(マルチ)で行くかの対立はその後も続くことになる。しかし、ウルグアイ・ラウンドを最後に多角主義が頓挫し、北米自由貿易協定(NAFTA)、そして環太平洋経済連携協定(TPP)などメガFTA(自由貿易協定)の時代を迎えることになる。

EUを決定的に変えたのは、冷戦の終結である。グローバル化、市場化が世界の共通原理になり、欧州統合もその潮流に沿った。

1951年にに創設されたECSCに加盟したのは、フランス、西独のほかイタリア、オランダ、ベルギー、ルクセンブルクの6ヵ国にすぎなかった。この原加盟国に英国、デンマーク、アイルランドが加わるのは1973年になってからだ。それに、ギリシャ、スペイン、ポルトガルが加わっても、冷戦終結前のEUは12ヵ国にすぎなかった。

それが冷戦終結で加盟国は急拡大する。旧東欧圏、バルト3国から2013年には旧ユーゴのクロアチアも参加し、28ヵ国に膨らんだ。

加盟国の急拡大は、EUの吸引力がいかに大きいかを示すものだ。その一方で、均質な先進国連合から、発展段階に差のある国々を抱え込むことになった。発展段階の差は、EU経済全体を底上げする効果を生んだのは事実である。同時に、EUの原則である「移動の自由」のもと、移民問題などあつれきを生む結果にもなった。

大欧州は拡大とともに、深化を遂げる。ユーロの創設はその柱である。冷戦の終結は東西ドイツ統一というドイツ人にとっての悲願を実らせる。ユーロ創造は、その見返りでもあった。「ドイツのための欧州」ではなく「欧州のためのドイツ」を選択する証しとして、ドイツはフランスの要求をのんで最強通貨マルクを捨て、欧州単一通貨ユーロを選択する。それがコール独首相とミッテラン仏大統領の歴史的妥協だった。コール首相が「ユーロは戦争と平和の通貨」という所以である。

しかし、ユーロの創造は冷戦終結だけでもたらされたわけではない。政治の意思だけでなく、欧州の通貨マフィアたちの構想力と地道な実践力を見逃せない。

欧州通貨統合の構想はルクセンブルク首相のウエルナー報告（1970年）にすでに示されている。ユーロの前身である欧州通貨制度（EMS）の創設には、ともに蔵相経験があり経済通のシュミット西独首相とジスカールデスタン仏大統領のコンビが主導的役割を果たした。そして、冷戦終結を目の前にして、ドロールEU委員長によるドロール報告が構想実現のお膳立てをした。

ユーロ加盟国は1991年の11ヵ国から、2001年のギリシャから2015年のリトアニアまで19ヵ国に拡大している。ほかの旧東欧圏もユーロ加盟をめざしている。

拡大したユーロ圏は、ギリシャ危機を震源とする危機の連鎖を招くことになる。ユーロの構造問題の打開は大きな課題である。といって、単一通貨の経済効果は見逃せない。ユーロ圏経済の利便性と活性化につながったのは間違いない。だからこそ、非ユーロ圏各国もユーロ入りをめざすのである。

5　グローバル・アクターとしてのEU

いま大きな潮流にみえる反グローバリズムだが、いずれ行き詰まるだろう。排外主義は経済への打撃が大きすぎる。排外主義の弊害が明らかになるとき、EUはその役割を見直されるはずだ。経済の相互依存なしにどの国も生きられない。国家主義に寄り掛かるか、「主権の共有」を原則とするＥＵを改革していくか改めて問われるだろう。

主役なき世界にあって、グローバル・アクターとしてのＥＵの役割はさらに高まる。グローバル・アクターの役割を生かすことこそ、ＥＵにとって成長戦略の土台である。大欧州の形成で示された「拡大と深化」が世界視野で求められる。

英国のＥＵ離脱が本決まりになっても、欧州における新たな連携を築くことが肝心だ。大西洋同盟は揺るがない。北大西洋条約機構（ＮＡＴＯ）での防衛協力とともに、米ＥＵ自由貿易協定の成立を急がなければならない。中国の海洋進出を警戒しながらも、経済の相互依存を深めるのは当然だ。成長に限界が来ていても中国の潜在力はなお大きい。ロシアの拡張主義をけん制しつつ、ウクライナ危機の打開を模索する。また重要なのは、中東危機が続くなかでトルコとの関係構築である。エルドアン政権の強権化に警告しながら、難民問題では協力が欠かせない。

日本との経済連携協定の締結も急がなければならない。メガＦＴＡ時代を主導するのは、やはり日米ＥＵ先進国である。ＥＵがグローバル・アクターとして役割を果たすうえで、ＥＵ発の第４次産業革命を世界に広げることも肝心だ。

世界中に広がる「自国本位」の潮流をくつがえすうえで、試練の時代を超えてＥＵが再生できるかが試されている。

本書は、明治大学国際総合研究所のEU研究会での議論の成果をまとめたものである。このEU研究会には、学者、エコノミスト、官僚OB、ジャーナリストなどEU問題に関する第一線の研究者が参加している。巨象であるEUは、どの角度でとらえるかによって、まったく違ってみえる。多面的で複眼的な見方をしない限りEUの全体像はとらえられない。最大の岐路にあるEUがどこに向かうのかを考えるうえで、EU研究会での幅広く徹底した討議は極めて有益であった。

本書は、EUの歴史を踏まえ現場感覚をもってEUの現状と将来を構造分析することをめざした。EU研究会には欧州駐在経験者が多く、現場意識が鮮明だったのが大きな特徴だ。ブリュッセル、フランクフルト、パリ、ロンドンなどEUの主要都市だけでなく、ギリシャやウクライナなど危機の現場にも取材に出かけた。単なる「EU悲観論」を超えた幅広い視野を読者に提供することをめざしたからだ。

第1部「分裂か再統合か」では、英国のEU離脱を受けてEUの行方を探った。英国はどこに向かうか、反EU機運は広がるかを分析するとともに、背景にある難民危機を検証する。さらにドイツの独り勝ちは続くかを展望する。

第2部の「ユーロ危機を超えて」では、危機発生の構造要因を分析するとともに、震源となったギリシャ危機の行方を探った。同時に危機防止に立ち上がったECBの役割や銀行同盟の課題に踏み込んだ。ユーロ圏に構造的失業はあり、ユーロ危機は収束しても難題はなお残されている。

第3部「世界のなかのEU」では、「主役なき世界」にあってグローバル・アクターとしてのEUの役割を探った。テロの頻発など中東危機との連鎖を分析したうえで、ウクライナ危機にみるEUの吸引力に着目した。合わせて中国との新たな連携、日欧経済連携協定などアジアとの連携を展望した。さらに第4次産業革命などEU発のイノベーションで世界を先導できるかを検証した。

本書を通じて、読者がEUを「遠く」「複雑怪奇」な存在ではなく、「身近」で「わかりやすい」存在と感じられるようになれば、幸いである。

●図表　EUの加盟国、非加盟国、加盟候補国

第 1 部

分裂か再統合か

第 1 章

EU離脱で英国はどこに向かうのか

みずほ総合研究所欧米調査部上席主任エコノミスト
吉田健一郎(よしだ・けんいちろう)

1996年一橋大学商学部卒、2012年ロンドン大学修士（経済学）。1996年富士銀行（現みずほ銀行）に入行。対顧客為替ディーラーなどを経て2004年にみずほ総合研究所へ出向。2008年9月からロンドン事務所長。2014年10月から現職。専門は、欧州経済・金融市場調査。著書に『経済が分かる論点50　2016』（共著、東洋経済新報社）、『オイル＆マネー』（共著、エネルギーフォーラム社）、『迷走するグローバルマネーとSWF』（共著、東洋経済新報社）など。

CHAPTER 1

SUMMARY IN THIS CHAPTER

キャメロン前首相を中心とする
残留派の声は国民には届かず、
英国はＥＵ離脱を選択した。
英経済の短期的な失速は不可避ながら、
長期的には金融業という強みを基盤に成長は可能だ。
メイ首相は、就任演説で示した
不退転の決意を着実に実行に移すことが求められる。

1 英国EU離脱の背景

(1)「離脱の街」、バーミンガム

世界中を驚かせた国民投票から約1ヵ月後の7月中旬、筆者は英国中西部の都市、バーミンガムを訪れた。同市は、ロンドンから急行で1時間半余り。人口約100万人、英国第二の都市である。路面電車が走っていたり、中心部の教会には緑の芝生が広がっていたりと、ロンドンよりも時間の流れは緩やかだ。

6月23日に行われたEU(欧州連合)からの離脱(ブレグジット)の是非を問う国民投票で、英国民はEUからの離脱を選択した。結果を地域別に概観すると、ロンドン、マンチェスター、オックスフォード、ケンブリッジなどイングランド都市部と、スコットランド、北アイルランドが「残留」に投票し、その他のイングランドとウェールズは「離脱」に投票した。都市部はエスタブリッシュメント(知識階級)層が多いこともあり、基本的には「残留」支持が多いと言われる。しかし、その例外の一つがバーミンガムであり、同市では残留49・6%対離脱50・4%と、僅差で離脱が選択された。ロンドンにいても英国民の声は一部しか聞こえてこない。筆者は、離脱を選んだ英国第二の都市で、英国民がEU離脱を選択した理由を少しでも直に確認したかった。

パブで出会った近くの町からやってきたという40代後半程度の男性は残留に投票したと言い、筆者に「英国は残念ながらもう既に中流国さ」と述べた。駅中の洋服店で働く20代程度の

女性店員は、「私の夢は資格を取り法律家になることですが、英国がＥＵから離脱すると職が見つけにくいかも」と少し悲しそうに話してくれた。若い世代はおおむね残留支持であり、一様に「なぜ離脱という結果になったのかわからない」と口を揃えた。

今度は街中で募金活動をしている初老の男性に話しかけてみた。筆者がバーミンガムに来た理由を述べると、男性は離脱に投票したと言い、その理由を教えてくれた。「中東欧からの移民は、お金儲けのためだけに次々とやってきて、社会保障にただ乗りしている」、「彼らは英国に全く金を落とさず、自国で裕福な暮らしをしている」、「さらに、英国はＥＵに資金まで拠出してるんだ、これはアンフェアじゃないか？」

バーミンガムはわずか一泊の滞在であったが、住民との会話の中で垣間見えたのは、地域の地盤沈下に対する諦観、世代間の分裂、ＥＵに対する理解の低さなど、様々であった。離脱に投票した男性の主張は、離脱派のキャンペーンでの主張に概ね一致している。ボリス・ジョンソン前ロンドン市長など、ＥＵ離脱派による「主権を取り戻そう」、「1週間に3・5億ポンドがＥＵに支払われており、その資金があれば毎週病院が一棟建てられる」という主張は、真偽のほどは別として、わかりやすかった。

一方で、残留に投票した若者からは、デービッド・キャメロン前首相を中心とする残留派が行ったキャンペーン、すなわち「英国は欧州の中でこそ、より強く、安全で、より暮らし易い」といった前向きな理由はあまり聞かれなかった。ＥＵについてはよくわからないと答えた人も多く、残留派のキャンペーンは、国民には届かなかったように思う。

(2) 英国でEU離脱論が高まった背景

英国でEU離脱論が高まった背景としては、①EU内の保護主義に対する反発、②EUからの移民に対する反発、③EUから感じる経済メリットの低下といった3点が挙げられる。

第一の点について、英国ではEU内の保護主義や官僚主義に対する嫌悪感が強い。それは最近のことではなく、例えばマーガレット・サッチャー元首相は、その自伝の中でEC（欧州共同体、EUの前身）について、「自由貿易を実践し、規制が少なく、自由に協力し合う主権国家の集まりから、国家主義と集権主義への転換があった」と述べ、既に80年代にはEU内の「隠れた保護主義」に対して警鐘を鳴らしていた。EU離脱派はEU内の保護主義による無駄な規制などが、英企業の生産性を落としていると考えている。

第二の点について、EU移民への反発は、2000年代半ばより強まった。2004年にEUは東方に拡大しており、ポーランドなど新規加盟の中東欧地域から大量の移民が英国に流入した。他の欧州諸国は移民流入への一定の制限を課していたのに対して、当時のトニー・ブレア政権は制限を課していなかった。この結果、EU新規参加国からの移民が英国に大量に流入し、職を奪ったり、社会保障システムを圧迫したりするとの批判が高まった。ここで言う社会保障システムとは、社会保障給付のみならず、公営病院である国民医療システム

（ＮＨＳ）のサービスなども含まれる。

第三の点について、英国ではＥＵ加盟により経済メリットを受けていると感じている人の割合が、近年低下している。英調査会社ナットセン・ソーシャル・リサーチが行った調査では、「ＥＵとの緊密な関係が英国を経済的に強くするか」という問いに対して、１９９０年には「強くする」と答えた人の割合が43％であったのに対して、２０１４年にはその比率は37％に低下し、代わりに「弱くする（14年は17％）」や、「影響ない（同42％）」と答えた人の割合が上昇している。英経済が２０００年代は金融サービス業の発展などもあり好調を維持していたことで英国は自信を深めた。更に、２０１０年代以降は欧州債務危機でユーロ圏経済が長期にわたり低迷したため、ＥＵへの懐疑的な見方は強まった。

2　英国を待ち受ける長い道のり

(1)　ＥＵとの交渉は長く厳しいものに

今後英国には、長い交渉が待ち受けている。率いるのはテリーザ・メイ前内相だ。交渉はＥＵとの離脱を巡る交渉と、第三国との通商交渉に大きく分かれる。ＥＵとの離脱関連交渉は、主に新設された「ＥＵ離脱省」が担うこととなり、第三国との交渉は同じく新設の「国際貿易省」が行う。各省の大臣には、ともにＥＵ離脱派であるデービッド・デイビス氏（ＥＵ離脱相）、リアム・フォックス氏（国際貿易相）が任命されている。

英国とEUの離脱関連交渉は大きく二つ、すなわち、EU離脱の条件を決める脱退協定と、新たな関係性を定める新協定に分かれる。両者は基本的には別物であるが、脱退協定は「新協定を考慮に入れて」行うべきと、EUからの脱退規約を定めたEU条約第50条には規定されており、実際には両者は同時並行的に協議されると予想される。

脱退交渉は、EU条約第50条に基づき、英国がEU政府に「脱退通告」を行うことで開始される。脱退交渉で話し合われる内容については特に明確な定めはないが、英国のEU脱退日そのものに加えて、英国（EU）に住むEU市民（英国民）の取り扱いや、移行期間の設定などが話し合われる公算が大きい。脱退協定の交渉期間中、英国に対するEU法の適用は続き、制度的な変化はない。しかし、協定への合意がなければ、脱退通告から2年でEU法の英国への適用は停止される。交渉期間を延長するには、通告から2年後の期限までに英国を含むEU28ヵ国全ての国で、協議の延長に合意する必要がある。

より重要な点は、英国がEUとどのような新協定を結ぶのかである。欧州経済領域（EEA）に参加することで、従来同様の域内市場へのアクセスを確保する「ノルウェー・オプション」から、EUと自由貿易協定（FTA）を結ぶ「カナダ・オプション」、何も合意しない「WTO・オプション」まで、さまざまな選択肢が挙げられている（図表1）。残留派であったメイ首相は、EU域内市場へのアクセスを確保すると同時に移民数の抑制を狙うが、EUは財やサービスの域

●図表1　英国とEUの間の新協定を巡る「5つのオプション」

	自由な市場へのアクセス				EU法の影響	EU予算への拠出	意思決定への参加
	財	サービス		人			
			金融サービス(注)				
1 EFTA(欧州自由貿易連合)+EEA(欧州経済領域)(ノルウェー・オプション)	○	○	○	○	受ける	有り	不可
2 EFTA＋EUとの個別合意(スイス・オプション)	○	△(非常に限定的)	×	○	受ける	有り(部分的)	不可
3 個別の自由貿易協定(FTA)(カナダ・オプション)	○	△(部分的)	×	×	一部	無し	不可
4 ＥＵとの経済協定なし(WTO・オプション)	×	×	×	×	一部(EU向け財輸出)	無し	不可
5a 英国の現状(EUメンバー)	○	○	○	○	受ける	有り	可
5b 離脱の場合に英国が目指すもの	○	○	○	△(限定的)	一部	無し	不可

注:ここでの金融サービスとは、金融機関がＥＵ域内に子会社を設置することなく、直接的に金融サービスを提供できるかどうか。５ｂの人の移動については、ポイント制による限定的な受け入れを想定している。
出所:The City UK"A Practitioner's Guide To Brexit", Open Europe　"Trading Places: Is EU Membership Still the Best Option for UK Trade?", HM Government"Alternatives to membership: possible models for the United Kingdom outside the European Union"等を元に、みずほ総合研究所作成

内市場へのアクセスと労働者の自由移動は「不可分」と明言しており、交渉は簡単ではない。

離脱派議員が主張するのは、ＥＵとＦＴＡを結ぶ「カナダ・オプション」だ。経済に的を絞ったＦＴＡであれば、ＥＵ移民の独自コントロールが可能となるだけでなく、ＥＵ予算への貢献も必要がなくなる。しかし、ＦＴＡを目指す場合、ＥＵ向けの財輸出について関税率がどのように決まるか、金融サービスの自由化が実現するかなど決めるべき事柄は多い。

ＦＴＡにおいて、ＥＵ向けのある財の関税率がゼロ％に設定されたとしても、ＥＵ域内市場に制約なく関税率ゼロ％で輸出できる現状（ＥＵ加盟）と同

じ扱いにはならない。ＥＵ向けの財輸出については原産地規則の影響を受けるため、英国からの輸出品が「メイド・イン・ＵＫ」であることを証明する必要があるからだ。仮に、部品のうち海外調達されているものの比率が高ければ、その財はＦＴＡにおける関税率優遇の対象とはならない。

一方の残留派の中には、英経済への悪影響がもっとも少ない「ノルウェー・オプション」を目指すべきとの意見もある。ノルウェーと同じようなＥＥＡ参加を行うと、ＥＵの域内市場へのアクセスを実現しつつ、共通関税政策や共通漁業政策といった対外政策の縛りからは解放される。しかし、ＥＵ移民の自由な移動を受け入れねばならないうえ、英国のＥＵ予算への拠出も従来と変わらず、移民の抑制など国民投票が示した国民の意思と乖離してしまう。そこで、「ノルウェー・オプション」の変化形として、ＥＵへの域内アクセスを確保すると同時に、「限定的な」ＥＵ移民の受け入れや、従来よりも少ないＥＵへの予算貢献を行う形も議論の俎上に上る。こうした案は、「ブレグジット・ライト」或いは「ＥＥＡ・ライト」と呼ばれるが、限定的であっても移民の受け入れやＥＵ予算への貢献を行うことに関して、ＥＵ離脱派議員からは反対が根強い。

どのオプションが採用されるかは現時点では不明である。しかし、ＥＵ移民の受け入れと、ＥＵへの予算拠出については国内の激しい反発が予想されることを考えると、英国としては経済に的を絞ったＦＴＡをＥＵと結び、その中で最大限、金融サービスや製造業などの自由貿易を推進していくということになるのではないかと、筆者自身は考えている。

(2) 選挙が相次ぐEU、交渉の山場は2018年以降に

EU側の事情に目を転じると、EUとしても、英国の秩序だった早期の離脱が重要である点は、英国と利害が一致している。しかし、EUにとって悩ましいのは、英国のEU離脱がスムースに進むほど、大陸におけるEU懐疑政党の勢いが増してしまいかねない点であろう。欧州は2016年秋から2018年春にかけて、主要国で国民投票や選挙が相次ぐ。EU懐疑政党の勢いをこれ以上強めないためにも、英国に安易な妥協はできない。

2016年10月~12月にかけてはイタリアで憲法改正の是非を問う国民投票が実施される。イタリアのマテオ・レンツィ首相は、この国民投票で政府が推奨する憲法改正が否決されるようならば、辞任する意向を示している。同首相の辞任に伴い、来年初に解散総選挙が行われることとなれば、EUに懐疑的な政党である「五つ星運動」が勢いを伸ばす可能性がある。早期解散総選挙にならなければ、次の総選挙は2018年5月までに実施される。

2017年3月にはオランダで下院選挙が実施される。同国でもEUに懐疑的な自由党が支持率で首位を走る。同国の選挙制度は比例代表制であり、得票率が議席数にそのまま反映されるため、総選挙により自由党の議席が大幅に増加する可能性がある。今のところ同党が過半の議席を取れる可能性は低いものの、ヘルト・ウィルダース党首は、自国でもEUとの関

係性を問う国民投票を行うべきとの見解を示している。

2017年4～5月に大統領選挙が行われるフランスでは、EU懐疑的な政党である国民戦線のマリーヌ・ルペン党首の支持率が高い。フランスの大統領選挙制度は単記二回投票制で、初回投票で過半を得られる候補がいなければ上位二名による決選投票となる。現在の支持率推移からみれば、ルペン党首が決選投票に進む可能性がある。もっとも、決選投票に国民戦線が進んだとしても、共和・社会の両党が協力してルペン大統領誕生の阻止に向かうと予想されることから、同氏が大統領になる可能性は低い。

2017年8～10月にはドイツで連邦議会選挙が行われる。これまでのところ、与党キリスト教民主同盟（CDU）は支持率を落とし、ユーロに懐疑的な政党である「ドイツのための選択肢（AfD）」が支持率を伸ばしている。支持率は上昇しているとはいえ、いまだ10％程度と低いことからAfDが政権参加できる可能性は低い。

以上の政治日程を勘案すれば、フランスの大統領選、ドイツの総選挙が終わる2017年10月頃まで、英国とEUの交渉は進展しない可能性がある。交渉は、2018年にかけて山場を迎えることになりそうだ。

EU側の首席交渉官には、フランス人のミシェル・バルニエ氏が任命された。同氏は欧州委員会ではバローゾ前委員長体制時代に、域内市場・金融サービス担当委員を務め、EUレベルでの金融取引税（FTT）導入などを巡り、英国とたびたび対立してきた。アングロ・サクソン

●図表2　離脱後の英国の対外交渉イメージ

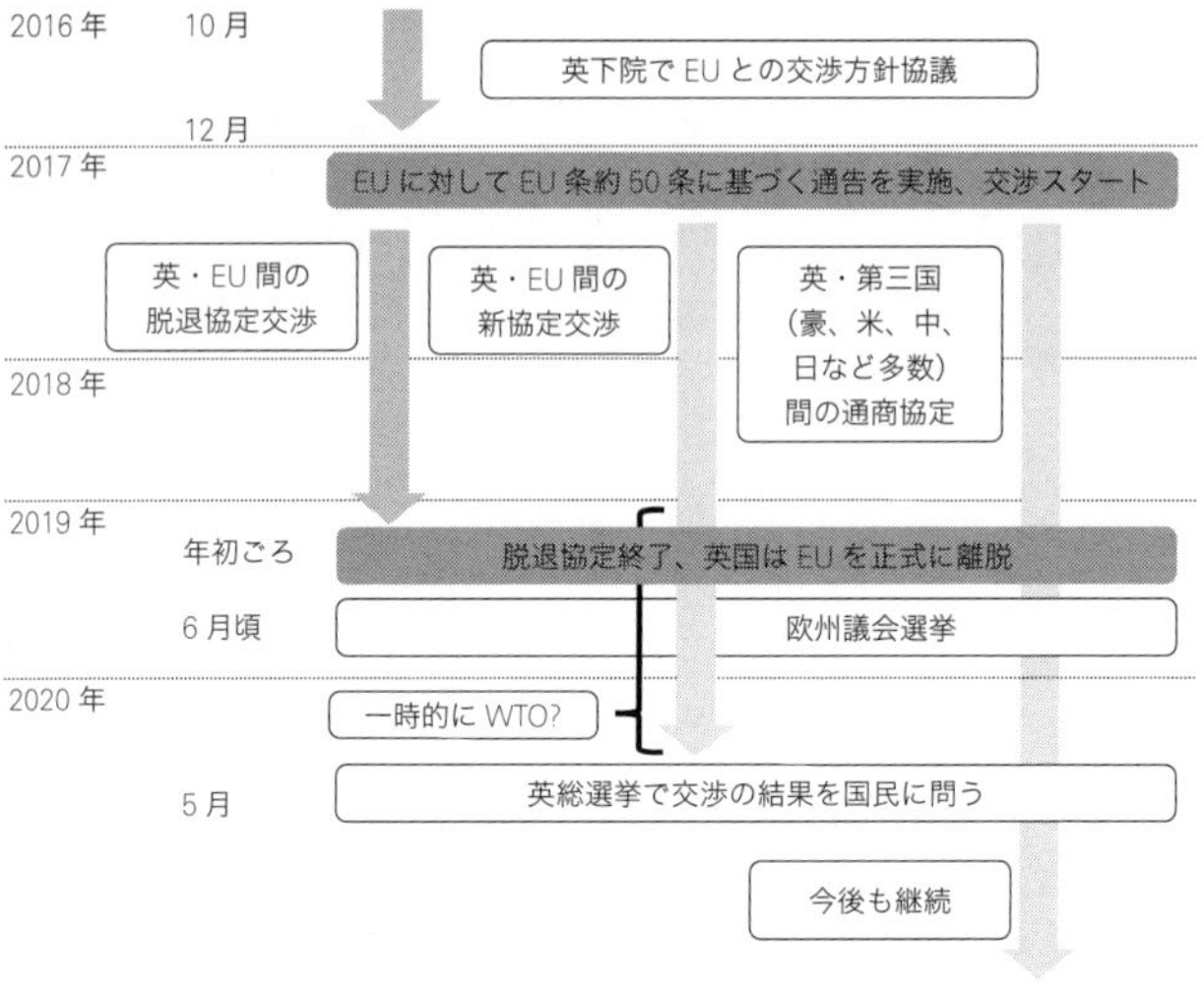

出所：みずほ総合研究所

型の自由貿易主義を好まないと言われ、英国には厳しいスタンスで臨む可能性があるとされる。

(3)　EUとの交渉終了は２０１９年末が目処か？

筆者自身は、英国とＥＵの間の交渉については、脱退交渉は２０１９年初、新協定に係る交渉は２０１９年末ごろまでかかるのではないかと考えている(図表2)。

交渉の開始を告げるのは英国だ。これまでメイ首相は、ＥＵ条約第50条に基づく脱退通告について、「２０１６年内は行わない」旨を一貫して述べている。２０１６年末にかけて、英政府内ではＥＵとの交渉方針が決められることになろう。

その上で、２０１７年初にはＥＵに対して脱退通告を実施し、そこから2年間かけて２０１９年初までＥＵとの脱退交渉が行われると考えられる。交渉方針が固まり次第、英国が通告に踏み切ると予想するのは、ＥＵ側が通告前の非公式交渉に応じていないことに加え、交渉開始の遅延は英経済の先行き不確実性を高め、景気後退が長期化するリスクがあるからだ。２０１９年6月頃には欧州議会選挙が予定されており、ＥＵとしてもそれまでには英国の離脱を固めておきたい。

２０１７年に脱退交渉が開始されれば、同時並行的にＥＵとの新協定についても交渉が開始されよう。ＥＵとの新協定の交渉が終了するのは２０１９年末ごろと予想する。ＥＵはこれまで他国との経済協定などの交渉に4～9年程度かかっている。２０１７年から最優先で集中的に英国と交渉を行ったとしても、新協定の交渉終了まで最低3年程度はかかるのではないか。

英国がＥＵとの長い交渉を終えたとしても、米国や日本などの第三国とのＦＴＡ交渉は続く。第三国との交渉は新設された国際貿易省が担うと予想され、報道によればオーストラリアなど一部の国とは、早期に交渉が始められる可能性がある。ＥＵが現在経済協定を結ぶ国や地域の数は53あり、英国はＥＵを抜ける以上、これらの国とも通商交渉を行う必要がある。更に、米国、日本、中国といった第三国との通商交渉も残されていることを考えると、相当の期間を要する。

3　英経済はどうなっていくのか

(1)　短期的な英経済の失速は不可避

国民投票の結果を受けた英ポンドの急落や、ＥＵとの交渉の行方など英国の先行きに発生した大きな不確実性は、これまでの景気回復の流れを逆転させる可能性がある。英経済は、短期的には失速が避けられない。投票後の各種消費者信頼感指数は急速に低下し、消費者心理の悪化を裏付けた。ポンド安による物価上昇に伴う購買力の低下、不確実性上昇に伴う予備的貯蓄の増加といった経路で、英国の個人消費は減速する可能性が高い。住宅価格についても、先行きの価格上昇期待が急速に低下しており、住宅価格は今後下落する公算が大きい。住宅価格の下落は逆資産効果を通じて、個人消費を下押しするだろう。

企業部門に目を転じると、ポンド安は輸出にはプラスの効果があると考えられるが、不確実性上昇に伴う設備投資の先送りや雇用の抑制、対内直接投資の減少などを通じて企業活動は縮小すると見込まれる。実際、企業景況感を示す購買担当者指数（ＰＭＩ）は、国民投票の結果が出る前から低下に転じており、投票後は景気判断の節目となる50を下回り急落した。みずほ総合研究所では、ブレグジットに伴う不確実性の高まりがもたらす内需の減少を背景に、英国の実質ＧＤＰは減速し、２０１７年は低成長を余儀なくされると予想している。

(2) 長期的な英経済の行方、ＥＵ離脱派の目指す未来

筆者自身は、英国が長期的に成長していくことは可能だと考えている。しかし、残留派が主張するように、英国のＥＵ離脱により、英国の先行きには大きな不確実性が発生し、短期的に英経済は景気後退入りする公算が大きい。短期的な景気後退の可能性は離脱派も認めている。それでも離脱派がブレグジットを望んだのは、ＥＵ内の保護主義に対する強い懸念があるからだ。

保守党のＥＵ懐疑派は、ＥＵ内における保護主義の高まりが英国の長期的な成長を阻害すると考えている。ＥＵ内の保護主義から解き放たれ、世界と自由貿易協定を積極的に結んでいくことこそ、英国にとって長期的な国益であると離脱派は考えているのである。ＥＵの規制の多さ、複雑さを考えると、この主張には一理あり、長期的な先行きを展望した時、本当に英国にとりＥＵ残留が唯一の正しい道なのかは、実はわからない。

欧州単一市場とは、簡単に言えば域内の国境を取り払ってしまうことだ。このためには、域内競争環境の均質化が必要である。例えば、東京と大阪それぞれで売られる同じ商品に対する規制が異なっていれば、競争上の大きな不平等が生じてしまう。しかし、公平性の実現のために細部にわたり細かい規制が課されたり、ロビー団体の圧力が加えられ保護主義的な規制

●図表3　英経済の先行きに対するアンケート

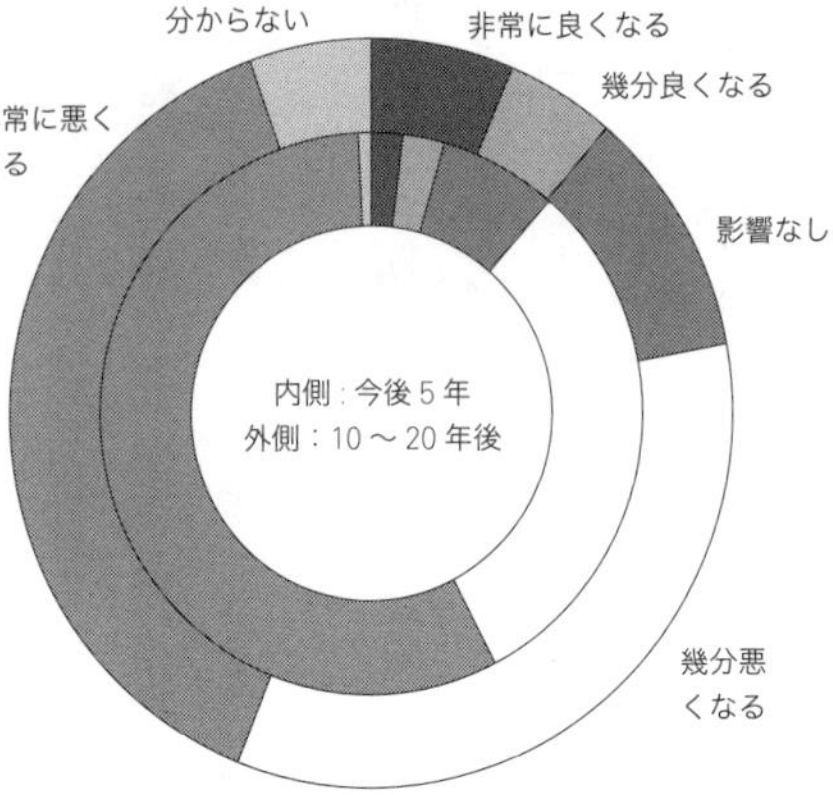

注:エコノミスト639人に対するアンケート。調査期間は、2016年5月19日〜5月27日
出所:イプソス・モリより、みずほ総合研究所作成

が実現したりすることで、商品の独自性や魅力が失われてしまえば、結果的に産業全体の生産性が落ちてしまうというのがＥＵ懐疑派の主張である。離脱派は、ＥＵ内の保護主義と決別してグローバル化を推進していけば、多少ＥＵとの経済協定で現在よりも不利益を被ったとしても、長期的にはプラスが大きいと考えている。

もっとも、世界各国と自由貿易協定を結び、関税率を引き下げたとしても、それだけで英企業の輸出競争力が高まるわけではない。仏調査会社イプソス・モリがエコノミスト６３９人に行った調査では、英経済は10〜20年後の長期的に見ても悪くなるとの見方が支配的だ（図表３）。ＥＵ域内市場へのアクセスが失われることや、不確実性の上昇による長期的な対英投資の減少などがその主な理由である。したがって、長期停滞を避けるためにはEUや第三国との協定の内容に加え、締結のスピードも重要だ。

長期的に経済が発展していくには、自国の持つ「強み」を活かしていくことも必要である。筆者は、英国の場合であれば金融業並びにその関連サービス業の発展がカギを握ると思う。英国が持つ金融業という強みを基盤に、規制緩和や自由貿易を推進することで、ブレグジット後の活路を見いだせる可能性はある。

(3) 金融街シティの行方はどうなるか

英国がEUから離脱することで、ロンドンの金融街シティに代表される英国の金融サービス業が衰退するとの見方がある。英国がEUから離脱し、第三国となった場合には、EUにおける自由な金融サービスの提供が制限されたり、EUからの優秀なバンカーを自由に採用できなくなる可能性があるからだ。EU離脱はシティにとり間違いなく災難だが、筆者自身は、ロンドンの国際金融センターとしての地位は維持されると考えている。

パリやフランクフルトなど、他の欧州金融センターは、この機をとらえて金融業を含めた関連サービスを自都市に呼び込もうとする動きを強めている。フランスでは、国家が主導して誘致を進める。エマニュエル・マクロン経済相は、「(英企業を) レッドカーペットを敷いて待っている」と述べて、ブレグジット後の在英金融機関のフランスへの移転を呼びかけた。これは、かつて社会党政権が最高税率75%の所得税を富裕層に課した際に、キャメロン前首相が「英国はレッドカーペットを敷いて待っている」と述べたことの意趣返しであるが、実際、フランス政府は海外からの駐在員に対する税制優遇措置を発表している。

ドイツでは、フランクフルト市が国際投資促進公社のウェブサイト内に新たなサイトを立ち上げている。同サイトの中には、ロンドンと比較した家賃の低さや、国際法律事務所の存在、税率の低さ、教育システムの充実、文化の充実といったロンドンやパリを意識した宣伝文句が並んでいる。同市のペーター・フェルドマン市長は、英BBCとのインタビューに「もし裕福になりたければ、フランクフルトに拠点を構えるべきだ。(中略)もし孤立し、望遠鏡から世界の情勢を見たいなら、ロンドンに留《とど》まればよい」と述べている。

これまでのところ、ロンドンは、金融業における世界最大の産業集積地(クラスター)として成功を収めている。2016年3月に英シンクタンクZ/Yenグループが発表した国際金融センター指数(GFCI)ランキングで、ロンドンはニューヨークを抑えて第1位を獲得した。一方、パリ(32位)やフランクフルト(18位)などEU内にある他の金融センターは相対的に低位にとどまっている。

ポーター(1998)は、産業クラスターを「競争するだけでなく協働もする特定分野における、部品など特定の生産要素の供給、関連サービスの提供、関連産業などの相互に結び付いた企業群と、関連組織（例えば大学、規格機関、業界団体など）の地理的集中である」と定義している。ロンドンは、まさに、金融業におけるクラスターの定義を満たしており、銀行だけでなく、保険会社、法律・税務コンサルタントといった産業から不動産関連業、ホテル、レストランまで幅広く有している。近くにはケンブリッジ、オックスフォードという大学もある。

マンチェスター・ビジネス・スクールとラフバラー大学が、金融機関や関連ビジネス産業に対して行った調査（2003）によれば、金融関連企業がロンドンを選ぶ理由として最も重要とされたのは、「オフィスを設置した場所が信頼されるべき場所と見なされること」であった。僅差の第2位、第3位としては、「能力のある労働者が得られること」、「市場をリードする顧客に近いこと」などが挙げられている。その他、重要と回答者に見なされた（平均スコアを上回った）要素としては、「ロンドン域外の顧客が自社の場所を特定しやすい」、「専門家が近くにいる」、「シティの『金融環境』に触れることで知識を吸収できる」といった諸点が挙げられている（図表4）。

前述のとおり、英国がＥＵを離脱した場合、ロンドンからの人材流出の度合いと、ＥＵ市場への金融サービスの提供がどこまで制限されるのかが問題となる。これらは、英国とＥＵの間の金融サービスに関する新協定の内容次第である。人材流出については、すでに欧米のいくつかの金融機関は、パリやフランクフルトなどへの一定の人員移動の可能性を示唆している。無論、全ての人員を移動させるわけではないが、実現すれば、ロンドンの国際金融センター

●図表4　ロンドン立地のメリットに関するアンケート

立地のメリット	スコア
オフィスを設置した場所が信頼すべき場所と見なされること	1,152
能力のある労働者が得られること	1,056
市場をリードする顧客に近いこと	1,045
ロンドン域外の顧客が自社の場所を特定し易いこと	954
専門家の近くに立地することの利益	923
金融街シティの「金融環境」に触れることで知識を吸収できる	916
リーディングカンパニーの近くに立地することの利益	851
ロンドン外の顧客にとっての協働のし易さ	845
カスタムメイドなサービス提供を受けやすい	837
市場シェアを奪ううえで最適	834
取引所や物理的な市場への近接	798
同業他社に対してベンチマークとなる能力	706
競合による企業活力維持	676
市場に関するリアルタイムな情報の把握	668
政府のサポート	457
ベンチャーキャピタルへのアクセス	405

注:対象はロンドンの金融、ならびに関連業310社。スコアは各項目について1～5の評点を行い、それを集計した値。平均値は855であり、平均を上回る項目が重視されている項目とした。筆者による和訳。
出所:Corporation of London(2003), "Financial Services Clustering and its signifiance for London"より、みずほ総合研究所作成

としての魅力を削ぐ方向に作用することになるだろう。

金融サービスの提供については、「欧州金融単一パスポート」の喪失が問題とされる。欧州金融単一パスポート制度とは、EU域内での金融サービス提供に関する免許のことで、EU域内のいずれかの国で、金融サービス提供に関する事業免許を得れば、他の加盟国のどこでも自由に金融サービスの提供や支店の設立が認められる。EU市場への入り口として、パスポートをこれまで英国で取得していた日米など第三国の金融機関や、パスポート取得の必要がなかった英銀は、英国がEUにとり「第三国」となれば、EU27ヵ国にある拠点内で新たにパスポートを取得し

なおす必要が生じる。

英国のEU離脱は、シティにとって災難であることは間違いない。ただ、今後、金融サービスの提供にどこまで制限が課されるのかはまだわからないうえに、人材が流出したとしても部分的なものに止まる公算が大きい。なぜならば、ロンドンが国際金融センターとしての地位を高めているのは、英国がEUの構成国であることが全ての理由ではないからだ。例えば、ロンドンは、米国や中東、中国マネーなど世界とのつながりを有している。更には、過去200年以上に渡り積み重ねてきた「金融街シティの名声」が企業のブランド価値と信用を高めている部分も大きい。

クラスター内における知識の吸収のし易さ、或いは家族の生活といった視点からみれば英語環境であることも大事である。ロンドンが「人種のるつぼ」と呼ばれ、他民族を受け入れてきた長い歴史があること、ホテルやレストラン、医療機関や教育機関の充実という点も重要な要素であろう。こうした諸点を併せて考えてみた時に、ロンドンは依然として国際金融センターとしての優位性を有していると考えられる。長期的にみれば、ユーロだけに頼らない、ドルや円、人民元などオフショア市場のハブであり続け、金融イノベーションの中心地であり続けるだろう。

4　英国の向かう未来

(1)「グレート・ブリテン」か「リトル・イングランド」か

英国は現在、大きな岐路に立っている。対外的にはEUや第三国との長く複雑な交渉が待ち受けているだけでなく、国内でもスコットランドや北部アイルランドの住民が残留を選択したことで、分離独立の動きが一部にみられるなど懸念事項は多い。英国は内憂外患の状態にあり、かじ取りを誤れば、大英帝国(グレート・ブリテン)は分裂し、昔のリトル・イングランドに戻ってしまう可能性もゼロとは言い切れない。

スコットランド民族党のニコラ・スタージョン党首は、スコットランド住民がEU残留を支持する中での全英でのEU離脱投票結果を受け、「スコットランド住民はEUの一部であり続ける意思を明確に示した」と述べた。もっとも、スタージョン党首は住民投票再実施の可能性を示唆しつつも、その実施には慎重な姿勢を崩していない。同地域では2014年にも英国からの離脱を問う住民投票を行い僅差で「否決」が選択された経緯があるためだ。二度目の住民投票で再び英国残留となれば、いよいよ英国から離脱の道は閉ざされてしまいかねない。

北部アイルランドにおいても、EUに加盟するアイルランド共和国との間に「国境」が再びできれば、北部アイルランドの経済は弱まり、アイルランド共和国との統合を要求する声も強まる。現在、北部アイルランドで生まれた人は、英国、アイルランド共和国の何れかまたは両方の国籍を持てるが、英国がＥＵを出た場合に取扱いがどうなるのかなど不透明感は多い。報道によれば、現在、北部アイルランド住民のアイルランド共和国のパスポート申請件数は急増しているようだ。アイルランドからは、アイルランド統合を問う住民投票を実施するべきとの声が上がっている。シン・フェイン党からは、アイルランドの再統一を党是とするシン・フェイン党からは、

現在のアイルランド議会は、英国との連合維持を党是とする強硬派の民主統一党（ＤＵＰ）とシン・フェイン党が議席を分け合っており、住民投票の実施は容易ではない。しかし、今後の英国とＥＵの交渉内容次第では、独立の世論が強まる可能性もある。

(2) ＥＵ離脱に「Ｕターン」はない

英国史上二人目の女性首相となる、メイ首相に託された課題は重い。待ち受けるＥＵとの厳しい交渉だけでなく、これから悪化するであろう景気への対策も必要となる。国民投票により大きく分断された国民や保守党を再びまとめあげることも重要だろう。

過去を振り返ると、サッチャー政権が誕生した１９７９年も、英国は失業とインフレが同時に進行する非常に苦しい時期であった。しかし、サッチャー首相は、新自由主義的な政策の実践を通じ、労働組合の弱体化、民営化の推進、金融市場改革などを進めた。同首相の政策への評価は二分するが、１９９０年代に入り失業率は低下に転じた。また、ブレア政権（１９９７〜２００２）になるころには「ビッグ・バン」と呼ばれる金融規制緩和の成果が現れ始め、金融ハ

ブとしての英国経済は発展した。

１９８０年10月に南部ブライトンで開かれた保守党大会において、サッチャー首相は、自由主義的な経済政策の転換を期待する野党政治家や党内の反対勢力に対し、「マスコミが好む合言葉『Ｕターン』を息をつめて待っている人たちに言うことはただ一つ。『もし逆戻りしたかったら、そうしなさい。女性たるもの逆戻りはしないのです（The Lady's not for turning）』」と決然と宣言した。失業者が２００万人を超し、会場外では組合解体に反対するデモが行われる中でなされたこの演説は、サッチャー首相の改革に向けた強い意志と信念を示すと同時に11年間のサッチャー政権の政策姿勢全体を示す言葉として、語り草となっている。

英国のＥＵ離脱に「Ｕターン」はない。メイ首相の就任演説が行われた際にも、ダウニング街の外では首相の50条通告の先延ばしに反対するデモの声が響いていた。就任演説に先立ち、残留派であったメイ首相は「Brexit means Brexit（離脱は離脱なのです）」と宣言し、その不退転の決意を内外に示した。今後はその決意を実行に移すステージになる。

参考文献

HM Government（2016）, "Alternatives to membership: possible models for the United Kingdom outside the European Union", March 2016.

Open Europe (2012), "Trading Places: Is EU Membership Still the Best Option for UK Trade?", June 2012.

M.E.Porter (1998), "Clusters and Competition: New Agendas for Companies, Governments, and Institutions", *On Competition*, Chapter7, pp.197-288, *A Harvard Business Review.*

TheCityUK (2016), "A practioner's guide to Brexit, exploring its consequences and alternatives to EU membership", March 2016.

P.Tylor et.al (2013), *Financial Services Clustering and its significance for London*, Corporation of London, February 2003.

第 2 章

難民問題に揺れるEU

三井物産戦略研究所国際情報部欧州・ロシア室長

平石隆司（ひらいし・りゅうじ）

慶應義塾大学法学部卒（国際関係論専攻）。三井物産入社、調査情報部経営情報室。米国ブルッキングス研究所客員研究員。三井物産戦略研究所経済産業分析室主任研究員、欧州三井物産戦略情報課General Manager。三井物産戦略研究所国際情報部欧米室長を経て現職。三井物産入社以来、一貫して日米欧の政治・経済の分析を担当。共著に『WTO　日本経済はどう変わるか』（日本能率協会）、『データで見る国際貿易』（東京経済情報出版）『図解　アメリカのしくみ』（中経出版）

SUMMARY IN THIS CHAPTER

難民認定希望者の急増により、ＥＵが分断の危機に瀕している。
危機への対応を通じ、ドイツの強引さと、
ＥＵ加盟国の自国の利害むき出しの対応が目立つ。
「欧州のドイツ」のリーダーシップの下、
ＥＵ全体で負担を分かち合う「ＥＵの連帯」が求められている。

1　止まらないEUへの難民流入

歯止めがかからない難民認定希望者の流入を背景に、EUの混迷が深まっている。中東、アジア、そしてアフリカからを中心とするEUへの難民認定申請は、2015年に132・2万人、前年比2・1倍、2005年～14年までの10年間平均比で4・3倍に急増し、2016年も高水準の流入が続いている。

このEU史上未曾有の規模の「難民危機」は、①EU統合の「ヒトの移動の自由」の象徴である「シェンゲン協定」[1]の形骸化、②各地で頻発する難民や偽装難民によるテロ事件等、治安・安全保障面の問題、③難民問題への対処をめぐる西欧、特にドイツと、中東欧の対立に代表される、主要国間の深い亀裂、④反移民・難民を掲げる右派のEU懐疑派の主要国における台頭、等の様々な問題を引き起こし、EUに分断の危機を招いている。

2015年以降、EUへの難民認定希望者の流入が爆発的に加速した背景には、2つの要因が存在する。

第一に、中東情勢の混迷、特にシリア内戦の深刻化と長期化である。シリアでは、アサド政権、反体制派、そしてIS（イスラム国）やヌスラ戦線等の過激派の3つどもえの激しい戦いが続いており、内戦前の人口2200万人のうち半分以上が国内外で避難民となり、トルコ、レバノン等の周辺国において482万人が劣悪な難民施設等での不自由な生活を強いられてい

●図表1　EUへの難民申請者数

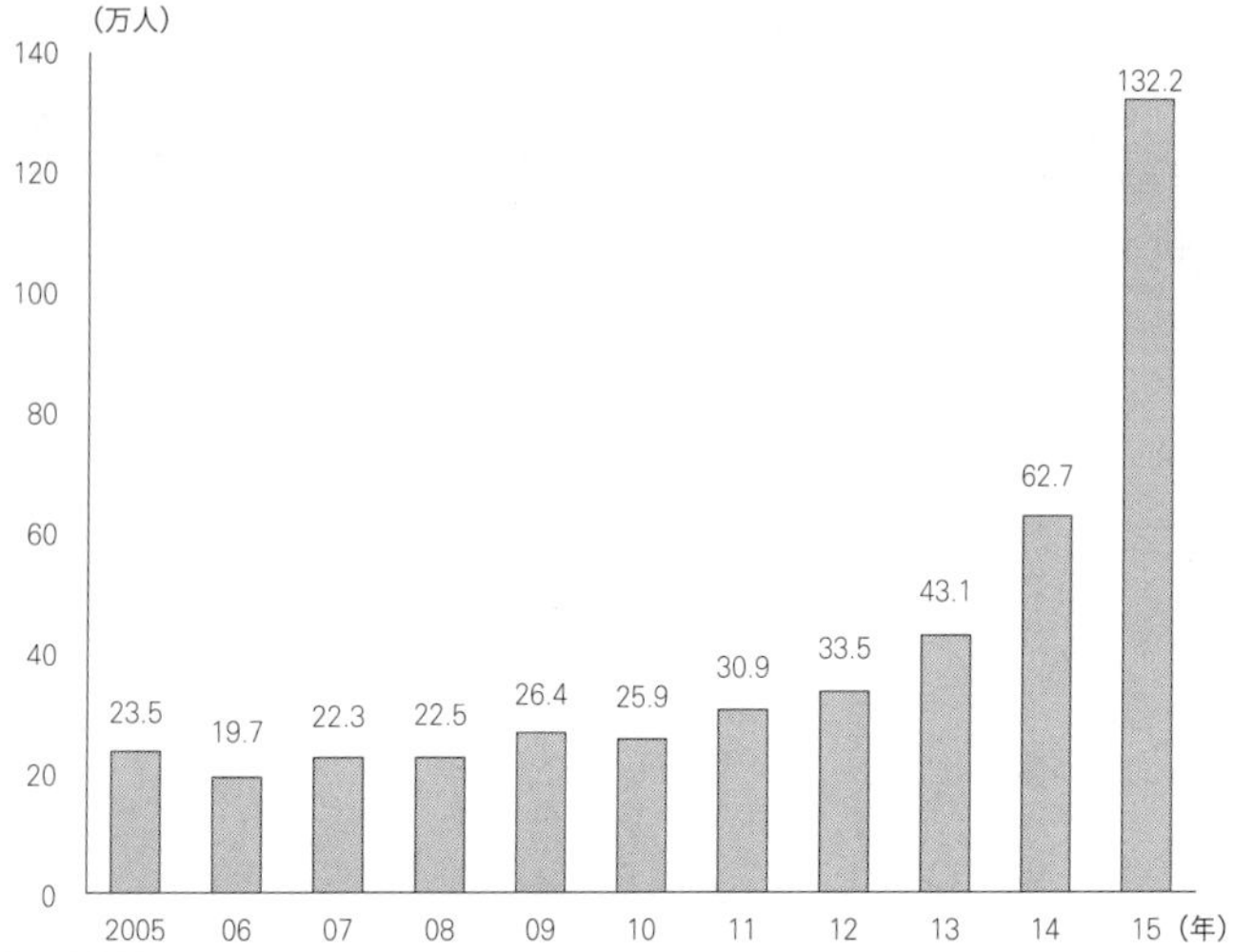

出所：EUROSTAT

●図表2　EUへの出身国別難民申請者数（2015年）

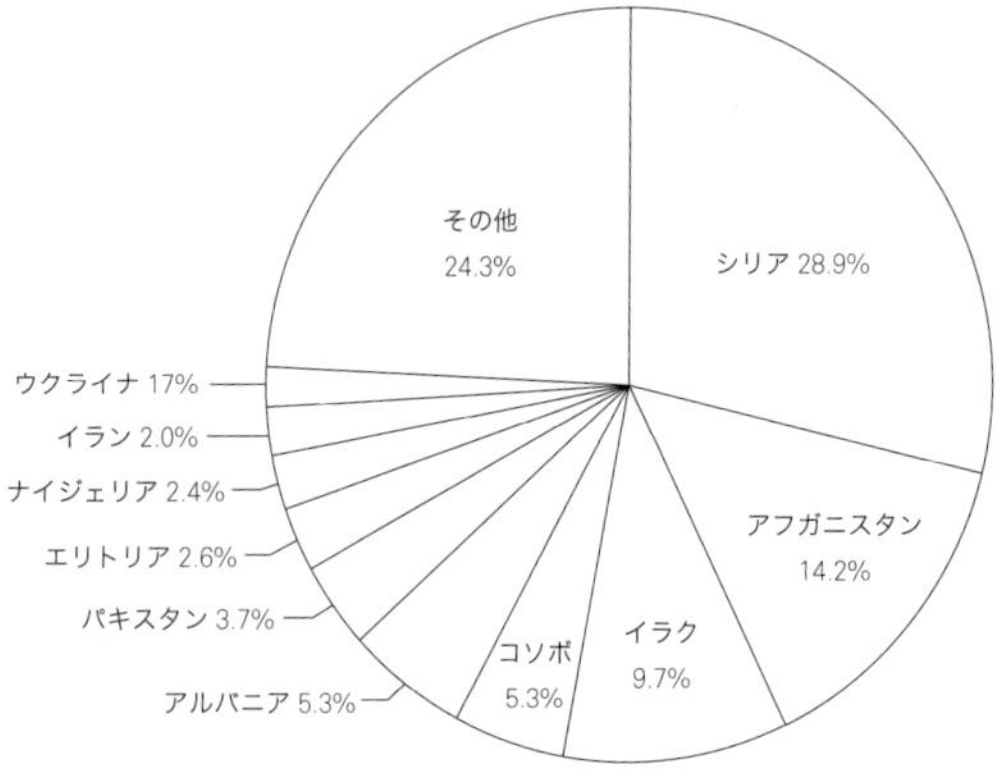

注：初めての難民申請者
出所：EUROSTAT

る。

第二に、2015年8月のアンゲラ・メルケル独首相によるシリア難民に対する寛容な受け入れ方針の表明である。EUの難民申請方針を規定した「ダブリン規則」においては、難民認定希望者は最初に入国した国で申請を義務付けられており、その後他国に移動しても、その国は難民認定希望者が最初に入国した国に強制送還する義務がある。しかし、メルケルは、シリア難民についてはダブリン規則を適用せずドイツでの申請を可能とし、最初に入国した国への送還を停止したのである。もともと難民認定希望者は、経済が好調であり、申請手続きの時間が相対的に短く申請者及び認定者への手厚い支援体制を持つドイツやスウェーデン等北欧を目指す傾向が強かったが、メルケルの寛容な方針表明により、ドイツを目指す難民認定希望者が急増したのである(その後ドイツは2015年10月21日にダブリン規則再適用へと方針転換したが実効性には難があるといわれている)。

2　揺らぐシェンゲン協定

難民認定希望者のEUへの主な流入ルートには、①トルコからエーゲ海をわたりギリシャに上陸、バルカン半島、中欧諸国を経てドイツ、北欧を目指す「エーゲ海・バルカンルート」と、②リビア等のマグレブ諸国から中部地中海をわたりイタリアに上陸し、中欧諸国を経てドイツ、北欧を目指す「中部地中海・イタリアルート」がある。２０１５年夏以降２０１６年春まで、「中部地中海・イタリアルート」からの流入が抑制される一方、「エーゲ海・バルカンルート」からの難民認定希望者の流入が加速した。この背景には、①財政難によりギリシャが十分な国境管理を行えなかったこと、②「エーゲ海・バルカンルートの方が海上の移動距離が短く、安全なこと、③イタリアが、密航仲介業者の逮捕等、国境管理を強化したこと、等がある。２０１５年通年の海路を通じたＥＵへの流入の内、８割が「エーゲ海・バルカンルート」であった。

難民認定希望者の殺到に直面し、このルート上にある国を中心にＥＵ加盟国は、２０１５年９月から２０１６年初にかけ様々な流入抑制措置に踏み切った。ハンガリーとスロベニアは、セルビアとの国境とクロアチアとの国境にフェンスを設置するという強硬措置を導入した。シェンゲン域内国間でも、ドイツ、オーストリア、ハンガリー、スロベニア、スウェーデン等９ヵ国のＥＵ加盟国が（シェンゲン協定加盟国ではノルウェーを含む10ヵ国）、シェンゲン協定が緊急措置として認めている（１回当たり６カ月間、最長２年間）一時的な域内の国境管理復活に追い込まれた。

２０１６年３月には、治安の悪化や難民認定希望者の滞留長期化を恐れ、マケドニア、セルビア、クロアチア、スロベニア等（マケドニア、セルビアはＥＵ未加盟）、「エーゲ海・バルカンルート」上にある諸国が一斉に国境管理を大幅に強化、特にマケドニアによるギリシャ国境の封鎖が

●図表3　EUの国別難民申請者数（2015年）

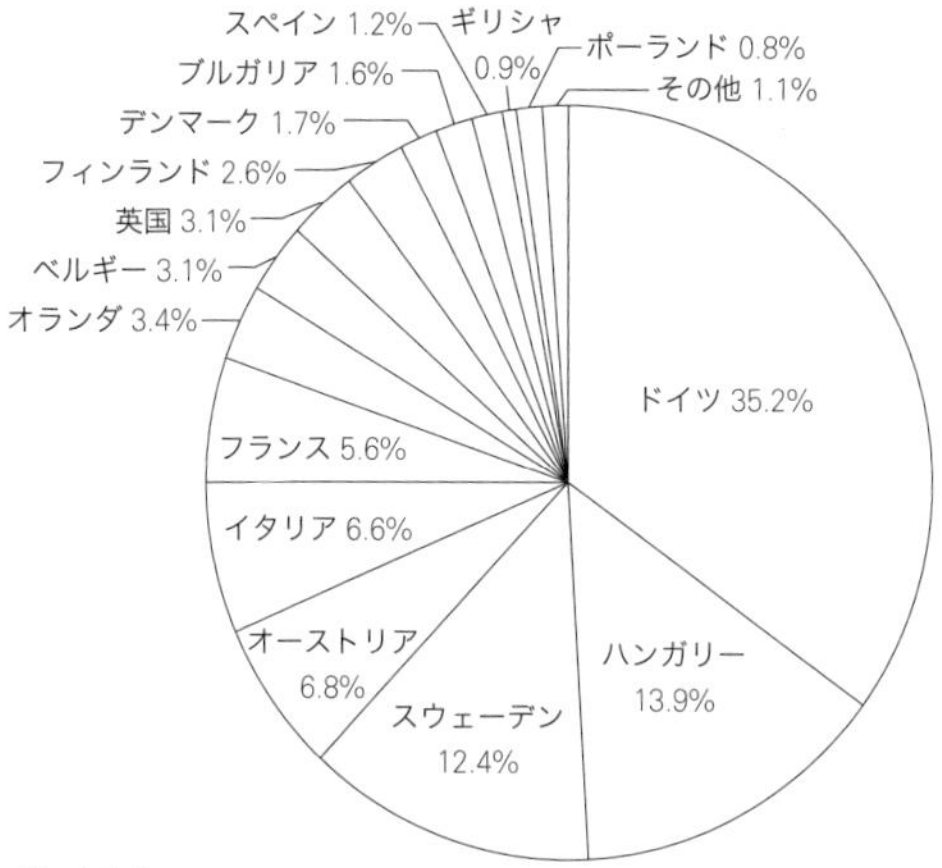

注：初めての難民申請者
出所：EUROSTAT

最後の一撃となり同ルートは事実上閉鎖された。ギリシャには、2016年9月6日現在、行き場を失った5万9569人の難民が滞留を余儀なくされている。

今のところ部分的ではあるにせよ、こうしたシェンゲン協定の形骸化はEUに何をもたらすであろうか？　経済的には、ヒト、モノの自由な移動が阻害されることで、輸送コストの上昇や生産性の低下につながるだろう。ブリュッセルのシンクタンクである「ブリューゲル」の推計によれば、シェンゲン協定の完全な履行が一時的に阻害されることのコストは年間30～40億ユーロ（EUの名目GDP比0・02～0・03％）に達する。

さらに重要なのは、その政治的な意味だ。Eurobarometer（1973年から欧州委員会が行っている世論調査）によれば、EU加盟諸国民は、ヒト、モノの自由な移動をEUが成し遂げた最大の成果と認識している。この理念が動揺することによって、EU統合への求心力が大幅に低下することが懸念される。

3 難民配分をめぐる加盟国間の対立激化

EUは、国境管理について各国毎のなし崩し的な対応に追い込まれたが、難民認定希望者の域内での公平な配分について、「EUとしての解決策」を示そうとした。2015年9月22日、EUは、「エーゲ海・バルカンルート」と、「中部地中海・イタリアルート」のゲートウェイにあたるギリシャ、イタリアの負担軽減を狙い、2年間の間に両国が受け入れる16万人の難民認定希望者の各国への再配置について内相・法相理事会で合意に達した。

しかし、決定は通常用いられる全会一致ではなく、中東欧諸国の反対を、ドイツが主導する西欧諸国が多数決で強引に押し切った。中東欧諸国は、西欧諸国に比べ、所得水準が低いことに加え、移民及びその子孫が人口の1割以上を占める多様化した独仏等に比べ難民受け入れ経験に乏しい。中東欧諸国は、イスラム教徒主体の難民によって「キリスト教的価値が脅かされる」（オルバン・ビクトル・ハンガリー首相）と反対したが、ドイツは中東欧諸国へのEU構造基金

（地域開発援助）の削減までちらつかせながら強力に圧力をかけた。中東欧諸国は激しく反発し、スロバキアとハンガリーは決定の無効を求めEU司法裁判所に提訴、さらにハンガリーは、2016年10月に、このEUによる分担受け入れの是非を問う国民投票を実施する予定である。オルバンは、EU本部で「難民問題は、（前述の通りメルケルが受け入れに寛容な方針を示した）ドイツの問題であり、欧州全体の問題ではない」と主張、「ドイツの道徳的帝国主義」を激しく非難した。EU内には、西欧諸国、特にドイツと、中東欧諸国の間に深い亀裂が生じている。

4　加盟国におけるEU懐疑派の台頭と国内政治の混乱

難民問題の政治的側面として加盟国におけるEU懐疑派の台頭も深刻である。

まず、ギリシャと並び難民問題の最前線に立つイタリアでは、難民問題の深刻化と比例して、反移民・難民を掲げるEU懐疑派政党「北部同盟」への支持率が急上昇している。2014年初に一桁台前半に低迷していた支持率は2016年夏には15%弱に達している。後述する通り、トルコ・EU間の難民合意により、2016年春以降はギリシャへの難民認定希望者の流入は激減し、イタリアが流入のホットスポットと化しているため、北部同盟への支持率は今後さらに上昇する可能性がある。

同国において欧州ソブリン債務危機後の財政・経済構造改革に取り組んできた中道左派・民

主党のマッテオ・レンツィ伊首相は、2016年10～12月に実施予定の、政治改革のための憲法改正の国民投票に進退を賭けると表明しているが、難民問題、不良債権問題への対処に苦しみ、「北部同盟」や反移民・難民ではないがEU懐疑派政党「五つ星運動」への支持率上昇と与党の支持率低下に直面している。レンツィが国民投票での敗北し解散総選挙に追い込まれた場合、選挙でEU懐疑派に敗北し、EU第四位の経済規模を持つイタリアの政治・経済が大混乱に陥る恐れがある。

2016年12月は、オーストリアにおいて大統領選再選挙が実施される。オーストリアは、難民危機発生当初は難民認定希望者に寛容な政策をとっていたが、難民流入が限界に達したとして政策を転換、2016年2月から難民申請の受付を一日あたり80人へ制限している。国民の間ではこうしたちぐはぐな難民政策を政府の失敗として非難する声が高まっており、反移民・難民の極右「オーストリア自由党」への支持率が急上昇している。5月の決選投票においては、リベラル派候補が自由党候補のノルベルト・ホーファー国民議会議長代行に辛勝したが、再選挙では同議長代行勝利の可能性が高いと見られている。オーストリア大統領は儀礼的位置づけが強いものの、EU初の極右出身元首誕生の意味は重い。

ドイツは、ナチスによる行為への反省から、政治的に迫害されている者への庇護を国是としており、第二次世界大戦後は難民に対する寛容さを示してきた。こうした歴史的背景もあり、2015年8月にメルケルが非常に寛容な難民政策を表明した当初、ドイツ国民はミュンヘン駅にハンガリーから到着する難民認定希望者を花束で大歓迎していた。

しかし、①難民認定希望者の急増により、毎年名目ＧＤＰ比０・３%程度の重い財政負担が現実化してきたこと、②２０１５年11月のパリ同時テロ犯に偽装難民が混じっていたため、難民認定希望者の急増に乗じたテロリスト侵入への不安が高まったこと、③２０１５年の大みそかにケルン駅周辺で中東・北アフリカ出身者による大規模な女性襲撃事件が発生したこと、等から国民のムードは一変し、難民認定希望者への風当たりが強まっている。

難民の経済効果については、短期的には前述した通り財政負担となるが、中長期的には労働力人口の増加によって潜在成長率の上昇につながるとの主張が多く見られるが、現実はそう単純ではない。難民に十分な言語・職業教育を与えた上で、社会に十分包摂することができて初めて労働力人口の引き上げが潜在成長率の上昇をもたらすのであり、それに失敗すれば福祉等のコストがベネフィットを大幅に上回り、逆に成長率の低下を招く可能性もある。

難民問題への対処を誤ったとして、メルケル、及び連立与党たる中道右派・ＣＤＵ／ＣＳＵ（キリスト教民主・社会同盟）と中道左派・ＳＰＤ（社会民主党）に対する支持率は、２０１５年初と比べると２０１６年９月現在それぞれ70%台半ばから40%台半ばへ、40%台前半から30%台前半へ、20%台後半から20%台前半へと急落している。一方、反移民・難民のＥＵ懐疑派政党・ＡｆＤ（ドイツのための選択肢）への支持率は、２０１５年初の５%前後から15%前後へ急上昇、難民問題が最大の争点となった２０１６年３月の３州における州議会選挙ではそれぞれ初の議席を獲得し、9月には、メルケルの地元の州議会選挙において、第2党に躍進した。2013年の前回連邦議会選挙では、5%条項（比例代表で5%の票を獲得できなかった政党は議席を得られない）に抵触し議席を獲得できなかったが、2017年8〜10月の次回総選挙では大躍進が確実な情勢だ。

連立与党内でも盤石であったメルケルの政治基盤に揺らぎが見られる。メルケルや、リベラルなSPDに対し、CSU（ドイツにおける難民問題の最前線に立つバイエルン州の地域政党）や一部のCDU議員を中心に受け入れの上限設置等を求める声が高まっている。こうした状況に直面し、メルケルもそれまでの「無条件の寛容政策」から、難民認定希望者の流入抑制へと舵を切らざるを得なくなりつつあるのが現状である。

2016年7月には、バイエルン州で難民や難民認定希望者によるテロがあいついで発生した。ISの指示を受けビュルツブルクでアフガニスタン難民が列車襲撃事件を引き起こし、アンスバッハの野外音楽祭では、シリア人の難民認定希望者が自爆テロを実行した。ISとは無関係だが、ミュンヘンでイラン系ドイツ人による銃乱射事件が発生し、これら一連の事件は、ドイツの「安全神話」を崩壊させた。国民の間でテロへの不安と難民への反感が共振しつつあり、難民問題をめぐる与党、そして国民の間の分断が深刻化している。

5　ＥＵの難民危機対策と評価

こうしたＥＵ史上未曾有の難民危機を受けて、常に後手後手に回りはしたもののＥＵとして様々な対応策が進められつつある。

第一に、ＥＵ域外との国境警備の強化による難民の無秩序な流入の阻止である。ＥＵには、不法移民の取り締まりや国境監視を加盟国の国境管理当局と協力して行うＦＲＯＮＴＥＸ（欧州対外国境管理協力機関）が存在する。しかし、ＦＲＯＮＴＥＸは、独自の人員や物資を持たず、加盟国の要請なしに国境管理活動を行えない。あくまで加盟国が主体でありＦＲＯＮＴＥＸはその調整機関に過ぎないという限界を持ち、２００４年の設立以来十分に機能してきたとは言い難い。

欧州議会は、２０１６年7月にＦＲＯＮＴＥＸを基に、欧州国境沿岸警備機関（European Border and Coast Guard Agency）を設立し、加盟各国の国境管理・警備当局と合同で「欧州国境沿岸警備隊」（常時１５００人規模）を創設することを決定した。

もっともこれに対して、強化後も米国の国境警備等と比べた場合のＥＵの難民・移民予算と人員の圧倒的な不足を指摘する声が多く、その有効性には疑問符がつけられている。

第二に、ダブリン規則の修正であり、２０１６年5月に欧州委員会は、改定案を発表した。これは、各国毎に人口や名目ＧＤＰの規模に応じて「受け入れ基準人数」を定め、当該国への難民認定申請者が基準人数の150％を上回った場合には自動的にそれを上回る人数を事前に決定されている参考値に応じて他の加盟国に分担させるというものである。

他の加盟国はこの分担を拒否することも可能だが、その場合、受け入れるべき申請者一人当たり25万ユーロの罰金支払いを余儀なくされる。

しかし、現実問題として2015年9月にEUが決定したギリシャ、イタリアの16万人の難民認定希望者の再配置の内、2016年9月6日現在実行に移されたのはわずか4520人と3％弱に過ぎない。欧州委員会の提案は早くも中東欧諸国を中心に激しい反発に直面しており、短期的な実現は非常に困難と言わざるを得ない。

第三に、トルコとの難民問題をめぐる協力関係の強化がある。トルコは、2015年にEUへの難民認定希望者の最大の流入ルートとなった「エーゲ海・バルカンルート」の出発点にあたり、273万人のシリア人難民を抱える。2015年秋以来、EU・トルコ首脳は会合を重ね、2016年3月18日に難民対策で合意に達した。合意内容は、①EUは、トルコからギリシャの島嶼に3月20日以降到着した非正規移民をすべてトルコに送還するが、代わりに、送還されるシリア人と同数のトルコに滞留するシリア難民をEUへ正規に移住させる（不正規な渡航を試みなかった人が優先。7万2000人が上限）、②見返りに、EUはトルコに対し難民支援金として60億ユーロを供与、また、トルコが72項目の基準を満たすことを条件に、シェンゲン域内への90日間の短期渡航VISAを免除する（2016年6月末までの実現を目指す）、停滞している

●図表4　ギリシャ・イタリアへの難民流入

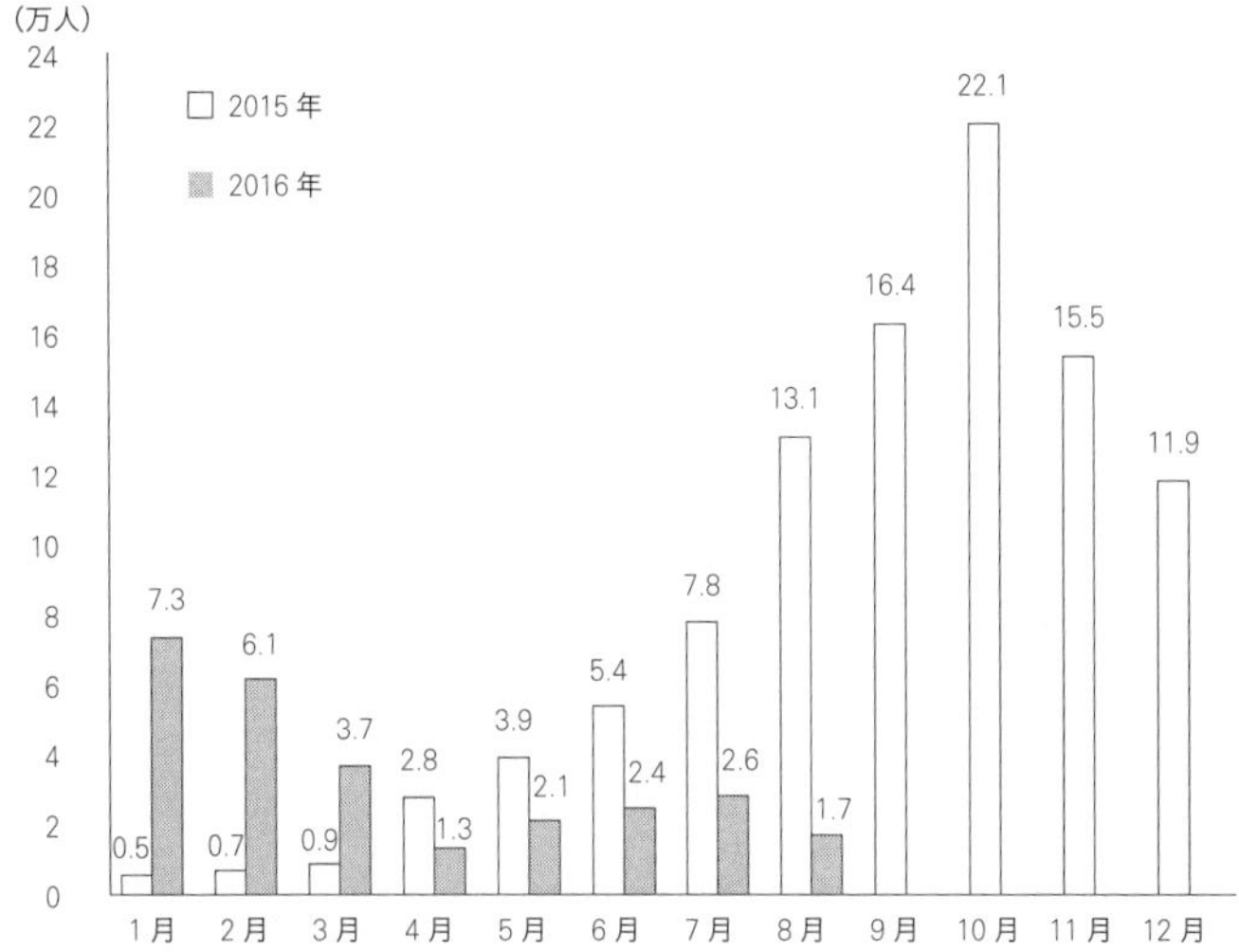

出所：IOM

トルコのEU加盟交渉を加速させる、というものである。

　このEU・トルコ間の難民合意を主導したのは、国内の政治基盤が揺らぎ、「無条件の寛容政策」の転換を余儀なくされたメルケルである。渡航が容易になるため流入加速が予想される春前に、藁にも縋る思いでトルコとの合意に活路を見出そうとし、半ば単独行動に近い交渉をトルコ側と行ったのだ。一方トルコ側の狙いは、強権性を強めるレジェップ・タイイップ・エルドアン大統領が目指す大統領権限強化の憲法改正の試みを前に、国民の要望が強いEUへのVISA無し渡航や、EU加盟交渉加速を実現し、支持率を高めることだ。

●図表5　ドイツ国民へのEU・トルコ難民合意についての質問

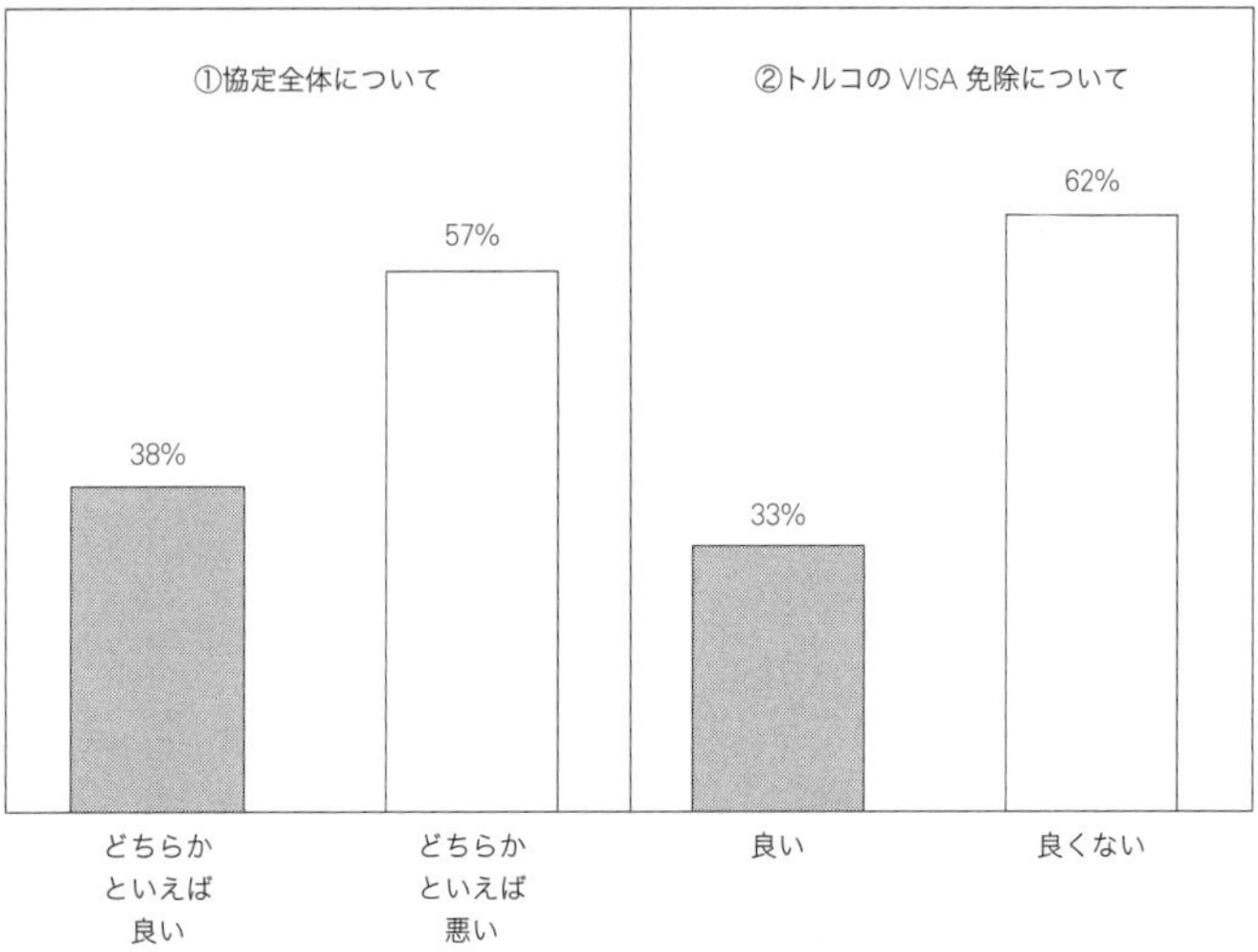

出所:ARD（2016年5月）

このトルコとの合意の効果は劇的に現れており、ギリシャへの難民認定希望者の流入は2016年1～2月の2000人強／日から、4月には同1311人、5月は同47人へと減少、6～8月も同60～109人と極めて低水準で推移している。果たしてトルコとの合意は難民問題に転機をもたらすゲームチェンジャーとなるのだろうか？

確かに合意は一定の効果を持ったが、以下の様な問題点を抱えており、中長期的持続性には疑問符が付く。

まず、独裁色を強めるトルコへのEU加盟国の指導層及び国民の不信感がある。ARD（ドイツ公共放送）の世論調査によれば、トルコを信用できないと考えるドイツ国民は9割に達し、ロシアの7割さえも大幅に上回っている。トルコとの合意は、「難民認定希望者流入抑制のために独裁者に屈した」とドイツ国内で批判されており、同調査ではトルコとの協定全体や、トルコへのＶＩＳＡ免除付与を好ましくないと判断する国民がそれぞれ6割程度に達している。

エルドアンは、「トルコがＥＵを必要とする以上に、ＥＵがトルコを必要としている」とＥＵの足下を見、様々な側面でＥＵに圧力をかけ譲歩を引き出そうとしており、ＥＵ加盟国の指導者及び国民から激しい反発を招いている。

次に、7万2０００人のシリア難民のＥＵ内での受け入れをどう分配するのかという問題がある。２０１５年9月に激しい東西対立を引き起こしてまで強引に決定した16万人の移民の各国分担は前述した通りほとんど実行に移されていない。今回の合意による追加の各国分担を果たしてどう進めていくのだろうか。

そもそも、トルコへの見返りとしてのＶＩＳＡ免除とＥＵ加盟交渉加速をいかに実行していくのかという問題もある。ＶＩＳＡ免除の前提条件としてトルコはＥＵが求める72項目の基準を満たす必要がある。しかし、現時点で5項目が満たされていない。残る項目は、エルドアンが反対派の弾圧に利用する反テロ法の改正等実行困難なものが多く、エルドアンは実行に否定的である。ＶＩＳＡ免除には欧州議会の合意が必要だが、メルケルによる「力技」が効く閣僚理事会と異なり欧州議会は条件緩和等の妥協は容易には許さないだろう。

結局、ＶＩＳＡ免除は、目標の２０１６年６月までに実現せず、トルコのメブリュト・チャブシオール外相は、10月までに同措置が実現しなければ、ＥＵとの難民合意を破棄すると警告している。

２０１６年７月のクーデター未遂事件以降、エルドアンへの権力の一層の集中と反対派への苛烈な弾圧が進んでいることも懸念される。トルコでは２０１６年８月現在３万５０００人の軍・司法関係者教員が拘束され、８万人が一時停職処分を受けた。エルドアンは死刑制度復活が実行されれば、ＥＵ加盟交渉は中止に追い込まれよう。ＥＵ側による約束の着実な履行が滞れば、トルコによる国境管理の緩和を通じた圧力が予想される。

今回の合意で難民流入が抑制されているのはあくまで「エーゲ海・バルカンルート」であり、代替ルートとしてリビアからイタリアを目指す「中部地中海・イタリアルート」からの流入が急増している点にも注意が必要である。イタリアルートは航路が長いため、ギリシャルートに比較し危険で転覆事故が増加している。リビアは、カダフィ政権の崩壊後深刻な内戦状態にあり、ＥＵがトルコとの様な実効性のある協定を結ぶことはほぼ不可能だ。

第四に、問題の根源にあるシリア情勢への対応がある。ＥＵは、米露と共にシリアのアサド政権と反体制派による和平協議を推進しようとしているが、アサド政権の処遇めぐり米・ＥＵとロシアの溝は深い。停戦違反によって現在和平協議は中断されているが、同協議にはヌスラ戦線等の過激派が含まれていないため、実効性に乏しいとの問題点も指摘されている。

以上を総合すると、ＥＵにとって、難民危機に短期的に有効に対応する方策は、現在のところトルコとの合意を維持すること以外に事実上存在しない。

一方、トルコも、①難民問題を通じた協力によってＥＵから利益を引き出し、エルドアンが目指す大統領制強化に利用したいこと、②シリア問題の解決に向けＥＵからの協力が不可欠なこと、③トルコ経済が停滞する中で、ＥＵの経済的重要性が高まっていること（輸出シェア４割以上）、等からＥＵとの大幅な関係悪化は避けたいのが本音だろう。そのためチャブシオールによる脅しとは異なり、難民合意が完全に破棄される可能性は小さく、ＥＵ・トルコ間で落としどころをめぐり、ギリギリの調整が続けられると考えられる。ただし、今後は交渉の進展状況を睨んで、国境管理に強弱をつける等、トルコによる揺さぶりが強まると予想される。ＥＵへの「エーゲ海・バルカンルート」からの難民認定希望者の流入が合意前の水準に戻ることはないにしても一定の水準で再び増加することは不可避だ。

6　求められる「欧州のドイツ」の下での各国の連帯

難民危機を通じて目立つのは、ドイツの強引さと、ＥＵ加盟各国による自国の利害むき出しの対応だ。ドイツは、ダブリン規則の一方的緩和により、ＥＵへ向かう難民認定希望者を急増させ、難民認定希望者の再配分では強引な押し付けにより中東欧と激しく対立し、「道徳的帝国主義」との批判を浴びた。トルコとの合意でもメルケルが他国に諮ることなく話を進める等、ドイツの独り相撲が目立つ。しかも、難民問題でトルコの協力を得るために、エルドアンを侮辱した自国コメディアンの司法手続きを認める等、理念なき外交である。

ドイツ独り勝ちのEUの中で、「欧州の盟主」ドイツに求められるのは、きちんと自らのビジョンを他国に示した上で、複雑にからみあう利害調整を柔軟に行なう、という形のリーダーシップであろう。ドイツが今の様に強引に自らの論理を押し付ける様な難民対応を進めれば、ブレグジット等多くの難題を抱え「揺れるEU」の求心力はますます低下するだろう。第4章「なぜドイツが一人勝ちし続けるのか」で述べられている通り、ドイツに求められているのは、「ドイツの欧州」ではなく、「欧州のドイツ」としてのリーダーシップであり、同時にEU加盟各国には、自国の利益へのかたくななこだわりを捨てて、EU全体で負担をわかちあう「EUの連帯」が求められている。

注

(1) シェンゲン協定とは、EUを中心に欧州の国家間で域内の出入国審査を廃止した協定であり、EU加盟28ヵ国の内、22ヵ国(英国、アイルランドが協定に加盟せず、ルーマニア、ブルガリア、キプロス、クロアチアは現段階で参加を認められていない)と、EFTA(欧州自由貿易連合)4ヵ国(スイス、ノルウエー、アイスランド、リヒテンシュタイン)の計26ヵ国が加盟。

第 3 章

広がる反EU気運
——高まる政治リスク

みずほ総合研究所欧米調査部上席主任エコノミスト
吉田健一郎（よしだ・けんいちろう）

1996年一橋大学商学部卒、2012年ロンドン大学修士（経済学）。1996年富士銀行（現みずほ銀行）に入行。対顧客為替ディーラーなどを経て2004年にみずほ総合研究所へ出向。2008年9月からロンドン事務所長。2014年10月から現職。専門は、欧州経済・金融市場調査。著書に『経済が分かる論点50　2016』（共著、東洋経済新報社）、『オイル＆マネー』（共著、エネルギーフォーラム社）、『迷走するグローバルマネーとＳＷＦ』（共著、東洋経済新報社）など。

CHAPTER 3

SUMMARY IN THIS CHAPTER

ＥＵ懐疑政党が汎欧州で勢力を拡大している。
背景には移民や失業といった社会や経済不安の広がりと、
問題を解決できないＥＵや既存政党へのいら立ちがある。
ＥＵ懐疑政党の勢いは今後も増していく可能性が高い。
ＥＵは経済成長を通じて
統合の成果を示すことが急務となっている。

1　欧州で広く支持を伸ばすEU懐疑政党

(1)　高まる欧州の政治リスク

欧州連合（EU）に懐疑的な政党が汎欧州で勢いを強めている。2015年にギリシャで政権を取り、EUの緊縮策に反対した急進左派連合（シリザ）をはじめ、フランス国民戦線、オランダ自由党、オーストリア自由党、デンマーク国民党、ハンガリー・ヨッビグなど、現在域内でEU懐疑政党の名前を挙げればきりがない。最近ではドイツですら、「ドイツのための選択肢（AfD）」と呼ばれる通貨同盟に反対する政党が支持を伸ばしている。

EU懐疑主義は、広義には「①欧州統合の現状に対して懐疑的である、②欧州統合の更なる進展について懐疑的である、③欧州統合というプロジェクトそのものに対して反対することの何れかが、精神的・政策的態度として持続する態度」と解釈されており（吉田2011）、本稿では基本的にこうした姿勢をとる政党をEU懐疑政党とする。

EU懐疑政党の台頭は、欧州全体の政治リスクであるとの見方は近年強まっており、例えば米シンクタンクであるユーラシアグループは、2016年の十大リスクの第2位を「閉ざされた欧州」とし、大衆迎合的な反EU・ナショナリスト政党の台頭により、人の自由な移動などEUの基本原則が反転するリスクを挙げた。欧州政治リスクとは、EU懐疑政党が伸長し、これまでのEU統合の成果となる政策の反転や、EUから離脱する国が現れ、欧州のみなら

●図表1　EU懐疑政党の各国下院での得票率

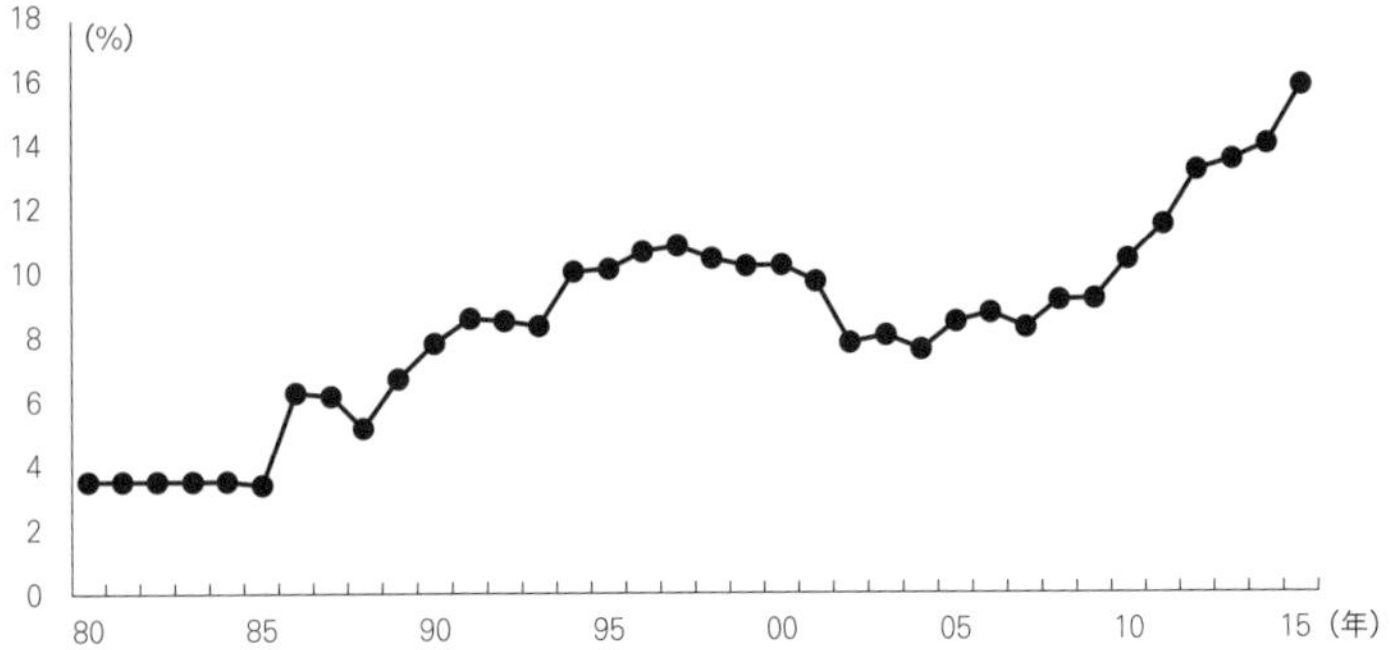

注：各国下院選挙におけるEU懐疑政党の得票率の単純平均値。対象とした政党は以下の通り。イタリア：イタリア社会運動、国民同盟。北部同盟、五つの星運動。フランス：国民戦線、ベルギー：ブラームス・ブラング、オーストリア：自由党、オランダ：自由党、デンマーク：国民党、フィンランド：真のフィン人、ノルウェー：進歩党、スウェーデン：民主党、ギリシャ：シリザ、黄金の夜明け、ハンガリー：ヨッビグ、英国：独立党。選挙の結果のみを反映し、各選挙の間の期間の得票率は同率としている。2回投票がある場合は初回投票、比例と小選挙区並立の場合は比例部分。

資料：INTER-PARLIAMENTARY UNION PARLINE Database、European Election Database、Wikipediaより。みずほ総合研究所作成

ず世界の経済や金融市場にも悪影響を及ぼすリスクと捉えられる。6月の英国民投票における英国民のEU離脱の選択は、そうしたリスクが顕在化したとみることができよう。

本章では、まず、EU懐疑政党が台頭した歴史的な背景を考察する。次に、代表例として仏国民戦線台頭の背景を探る。最後に、EU懐疑政党の先行きやEU統合の将来展望についても考察する。

(2) EU懐疑政党の勢いを強めた「3つのショック」

EU懐疑政党の勢いを測るために、1980年以降の16のEU懐疑政党の下院選挙での得票率を平均してみる

と、図表1のようになる。ＥＵ懐疑政党の下院での得票率は80年代半ば、90年代前半、２０００年代後半に急上昇していることがわかる。80年代以降のＥＵ懐疑政党の台頭には、過去に欧州を襲った「3つのショック」が関係している。

第一のショックは、１９７３年と79年の「オイル・ショック」である。オイル・ショック以前、１９５０～60年代の欧州は戦後復興の高度成長期にあり、「欧州の奇跡」と言われた。例えばドイツのフォルクス・ワーゲンが１００万台の生産を成し遂げたのは１９５５年であり、この時期西欧の一人当たりＧＤＰは大きく上昇している。しかし、高度成長期は１９７３・79年のオイル・ショックで終わりを告げ、景気は後退期に入る。この点は日本も同様だが、欧州が日本と異なっていたのは、高度成長期の間に労働力として受け入れた移民がオイル・ショック後の景気後退により職を失い、移民第二世代も含めた犯罪増などを通じて社会問題化した点だろう。フランスのＥＵ懐疑政党である国民戦線が誕生したのは１９７２年であるが、同党は１９８６年の国民議会選挙で得票率を９・７％に伸ばしている。また、オーストリア自由党（設立は１９５６年）も、同年の総選挙で得票率を９・７％に伸ばした。もっとも、反移民を起点とした極右政党は、発足時点から欧州懐疑主義が前面に出ていたわけではない。

第二のショックは、１９９２年の「デンマーク・ショック」である。これは、１９９２年6月にデンマークで行われたマーストリヒト条約（ＥＵ条約、92年調印、93年発効）の批准を問う国民投票において、同条約の批准が賛成49・3％対反対50・7％で否決された事件を指す。これまで順調に進めてきた統合プロセスにあって、この「デンマーク・ショック」はＥＵ統合プロセスの挫折と見なされ、統合推進派に大きなショックを与えた。この時、デンマーク国民は、ＥＵの共通安全保障政策や共通通貨へ組み入れられることや、ＥＵに入ることで小国開放経済である自国の競争力が低下すること、社会保障水準が低下することなどへの不安といった点で、批准に反対したと考えられている。デンマーク国民のマーストリヒト条約拒絶という国民投票の結果を受け、ＥＣ（欧州共同体）は、同年12月にエジンバラで行われた首脳会合において、英国と共にデンマークに対してユーロへの非加盟と、共通外交・安全保障政策からの適用除外を認めた。この結果を受けて93年5月に国民投票が再度実施され、今度は賛成が56・8％と反対を上回った。

デンマークのマーストリヒト条約批准否決を受けて、フランスでも92年9月20日に同条約批准の是非を問う国民投票が実施された。大差で可決するというミッテラン大統領の当初の目論見に反して、結果は賛成51・0％対反対49・0％という僅差での可決に止まった。仏国民投票直前の9月17日には、英国におけるポンドに対する投機的なアタックなどの結果、英国やイタリアが将来のユーロ導入を目指した欧州為替相場メカニズム（ＥＲＭ）から離脱するといった出来事もあり（イタリアは後に復帰）、この時期、欧州統合への懐疑的な見方はより強まった。ＥＵからの離脱を党是とする英国独立党（ＵＫＩＰ）が結成されたのも１９９３年である。

「デンマーク・ショック」を契機の一つとして、ＥＵを巡る議論のなされる「場」が、国民投票等を通じ国民レベルにまで引き下げられた点も特徴である。これまで、ＥＵ統合深化の意思決定は、欧州委員会を中心とした統合推進派のエリートにより行われてきた。このため、90年代に入ると、ＥＵ統合プロセスはＥＵ市民の意思を反映していないのではないか、という「民主主義の赤字」の問題が注目されることとなった（吉武２０１１）。実際、90年代に入るとＥＵに関連する国民投票の実施件数は増えた（吉武２０１１）。ＥＵ統合が国民生活により直接的に影響する問題になったことでＥＵ懐疑的な国民の数が増え、「欧州統合を争点とする政治的次元が拓かれることになった（吉田２０１１）」と捉えることができよう。

２０００年代に入ると、共通通貨ユーロ導入に伴うＥＵ統合機運の高揚や、ＥＵや世界経済自体が２０００年代前半は好調であったことなどから、ＥＵに懐疑的な世論の高まりは一旦沈静化した。しかし、そこに発生したのが第三のショック、２００８年９月の「リーマン・ショック」である。米サブプライム・ローンの焦げ付き問題に端を発したグローバルな金融危機は、２００９年に入ると世界的な大不況へと発展した。ＥＵでは、当初２０００億ユーロ規模の財政拡張パッケージを組んで、危機に対応しようとした。しかし、その後、ユーロ圏では拡張的な財政政策の結果として財政赤字が増加し、ギリシャの財政収支改ざん問題を発端とした欧州債務危機へ発展した。欧州債務危機は２０１１年に入るとスペインやイタリアといった南欧の大国へも波及し、南欧諸国の経済成長率は低迷、ドイツを除けばユーロ圏のほぼ全域で失業率は急上昇し、いまだリーマン・ショック前の水準を上回ったままである。

欧州債務危機では、ユーロ圏が制度や世論など様々な制約の中でどのような金融支援を債務国に行えるかということが焦点となってきた。そのため、経済規模が大きく財政面でも余裕がある債権国であるドイツの影響力は、債務危機を経て高まった。しかし、ドイツが中心となって進めてきたユーロ圏としての危機再発防止策は財政緊縮策が中心で、ギリシャに対しては金融支援と引き換えに「トロイカ」と呼ばれる欧州委員会、IMF、ECBからなる債権者団の監視の下、厳しい緊縮財政や年金改革の実施が要求された。この結果、同国では景気悪化により税収等が伸び悩み、財政緊縮目標が未達となれば、追加的な財政緊縮策が課され更に景気が再び悪化するという、「財政緊縮と景気悪化の悪循環」が起きた。袋小路的な状況の中で、既存二大政党への信任は揺るぎ、反緊縮、反トロイカを掲げるシリザ（2005年結党）が国民の支持を集め、2015年にはついに政権の座に就いたのである。

近年、EU懐疑政党の勢いが高まっていることを如実に示したのが、2014年5月に行われた欧州議会選挙であった。欧州議会選挙は、比例代表制で当落が決まる。また、国政に対する批判票が集まりやすいということもあり、EU懐疑政党が汎欧州で大躍進する結果となった。特に、フランス国民戦線、イギリス独立党、デンマーク国民党といったEU懐疑政党が主要政党を抑えて各国の第一党になった。国民戦線が24・9％の得票率で既存政党を抑えて首位に立ったフランスでは、バルス首相は「（この結果は）警告以上のものだ。（政治的）ショックであり激震だ」と述べた。現在の欧州議会は1979年の初回選挙以降、最もEUに懐疑的な議会となっている。

(3) 第4の「ブレグジット・ショック」が襲う

第1章で触れたとおり、英国のEUからの離脱の是非を問う国民投票では、僅差ながら離脱派が残留派を上回り、英国民はEUからの離脱を選択した。英国のEU離脱は、大陸におけるEU懐疑政党伸長の第4のショックとなる可能性を秘めている。大陸のEU懐疑政党にとって、英国のEU離脱派が繰り広げたキャンペーンは、無料で欧州中に反EUの宣伝をしてくれたようなもので、「濡れ手で粟」の状況であったに違いない。

英国民のEU離脱という選択は、汎欧州でEU懐疑政党の勢いを強めることになろう。2017年には、3月にオランダで下院選挙、4~5月にフランスで大統領選挙、8~10月にはドイツで議会選挙が予定されている。中でも、比例代表制をとり得票率が議席数に直結するオランダの動向が注目されることになりそうだ。同国のEU懐疑政党である自由党は支持率でトップを走っている。同党のヘルト・ウィルダース党首は、自国でもEU離脱の是非を問う国民投票を実施するべきだと主張している。

フランスにおいても、例えば、仏国民戦線のマリーヌ・ルペン党首は、英国民投票の結果を受けて、「英国民は(フランスのEU離脱に向けた)最初の号砲を鳴らしたのであり」、「ブレグジット(という投票の結果)は、それが我々にも可能だということを示した」と述べた。また、同党のフロリアン・フィリポット副党首は、年初の英紙とのインタビューにおいて、「(仮に英国のEU離脱が否定されたとしても)投票は大多数の普通の英国人がEU統合深化に反対したことを示すものになろう」と述べている。国民戦線は、政権の座に就いた場合、6か月以内にEUとの関係を問う国民投票を実施することを公約としている。

米調査会社ピューリサーチが2016年の春先に行った世論調査では、フランス国民のEUに対する否定的な見方は61%と、肯定的な見方を大きく上回った。ドイツとともにEU統合プロジェクトの推進役であり続けてきたフランスにおいて、世論がここまで変わってしまったのは驚きだ。次節では、フランスのEU懐疑政党の代表例として国民戦線の浮沈を考察する。

2　フランス国民戦線が躍進する背景

(1)　復活を遂げた国民戦線

数あるEU懐疑政党の中で近年もっとも成功している党の一つはフランスの国民戦線(Front National、FN)だろう。同党が一躍世界の注目を集めたのは、2002年のフランス大統領選挙であった。同党の創設者の一人であり、マリーヌ・ルペン現党首の父親である、ジャン・マリー・ルペン党首が決選投票に進出したためだ(フランスの大統領選挙は単記2回投票制、初回投票で過半を取れる候補がいなければ、上位2名による決選投票となる)。初回投票から決選投票の間、フランスでは反国民戦線を掲げるデモが頻発した。また、初回投票で敗れた社会党も右派共和国連合(RPR、現在の共和党)のシラク候補への投票を社会党支持の有権者に勧めたことから、決選投票ではシラク候補が82・2%の票を獲得して当選した。それでも、ルペン党首は決選投票において、400万人近い有権者の票を獲得したのである。

その後国民戦線は支持率の低迷にあえぎ、2007年の大統領選挙においては右派国民運動連合(UMP、現在の共和党)のサルコジ候補に票を奪われる形で得票率(初回投票)は2002年の16・9%から10・4%まで低下した。その後の国民議会選挙においても同党の投票率は4・3%にとどまり、仏ル・モンド紙は、〝FN, fin(国民戦線は終わり)〟と報じるなど、一時は党の解体も噂された(Goodliffe2012)。

しかし、その後国民戦線への支持は回復し、2012年の大統領選挙(初回投票)では、決選投票にこそ進めなかったが、得票率は過去最高の17・9%を得て復活を印象付けた。前述のとおり2014年のEU議会選挙では既存政党を抑えて最大議席を獲得、2015年のフランス地域圏議会選挙(初回投票)においても、国内13の地域圏のうち6つの地域圏においてトップの得票率を得た。こうした状況を映じて、ルペン党首は「今やわが党は、フランス最大の政党である」と述べるに至っている。2017年の大統領選挙でも同党首は、高い支持率を得ており、決選投票に進出する可能性が高まっている。国民戦線が復活を遂げた背景には、外部環境の変化による追い風と、党の主体的な戦略変更による2点がある。

⑵「失業」と「移民」が党勢回復の要因に

外部環境の変化としては、景気停滞に伴う失業増や、移民増に伴う社会不安、それに対して有効な手を打てずにいる二大政党への不満の高まりが挙げられる。

2007年の大統領選挙では、改革派でエネルギッシュな新しいタイプの大統領として、国民運動連合（UMP、現共和党）のサルコジ党首が、高い得票率で当選した。サルコジ大統領は、「もっと働いて、もっと儲けよう」をスローガンに、自由主義的な規制緩和によるフランス経済の活性化を狙ったが、2008年のリーマン・ショックとその後の欧州債務危機により、目立った成果を上げることができなかった。2007年から2011年の平均GDP成長率は0・8％と低迷し、2007年5月に7％台であった失業率は、債務危機最中の2011年末には9％台半ばまで上昇した。財政政策では、欧州債務危機の大国への波及もあり、政権途中からは緊縮財政に舵を切り、これも国民の不興を買った。

移民政策については、サルコジ大統領が内相時代から掲げてきた「選択された移民」の考え方を踏襲し、大統領就任後に「移民、統合、ナショナルアイデンティティー、共同発展省」を設立、同時に2007年移民法を成立させた。同法の主眼は家族呼び寄せなどの「家族的移民」や不法移民数を減らすことにあった（鈴木2008）。しかし、サルコジ政権発足以降も家族的移民数の減少は限定的で、2012年の家族呼び寄せによる滞在許可件数は8万7170件と、サルコジ政権発足時の2007年(8万7537件)と大きくは変わらなかった。失業増とも相まって、サルコジ政権への不満は高まった。

2012年の大統領選挙では、反サルコジ票を吸収する形で、社会党のオランド党首が31年ぶりの政権交代を実現させた。オランド党首は、自らを「ミスター・ノーマル」と述べて派手な印象の強いサルコジ大統領との違いを鮮明にするとともに、伝統的な左派的政策を掲げた。政権公約として掲げた「いまこそ変化のとき――フランスのための私の60の約束」の中には、富裕者層に対する所得税率の最高75%への引き上げや、15万人の雇用の創出などが含まれる。フランス経済が不況にあえぐ中で財政再建よりも経済成長を優先させる政策は国民の支持を得、同氏はサルコジ氏への批判票を含めて大差で勝利した。

しかし、オランド政権発足以降も失業率は一向に低下に向かわず、むしろ在仏大手企業の解雇報道が話題に上った。それに比例してオランド大統領の支持率は低迷を続け、発足後わずか1年で20%台と、第五共和制下で最低の水準にまで低下してしまった。2014年には自身の女性スキャンダルも発生し、支持率の低迷や、有権者の二大政党への失望に拍車をかけた。そうした中、2014年には欧州への難民流入が増加、EUとして有効な手立てが打てない中、2015年11月にパリで同時多発テロ事件が起こり、社会不安が高まった。

結局のところ、サルコジ政権、オランド政権ともに、「失業」と「移民」という二つの大きな

●図表2　フランスの地域圏別失業率と地域圏議会選挙結果

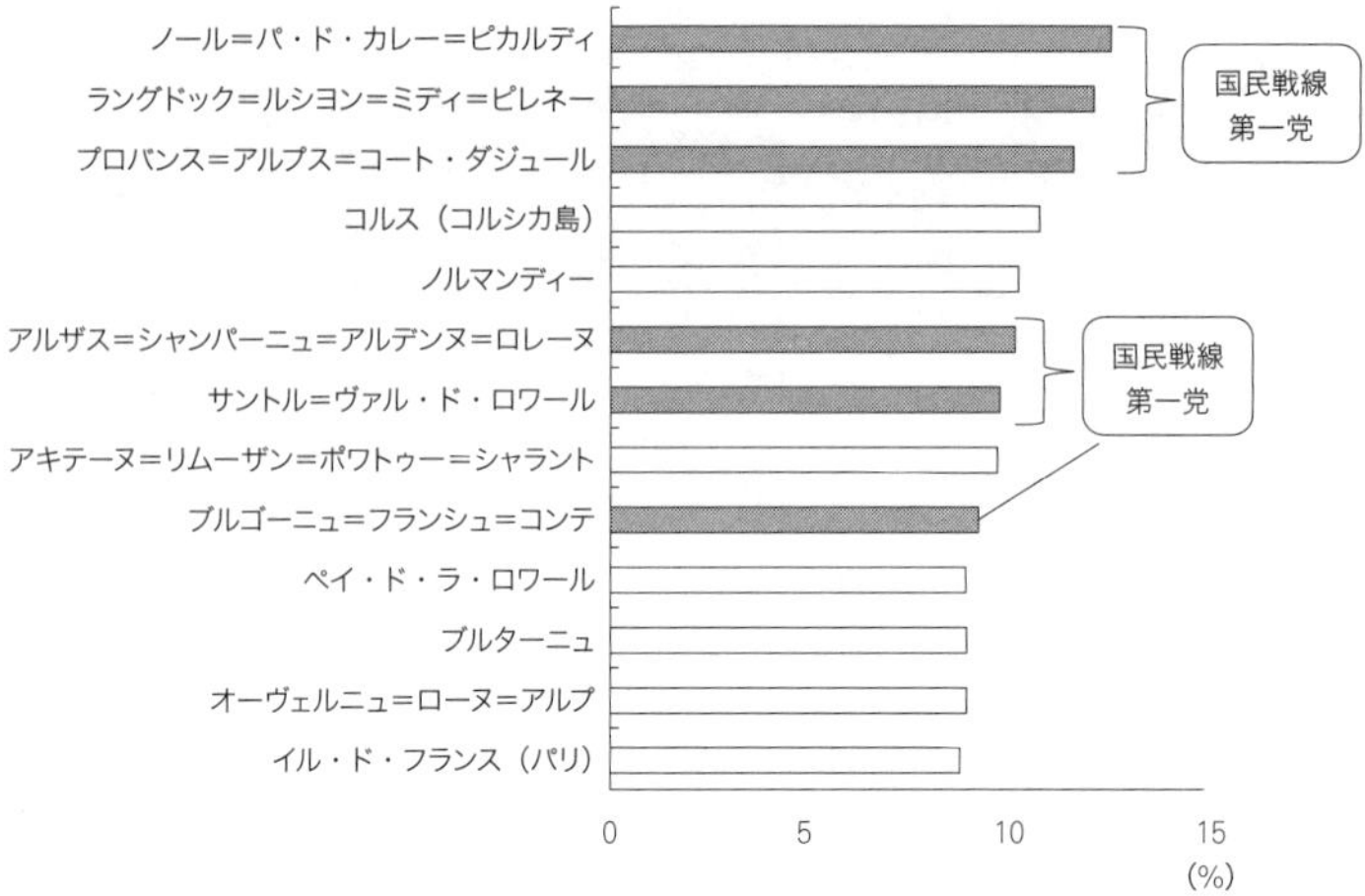

注：失業率は2015年10～12月期。色つきの地域が2015年15月の地域圏議会選挙（初回投票）で、国民戦線が第一党となった地域圏。
資料：INSEE、内務省より、みずほ総合研究所作成

問題に明確な回答を見出すことが出来ず、それが国民戦線の支持上昇につながっている。失業率については、フランスの各地域圏の失業率と、2015年に行われた地域圏議会選挙（初回投票）において同党がトップ当選を果たした地域圏の間に相関がある（図表2）。移民問題についても、北アフリカ地域からの移民数が多い地域もやはり国民戦線の支持率は高い。

(3)「脱・悪魔化」でイメージ刷新を狙うルペン党首

国民戦線の復権には、ルペン党首を中心とした党幹部によるイメージ戦略の成功も影響している。父ジャン・マリー・ルペン党首の時代の国民戦線に

は、ホロコーストは「歴史の細部に過ぎない」といった同氏の過激な発言（1987年）に象徴されるように、反ユダヤ主義的で人種差別的な極右政党というイメージがつきまとった。しかし、2011年にマリーヌ・ルペン氏が党首となって以降、国民戦線は国政への進出を視野に入れながら、主張をよりマイルドなものに転換してきた。こうした国民戦線のソフト路線への転換は、ルペン党首自身が「脱・悪魔化（dédiabolisation）」と呼んでいる。2015年8月には、ルペン党首は、ホロコーストに関する歴史修正主義的な発言を再び行った、父ジャン・マリー・ルペン氏を除名処分にしている。

マリーヌ・ルペン党首自身や、若い党幹部達の存在自体も党のイメージ戦略に貢献している。例えば、2016年2月にルペン氏が立ち上げた自らのブログ、「希望のノートブック」の中の自己紹介をみると、「自由な女性であり、母親、フランス人。国のために尽くすことを選んだ」と書かれている。ルペン党首は弁護士の資格を持ち、現代の働く女性像を体現しているように見える。

ルペン党首の姪である、マリオン・マレシャル・ルペン氏(26)も人気が高い。2012年の国民議会選挙では22歳の若さで当選し、史上最年少の国会議員となった。米共和党の副大統領候補であったサラ・ペイリン氏はマレシャル・ルペン氏を絶賛し、「ジャンヌ・ダルクを思い起こさせる」と米紙に寄稿している。ペイリン氏の評価が正しいかどうかは別として、ジャンヌ・ダルクは長い間、国民戦線の党としてのシンボルであると同時に、フランスにとり愛国のシンボルでもある。

国民戦線の支持者は伝統的に男性が多かったが、近年では、女性の支持者が増加しており、イメージ戦略の成功を物語っている。なお、党のメディアや選挙戦略を主導する前述のフィリポット副党首も34歳と若く、大統領をはじめ政府要人を多数輩出しているフランスのグランゼコールである、HEC経営大学院、国立行政学院（ENA）出身のエリートだ。

(4) 2017年は大統領選挙の年

国民戦線の勢力伸長は、景気悪化による一過性のものとは言えない。同党はマリーヌ・ルペン党首が誕生して以降、ち密な戦略を通じて党の負のイメージの払拭に努め、それが外部環境の変化と相まって、現在の成功をもたらしている。しかし、「脱・悪魔化」によるソフト路線への転換の中にあっても、その主張の核である反移民、反EU、反グローバル化といった政策は無論変更されていない（図表3）。

フランスでは、2017年4月23日、5月7日に大統領選挙が実施される。本稿執筆時点で国民戦線は高い支持率を維持しており、社会党候補を抑えて決選投票に行く可能性が高まっている。単記2回投票制をとる仏大統領選挙の場合、最終的にルペン党首が当選する可能性は低いだろう。ルペン党首が大統領になるためには、決選投票で共和党、社会党両者を合算した以上の票を取らなければ当選は難しいためだ。むしろ、決選投票に向けてどこまで票を伸ば

●図表3　フランス国民戦線の主要な政策

移民	フランスへの移民数を現在の年間20万人から1万人へ
	シェンゲン協定の破棄
司法・安全保障	司法省への25%の予算増
	4万の新しい刑務所の創設
文化等	国際的なフランス語利用の推進
	国際標準としての英語の偏在の排除
家族政策	家族手当はフランス人家族のみに支給
	女性の中絶の自由の保障
欧州	国の権限回復に向けたEU条約の再交渉
	国境管理の完全な自国管理
	国内法の欧州法に対する優位性の確保
	ユーロ離脱
	欧州共通農業政策からの離脱とフランス独自の農業政策の確立
外交	ロシア、スイスを含む汎欧州同盟の創設。但しトルコは除く
	仏独露の三国同盟の創設
	アフリカなど旧植民地国との経済関係の再交渉
産業・雇用	フランスの再産業化への投資とEUの自由貿易精神への反対
	フランス製造業保護のための輸入関税引き上げ
	必需品VATの5.5%への引き下げと奢侈品VATの引き上げ

注:2014年5月時点のもの
資料:France24より、みずほ総合研究所作成

すのかにより、国民戦線の勢いが示されることになりそうだ。

また、6月には国民議会選挙が実施される予定だ。国民戦線が議席数を伸ばすのは容易ではないが、ルペン党首を含めた党幹部が議席を得られる可能性は従来よりも高まっている。

3　EU懐疑勢力の今後とEUに求められる対応

(1)　EU懐疑政党の躍進は今後も続く

EU懐疑政党は今後もEU各国の議会や欧州議会での影響力を高めていく可能性が高い。本稿で述べてきたとおり、EUに懐疑的な勢力が台頭してきた背景には、移民、失業といった問

題に対する国民の不安と、それを解消できない既存政党やEUへの失望がある。また、これまでEU統合プロジェクトは、一部のエリートだけが進める庶民にはかかわりの低い問題と考えられてきたが、90年代以降は国民が直接その意思を示し得るものとなりつつある。

英国民投票時のキャンペーンでは、「経済」、「移民」、「主権」といった点に争点は絞られ、「経済を重視するなら残留」、「移民や主権を重視するなら離脱」と、争点と投票行動は単純化され結び付けられたように思う。しかし、EU加盟のメリット・デメリットは単純にイエス・ノーで割り切れるものではなく、上記のような争点は互いに影響しあうものでもある。そうした中で、EU加盟の是非のような複雑な問題を総合的に判断することは、国民一人一人にとり非常に難しい。悩ましい状況の中で、EU懐疑派やEU懐疑政党が投げかけるシンプルで分かりやすいメッセージは、国民に届きやすい。英国民投票の例でいえば、「主権を取り戻そう(take back control)」というメッセージはわかりやすかった。しかし、主権を取り戻すことで何を得、何を失うのかは、最後まで曖昧なままであった。

欧州では英国に続くべきという世論は高まっている。英調査会社イプソス・モリが、3～4月に行った世論調査によれば、「自国でもEU加盟に関する国民投票をするべきか？」という設問に対し、イタリアでは58%の国民が「実施すべき」と答え、もし国民投票が行われた場合には「離脱」に投票すると答えた人の比率は48%に上る(図表4)。EU離脱政党はこうした世論の受け皿となることで支持を高め、今後も国政への影響力を強めると考えられる。EU懐

●図表4　自国でも国民投票を行うべきか？

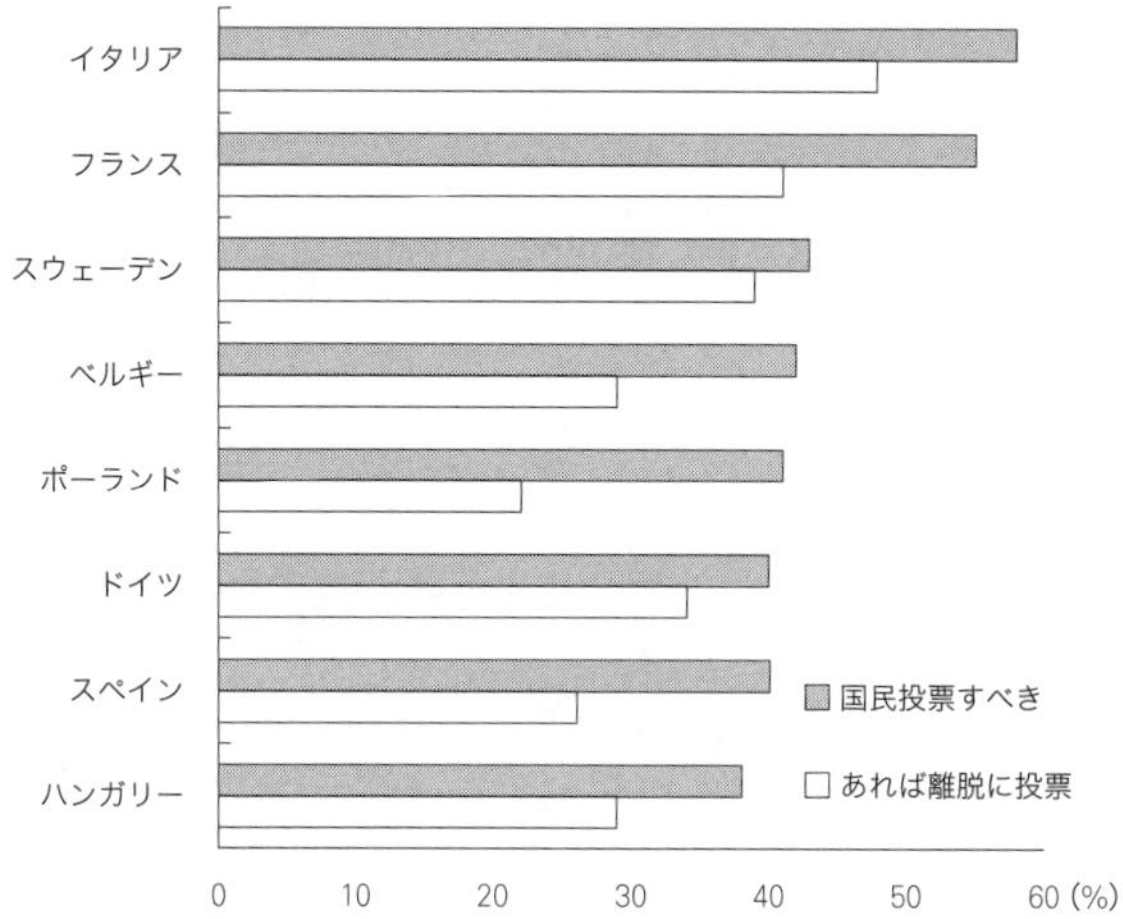

注：調査期間は2016年3月25日～4月8日。
資料：イプソス・モリより、みずほ総合研究所作成

疑政党の国政参加が増える可能性も視野に入れておかねばならないだろう。

(2) ＥＵ統合は「マルチ・スピード」へ

ＥＵ懐疑政党が支持を伸ばしてきたことは、ＥＵへの支持が落ちたことと表裏一体である。ＥＵへの支持が落ちている背景を考えると、ＥＵの制度的問題と、ＥＵ経済の失速という二つの点が大きく影響しているように思う。

前者については、前述した「民主主義の赤字」の問題、すなわち欧州議会の影響力が限定的で、自分の選んだ政治家ではないＥＵ官僚がルールを決めていることへの不信や、ＥＵ法が保障する「ＥＵ市民の域内の自由移動」がもたらす社会不安などの点が問題となっ

ている。後者については、欧州債務危機後の高止まりする失業率や伸び悩む賃金といった点が問題となっている。

ＥＵは、こうした問題に対して回答を示すことが求められている。上記のうち、制度的な問題への回答については、皮肉なことに、英国がＥＵに残留した場合に発動する予定であったＥＵ改革案が一つの方向性を示す。英国が国民投票前にＥＵ首脳と合意していたＥＵ改革案では、「民主主義の赤字」の問題について、ＥＵレベルでの決定に対するＥＵ各国議会の拒否権の強化などが盛り込まれている。域内の自由移動については、極端な移民流入により各国の社会保障システムが圧迫を受けた際には、社会保障給付の制限など何らかの移民流入の抑制につながり得る「緊急ブレーキ」を一時的に容認することが決まっていた。こうしたＥＵ改革案は英国の離脱選択により消滅しているが、将来的にＥＵとして必要となる可能性がある。

経済の問題については、雇用の回復が急務である。２０１６年６月のユーロ圏19か国の失業率は10・1％と、債務危機前よりも高い水準にあり、25歳以下の若年層に限ればこの比率は20・8％に跳ね上がる。英国民投票の際にも明らかになった通り、若者のＥＵへの支持は相対的に高い。ＥＵ域内で自由に学び、就職することはもはや当然の社会インフラとなっているからだ。それだけに、今後、若い世代がＥＵへの期待を失えば統合のモメンタムは失われかねない。若者の雇用促進に向けた規制緩和や、需要創出による雇用機会の拡大は、ＥＵとして取り組むべき重要な課題であろう。

EU経済低迷の大きな要因となった欧州債務危機の再発防止も必要だ。欧州債務危機は、共通通貨ユーロを導入する国の間で、急速な金利上昇などの金融危機が伝播する可能性があり、ユーロ圏内における財政規律の維持や、ユーロ各国間の財政移転の仕組みが重要であることを改めて示した。危機の再発を防ぐ意味で、ユーロ圏19カ国については、共通債やユーロ圏財務省の設立といったユーロレベルでの更なる統合深化がいずれ必要になる可能性が高い。

しかし、EU加盟国数が増加するなかで、更なる経済・通貨同盟の深化を全ての国が受け入れられるわけではなくなっている。各国の政治状況や経済状況の差が大きくなってきているからだ。全加盟国がEUの統合深化に向けて歩調を合わせるのはもはや難しい。今後のEUは、統合の意思と能力がある国が先行して統合を進める一方で、統合のスピードに追い付いていけない国は、後から統合を進めていく「マルチ・スピード」な統合が進むのではないか筆者自身は考えている。EUは、各国が幅広く共有できる統合の成果を土台に、EUに懐疑的な世論も吸収しながら、緩やかに統合を進めていくことになろう。

参考文献

吉武信彦（2011）「欧州統合過程と国民投票：デンマークの事例を中心として」法学研究84巻1号、229〜257頁

吉田徹（２０１１）「欧州統合過程とナショナルな政党政治：『欧州懐疑政党』を中心に」法学研究84巻2号、６３３～６７２頁

鈴木尊紘（２００８）「フランスにおける２００７年移民法—フランス語習得義務からＤＮＡ鑑定まで—」、外国の立法№２３７、国立国会図書館

Gabriel Goodliffe（2012）, *The Resurgence of the Radical Right in France, From Boulangisme to the Front National*, Cambridge University Press, p.329

第4章

なぜドイツが一人勝ちし続けるのか

三井物産戦略研究所国際情報部欧州・ロシア室長
平石隆司（ひらいし・りゅうじ）

慶應義塾大学法学部卒（国際関係論専攻）。三井物産入社、調査情報部経営情報室。米国ブルッキングス研究所客員研究員。三井物産戦略研究所経済産業分析室主任研究員、欧州三井物産戦略情報課General Manager。三井物産戦略研究所国際情報部欧米室長を経て現職。三井物産入社以来、一貫して日米欧の政治・経済の分析を担当。共著に『WTO　日本経済はどう変わるか』（日本能率協会）、『データで見る国際貿易』（東京経済情報出版）『図解　アメリカのしくみ』（中経出版）

CHAPTER 4

SUMMARY IN THIS CHAPTER

ＥＵでドイツ経済が一人勝ちしているが、
他の加盟国とのファンダメンタルズ格差等を考えると
この状況は中期的に続くだろう。
政治面でもドイツの影響力拡大と
フランスの凋落が顕著であるが、
「欧州のドイツ」としてＥＵ統合の新規まき直しの先導役が期待される。

1　ＥＵ経済はドイツ独走の「一強他弱」

ＥＵ経済においてドイツ経済のパフォーマンスが他を圧している。欧州ソブリン債務危機とその後の非常に緩慢な回復過程の中で、２０１０年〜15年の実質ＧＤＰ成長率がＥＵ全体で年平均１・２％、ユーロ圏で同０・８％に沈む中、ドイツは同１・９％の高成長を記録した（図表1）。同期間の失業率についても、ＥＵ全体及びユーロ圏で年平均２けたに高止まる中、ドイツは同５・５％と、ドイツ統一以来の最低水準にある。同期間の消費者物価上昇率は、ユーロ圏が年平均１・４％と、ＧＤＰ比２％を上回るＧＤＰギャップ（ＯＥＣＤ推計）を背景にＥＣＢ（欧州中央銀行）の物価安定の定義である「２％未満だがその近辺」を下回る水準にとどまっているが、ドイツは完全雇用状態でＧＤＰギャップがほぼゼロにもかかわらずインフレの加速なくユーロ圏と同じ伸び率を維持した。同期間の財政収支については、「景気低迷と財政収支悪化の悪循環」により、ＥＵ全体の財政収支が年平均で名目ＧＤＰ比３・９％の赤字、ユーロ圏が同３・６％の赤字と、ＥＵの定めた同３・０％以下という基準を上回っているのに対し、ドイツは同０・６％の赤字とほぼ財政均衡を達成している。対外収支面でも、同期間の経常収支がＥＵ全体で年平均で名目ＧＤＰ比１・３％、ユーロ圏で同１・５％の黒字に対し、卓越した国際競争力を背景に、ドイツは同６・９％もの黒字を記録している。

以上の通り、２０１０年代前半は、ＥＵ全体が欧州ソブリン債務危機とその克服に苦しん

●図表1　EUの経済指標

	実質GDP（年平均%）			失業率（%）			消費者物価（年平均%）			財政収支（GDP比%）			経常収支（GDP比%）		
	2000～04	2005～09	2010～15	2000～04	2005～09	2010～15	2000～04	2005～09	2010～15	2000～04	2005～09	2010～15	2000～04	2005～09	2010～15
EU	2.4	1.1	1.2	9.0	8.1	10.1	2.7	2.3	1.6	−2.0	−2.8	−3.9	0.0	−0.3	1.3
ユーロ圏	2.0	0.7	0.8	8.8	8.4	11.1	2.2	2.0	1.4	−2.2	−2.6	−3.6	−0.5	−0.3	1.5
ドイツ	1.0	0.6	1.9	8.9	8.9	5.5	1.5	1.8	1.4	−2.7	−1.5	−0.6	1.1	5.7	6.9
フランス	2.1	0.7	1.0	8.6	8.4	9.9	2.0	1.7	1.3	−2.6	−3.7	−4.7	2.1	−0.2	−0.8
イタリア	1.5	−0.5	−0.3	8.8	7.0	10.7	2.5	2.1	1.6	−3.0	−3.4	−3.2	−0.2	−1.8	−0.3
スペイン	3.7	1.8	−0.1	11.7	11.0	23.1	3.3	2.7	1.4	−0.5	−2.0	−7.8	−4.4	−7.9	−0.6
英国	3.0	0.7	2.0	5.1	5.8	7.2	1.2	2.5	2.4	−1.5	−5.0	−6.8	−2.0	−2.5	−3.6

出所：IMF World Economic Outlook, April 2016

だ時期であるにもかかわらず、ドイツ経済は、他の先進国と比べても全くそん色ない、ほとんど全ての経済指標において非常に良好なパフォーマンスを示した。ドイツ経済は、ＥＵ経済の力強い牽引役となり、まさに「ドイツ独り勝ち」の「一強他弱」ともいうべき状況が出現している。

2　わずか十数年前には「欧州の病人」と揶揄されていたドイツ

しかし、ドイツ経済のこうした頑健さは必ずしも過去から継続されてきたものではないことに注目する必要があろう。

わずか十数年前の２０００年代初頭、ドイツ経済は、①高水準の失業給付や硬直的労働市場、②１９９０年のドイツ統一ブームの後遺症である建設バブルの崩壊、③旧東独地域復興のための重い財政負担、等に苦しんでいた。実質ＧＤＰ成長率は低迷し、失業率は高止まり、「欧州の病人」(Sick Man of Europe) と揶揄されていた。

１節同様、マクロ経済指標をチェックすると、２０００年代平均で見てドイツ経済のマクロパフォーマンスはＥＵ全体及びユーロ圏を下回っているが、特に２０００年代前半の停滞が顕著なものとなっている。

２０００～２００４年の実質ＧＤＰ成長率がＥＵ全体で年平均２・４％、ユーロ圏で同２・

0%と好調なのに対し、ドイツは同1・0%と、半分以下に低迷している。同期間の失業率は、年平均で比べるとEU全体及びユーロ圏と遜色ないように見えるが、EU全体とユーロ圏が期間中安定的に推移していたのに対し、ドイツは景気低迷を背景にじり高傾向にあり、2004年には2けたを記録していた。

同期間の財政赤字は、EU全体及びユーロ圏を上回り、フランスと共に数年にわたってEUの「安定成長協定」(Stability and Growth Pact)が定める上限である名目GDP比3%を超える赤字を記録した。欧州委員会は効果的赤字削減措置を怠っているとして両国に対し制裁へ向けての手続を開始したが、財務相理事会が手続を停止し最終的に政治決着が図られたのは記憶に新しい。「大国の横暴」としてEUの中小国から激しく非難され、協定の形骸化を招いたといわれるが、そのドイツが、2010年代の欧州ソブリン債務危機時にはギリシャ、スペイン、ポルトガル等南欧の財政危機国に対し、財政ルールの遵守を厳しく求めたのだから皮肉なものである。

3　ドイツ経済復活と一人勝ちをもたらしたもの

「負け組」から圧倒的「勝ち組」へ、というこのドイツ経済の劇的な変化はどのようにして生じたのだろう?　ドイツ経済のダイナミズム復活の背景として以下の5つの要因が指摘できる。

第一に、中道左派・SPD(社会民主党)のゲアハルト・シュレーダー前政権によって開始され、中道右派・CDU/CSU(キリスト教民主・社会同盟)のアンゲラ・メルケル政権に引き継がれる形で2000年代前半から不断に実施されている経済構造改革の効果を指摘できる。シュレーダーは、2003年3月に発表した「アジェンダ2010」(2010年を視野に労働市場、社会保障、税制の一体改革を実施しドイツの競争力復活を狙う包括的プログラム)を着実に実行に移した。

労働市場、社会保障改革については、第8章(伊藤氏執筆)で述べられているため詳細は省略するが、フォルクスワーゲンのペーター・ハルツ元労務担当役員に率いられた委員会の提言に基づき、①失業保険制度の改革(受給のための請求要件の厳格化と給付期間の短縮)、②新たな就労機会の創出や流動化(労働者の社会保険料負担が免除される低賃金労働や派遣労働の拡大、解雇規制の緩和、職業紹介機能の向上)、等のいわゆる「ハルツ改革」が進められた。

税制改革については、所得税率の引下げによる需要促進や、法人税率引き下げによる経済活性化が図られた。改革前のドイツは、1996年時点の法人実効税率が59・0%と、イタリアの53・2%を除けば他のEU主要国の30%台半ばに比べ圧倒的に高く、「企業に優しくない国」であった。企業立地を競う国家間競争に対処するため、シュレーダー時代に本格化した法人税率の引き下げはメルケルに引き継がれ、2008年以降、ドイツの法人実効税率は30%を切る水準まで低下している(図表2)。

●図表2　欧州主要国の法人実効税率

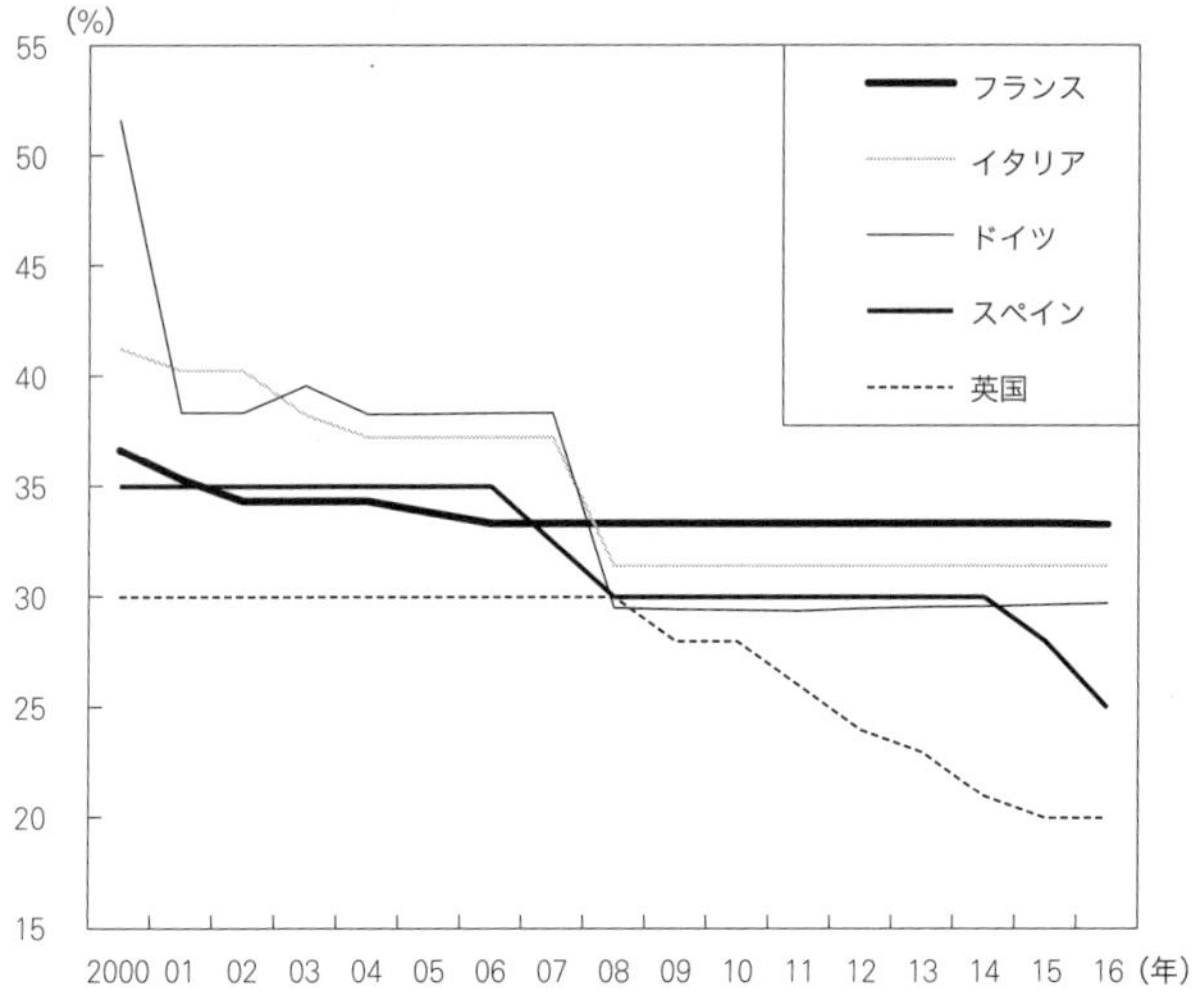

出所:KPMG

こうした「守り」の構造改革に対し、「攻め」の構造改革たる成長戦略への取り組みも積極的に実施されている。2006年には、メルケル政権下で、官民連携してR&D強化とイノベーションを推進し、ドイツ産業が世界市場を先導することを目指す「ハイテク戦略」を策定した。2010年には、2020年までを視野に入れた「ハイテク戦略2020」を策定し、2011年には、具体的な11の未来志向プロジェクトの中でIOT（Internet of Things。自動車、家電、ロボット、施設等、あらゆるものがインターネットにつながり情報交換をすることで、もののデータ化やそれに基づく自動化が進展、新たな付加価値を生み出す、というもの）を活用した「受注から出荷に至る全ての業務フローをリアルに統括管理する仕組み」である「インダストリー4・0」推進が提唱されるに至った。2014年には、2015年以降の基本計画である「新ハイテク戦略」へと引き継がれ、創造的アイデアを迅速にイノベーションに結びつけることでドイツが世界のイノベーションのリーダーであり続けることを目標としている。

第二に、労使協調路線の下での賃金及び労働時間の柔軟化があげられよう。低賃金の中東欧諸国の労働者との競争にさらされ、労働組合が雇用確保のために賃金の抑制や労働時間の弾力的運用を柔軟に受け入れた。例えば、2004年6月にシーメンスが、工場移転計画の凍結・放棄による雇用確保と引き換えに、労働組合と賃金据え置きのまま労働時間の延長で合意、同様の動きがダイムラー・クライスラー、フォルクスワーゲン、リンデ、コンチネンタルタイヤなどに広がった。

以上の結果として、ドイツの労働市場の柔軟化と労働コストの抑制が2000年代を通じて進んだ。労働コストと労働生産性を反映する、ユニットレイバーコスト（生産一単位当たりの労働コスト）を見ると、2008年の値は2000年と同水準にとどまっている（図表3）。ユニットレイバーコストが継続的に上昇を続けた他のEU主要国との差は顕著であり、ドイツの価格競争力は飛躍的に強化された。

第三に、共通通貨ユーロ導入の効果があげられる。ユーロの導入によってユーロ圏域内では為替変動が無くなった結果、各国間の労働コストの差が直接的に競争力に反映されることに

●図表3　欧州主要国のユニットレイバーコスト

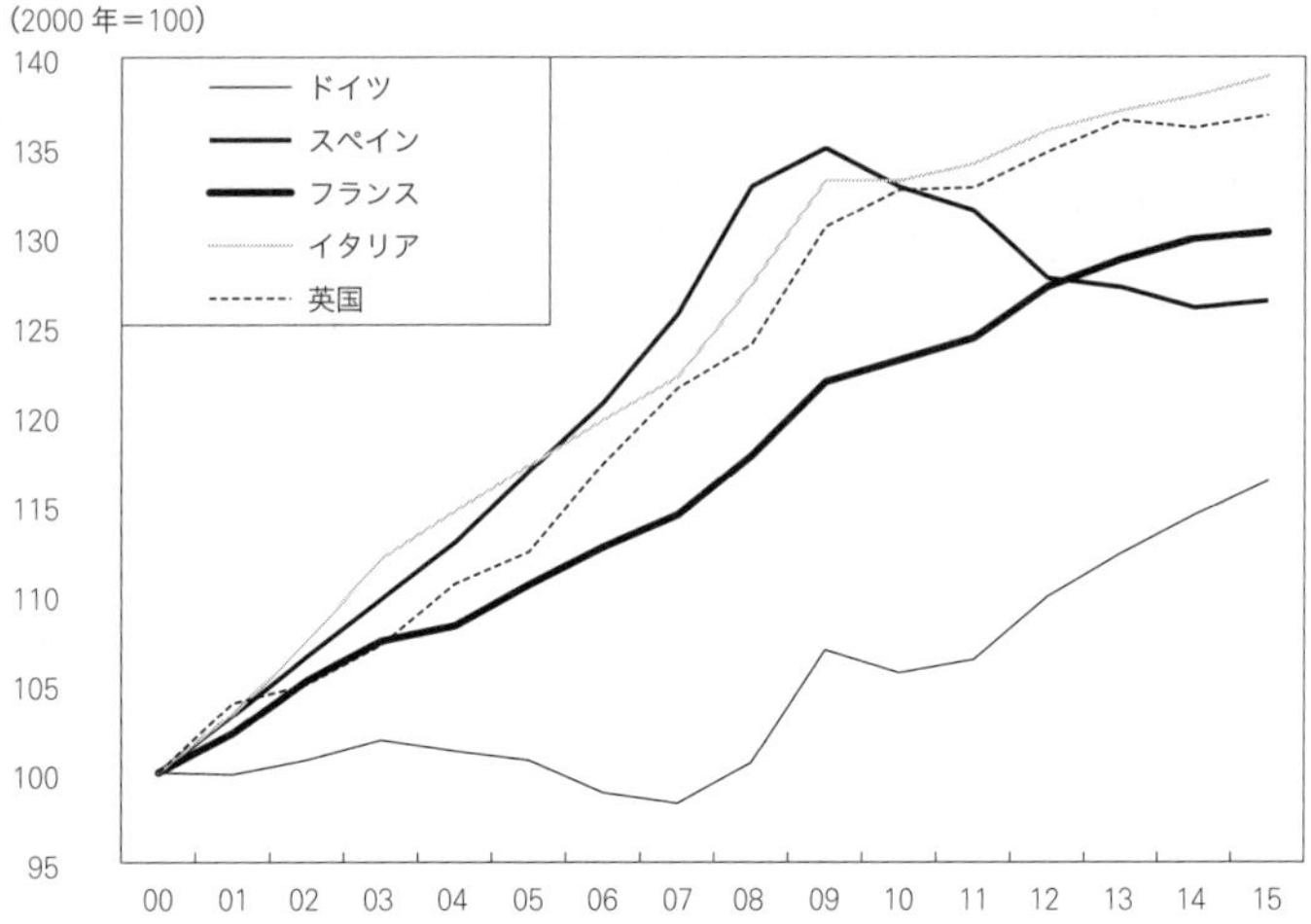

注:ユニットレイバーコストとは、総労働コスト／実質GDP＝時間当たり労働コスト／労働生産性
出所:EUROSTAT

なった。前述したドイツのユニットレイバーコストの絶対的にも相対的にも低い上昇率は、ＥＵ内でのドイツの輸出企業の価格競争力の上昇につながったのである。

また、他通貨に対するユーロの価値は、ドイツのみではなく、南欧等まで含めたユーロ圏全体のファンダメンタルズを反映して決定される。前述した通り、ドイツ経済のマクロパフォーマンスが他の先進国対比で非常に良好でも、南欧諸国が欧州ソブリン債務危機に苦しみ低迷が続く中では、ユーロの減価が進む場合もある。マルクを採用していた場合に比べると、ドイツの輸出産業には非常に有利な状況がもたらされたのである（図表4）。

●図表4　ユーロの対ドル、対円、実効為替レート

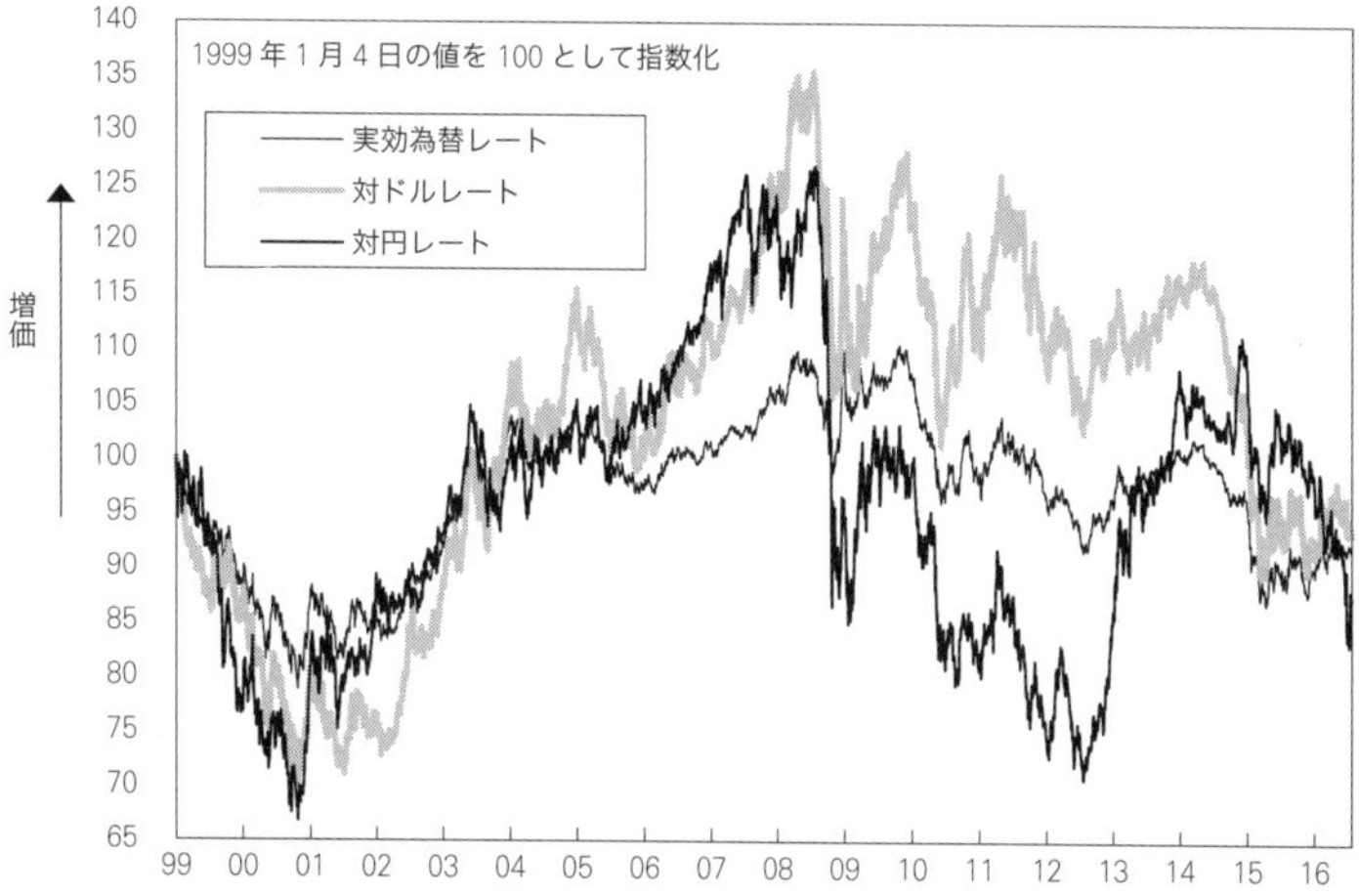

出所:ECB

第四に、そうしたユーロ導入による有利な環境変化を、輸出の拡大という形で経済成長に取り込むことを可能とするドイツ経済の構造、そしてドイツ企業の卓越した非価格競争力を指摘できよう。

ドイツは、工作機械、電気機械、電子部品、自動車、科学光学機器、医療用機器、医薬品、化学品を中心とした高付加価値品に比較優位を持つ。また、技術力が高く、ニッチ分野等で卓越した国際競争力を持つ、隠れたチャンピオン企業が多い輸出型中小企業の集積も忘れてはならない。

EUの東方拡大をテコに、ドイツ企業は、中東欧全域をドイツと一体と見做した調達、生産、販売の効率的ネッ

●図表5　世界経済フォーラムの競争力ランキング（2015年）

（順位）

	ドイツ	フランス	イタリア	スペイン	英国
総合	4	22	43	33	10
1. 制度	20	29	106	65	9
2. インフラ	7	8	26	10	4
3. マクロ経済環境	20	77	111	116	7
4. 健康・初等教育	13	16	26	32	38
5. 高等教育・訓練	17	25	45	30	18
6. 財貨市場の効率性	23	35	71	62	12
7. 労働市場の効率性	28	51	126	92	5
8. 金融市場の発展	18	29	117	77	16
9. 技術面の下地	12	16	37	25	3
10. 市場規模	5	8	12	15	9
11. ビジネスの洗練度	3	20	24	31	6
12. イノベーション	6	18	32	37	12

注：数字は140ヵ国中の順位を表わす。
出所：World Economic Forum

トワークを構築した。「21世紀の新東方拡大」でダイナミズムを高めることに成功したのである。

ドイツ企業が、2000年代はユーロ誕生やEUの東方拡大にわくEU向け輸出を伸ばし、欧州ソブリン債務危機が発生した2010年代は、新興国向けを中心に、EU域外向け輸出を伸ばすという形で非常に柔軟に世界経済の変化に対応したことも重要である。

EU主要国の輸出依存度を財貨・サービス輸出の名目GDP比で見ると、2000年時点でドイツが30・8%、スペインが28・6%、フランスが28・2%、イタリアが25・7%と、イタリアを除けばほとんど同レベルであった。しかし、2010年時点では、ドイツが42・2%まで急上昇したのに対し、他国は、スペインが25・5%、フランスが26・0%、イタリアが25・2%と逆に低下している。2010年代に欧州ソブリン債務危機等を背景に生じたユーロ安という輸出環境変化を取り込む力においてドイツが圧倒的に優位な立場にたっていたのである（2015年時点では、ドイツが46・9%、スペインが33・1%、フランスが30・0%、イタリアが30・2%と各国共上昇傾向）。

ちなみに、世界輸出に占める各国輸出の比率を2000年と2014年で比較すると、ドイツが8・7%から7・9%へ、フランスが4・7%から3・1%へ、イタリアが3・7%から2・8%へ、スペインが1・8%から1・7%へと、各国共低下傾向にある中でもやはりドイツの健闘が目立つ。

第五に、ドイツ統一の負の遺産の解消があげられる。1990年の東西ドイツ統一によって、ドイツには建設の大ブームが生じたが、その反動で、1990年代半ばから10年にわたり、長期の建設不況に苦しむこととなったのである。ドイツは、2000年代半ばに、過剰建設ストックの調整等、ドイツ統一時のバブル克服にようやく成功した。そのため、他のユーロ圏諸国と異なり、2000年代後半に不動産バブルが発生しなかったため、現在、不動産部門を取り巻く環境は非常に良好である。

4　その他EU主要国の状況

ドイツの一人勝ちが続くかどうかを考える上では、他のEU主要国の状況も重要である。まず、「財政危機国の優等生」としての評価が定着したスペインから見てみよう。スペインは、不動産バブルの崩壊を背景に、「カハ」と呼ばれる中小貯蓄金融機関の不良債権問題が拡大し、2012年10月にEUの被金融支援国入りした。しかし、中道右派・国民党のマリアノ・ラホイ首相の下で、①正規・非正規労働者の格差是正、②解雇規制の緩和、③賃金調整の柔軟化、④労働時間の規制緩和、等の構造改革への取り組みが進められた。その結果、ユニットレイバーコストが大幅に低下し、価格競争力の改善を背景に輸出が堅調に拡大、生産の増加と所得の拡大によって個人消費も増加し、2015年の実質GDP成長率が前年比3・2％となる等順調な景気回復軌道にある。

もっとも、失業率は低下傾向にはあるもののいまだ20％弱と高水準であり、特に25歳未満の若年層の失業率は40％半ばに達する等深刻な状況である。景気回復の恩恵は国民に充分に浸透しておらず、長引く財政緊縮策に国民の政治への不満は高まっている。2015年12月に実施された総選挙では、国民党、中道左派・社会労働党、急進左派の新興政党・ポデモス、中道右派の新興政党・シウダダノスのいずれの政党も過半数を獲得できずに最終的に組閣に失敗した結果、2016年6月に再選挙が実施された。しかし、国民党が第一党となったものの、再選挙でも過半数を取る政党が現れなかった。新首相をめぐる交渉は再び難航し再々選挙の可能性が出ており、こうした政治の機能不全を背景に、構造改革の滞りから財政再建計画に遅れが出始めている。

次は、中道左派・民主党のマッテオ・レンツィ伊首相の下で構造改革に取り組むイタリアである。イタリアの構造改革は、政治の混乱等を背景に遅れがちであったが、レンツィが2014年2月に39歳で史上最年少の首相に就任して以来、国民の高い支持率を背景に、①解雇規制の緩和等の労働市場改革、②郵政公社の民営化に代表される公営企業の民営化、③司法制度改革、等へ取り組みが進められてきた。

もっとも、改革の効果はまだ十分に現れておらず、景気は低迷し失業率の11%台での高止まりも続いており、レンツィ人気にも陰りがみられる状況である。労働生産性の低迷によって、ユニットレイバーコストも上昇に歯止めがかかっていない。

懸念されるのは銀行の不良債権問題への取り組みの遅れであり、複数行については今後政府による救済が不可避だと思われる。2016年から導入されたEUの銀行再建・破綻処理指令(BRRD)では、公的資金注入前にベイルイン(株主と債権者の負担による救済)が必要であり、個人投資家比率が高いイタリアでは国民の激しい反発が予想される。レンツィは、政治改革のための憲法改正の国民投票(2016年10~12月実施)に進退を賭けるが、不良債権問題の扱い次第では退陣・総選挙が実施され、反緊縮・構造改革の「5つ星運動」等が躍進し改革がとん挫する恐れがある。

最後に、「独仏枢軸」としてドイツと共にEUの拡大・統合深化を牽引してきたフランスの状況を見てみよう。2010年〜15年のフランスのマクロ経済指標を見ると、実質GDP成長率は、年平均1・0％とドイツの半分にとどまり、失業率は年平均10％弱とドイツの2倍弱に達する。財政収支はドイツがほぼ財政均衡を達成しているのに対し、フランスは名目GDP4・7％もの赤字を記録した。経常収支については、ドイツが名目GDP比6・9％もの大幅な黒字を記録しているのに対し、2000年〜04年に黒字を記録していたフランスは今や経常赤字国へ転落している。

こうしたフランス経済の凋落については、かつてのドイツに代わり「欧州の新しい病人」(New Sick Man of Europe)と揶揄されている。2015年の世界経済フォーラムの「競争力ランキング」を見ると、フランスは22位と、ドイツに大きな差をつけられている。規制緩和や、労働市場・財貨市場の効率性、そしてイノベーション等でドイツの後塵を拝しているためだ(図表5)。賃金の高止まりと生産性の低迷を背景に、ユニットレイバーコストの上昇に歯止めがかかっていない。

こうした状況に対し、中道左派・社会党のフランソワ・オランド大統領は、①200億ユーロの企業減税(2012年)、②解雇規制の緩和等、労働市場の柔軟化と安定化を進める「雇用安定化法」施行(2012年)、③2017年までに300億ユーロの企業負担を軽減する一方、雇用創出を企業に求める「責任協定」(2013年)、④小売店の日曜営業や、長距離バス路線開設自由化、解雇にからむ裁判の簡素化等の規制緩和促進(2015年)、等様々な構造改革に取り組んできたが、残念ながら、踏み込み不足で実効性に欠けるとして評価はそれほど高くない。

フランスは、高い出生率に根差した着実な人口増を背景とした「内需の厚み」という強みを持つ。それゆえマクロ経済指標ではイタリアほど低迷は深刻ではなく、スペインの様に被金融支援国となり、EUから構造改革を強制されているわけでもないため、構造改革に真剣さが欠ける「ゆでガエル」状態に陥っているのではないか。改革の効果が現れず、景気の低迷と失業率の高止まりを背景に、オランドの支持率は2012年5月の就任時の60%弱から、2016年夏現在では10%台半ばと史上最低水準に低下しており、2017年4〜5月の大統領選挙での再選は極めて厳しい状況にある。

もっとも、遅れていた改革に曙光が見えつつある。2016年7月にオランドは、与党内の大反対を押し切って、①週35時間労働制の見直し(労使が合意すれば46時間まで延長可能)、②解雇条件の緩和、③残業手当の割り増し分の削減、等からなる改正労働法を強行成立させた。再選をあきらめ任期終了までのレガシーづくりに乗り出したとの見方も出ており、フランスの改革が加速する兆しがわずかながらも出てきたことに注目したい。

スペイン、イタリア同様、フランスも政治が波乱材料である。大統領選挙については、世論調査から判断する限り、EU懐疑派の極右・FN(国民戦線)のルペン党首は、決選投票には進出するものの、最終的には共和党候補に敗北し、議会選でも第一党にはなれない、というのがメインシナリオである。しかし、今後難民危機が一層深刻化した場合や、フランス国内で大規模テロが連続して発生した場合等には、反移民・難民を掲げるＦＮへの支持率が上昇する可能性があり、構造改革への影響を注視する必要がある。

以上の通り、ＥＵ主要国の経済状況は明るくない。背景として、構造改革の遅れもさることながら、ドイツ主導でＥＵが推進してきた財政再建策、構造改革は、緊縮策が中心で、成長戦略に欠けていることが指摘できる。２０１４年11月に発足した新欧州委員会のユンケル委員長は、こうした状況に対し投資喚起による雇用と成長促進を目指し、「欧州投資計画」(Investment Plan for Europe)を打ち出している。ＥＵ予算が経済規模に比して少額なうえ、加盟国の多くが財政緊縮策に取り組むという制約条件の下で、限られた公的資金を基に民間資金を呼び込み投資の活性化を図る画期的な取り組みである。

中長期的にＥＵの国際競争力の強化や潜在成長率の上昇を通じて雇用創出に貢献する「エネルギー」、「輸送」、「情報通信」、「環境・気候変動」、「教育、健康」、「研究開発、イノベーション」、「中小企業支援」等、ＥＵの政策と呼応した分野が中心となる。２０１５～17年の3年間で３１５０億ユーロ(名目ＧＤＰ比2・2％)の投資実現を狙っており、投資低迷打破による「成長力の上昇と財政再建の間の好循環」の確立が期待される。

5　ドイツ一人勝ちのインプリケーション

ドイツ経済も、2000年代の労働市場改革の「負の遺産」としての貧困や所得格差の拡大や、少子・高齢化の進展による長期的な潜在成長率の低下の問題等を抱えており、決して磐石であるわけではない。しかし、前述した様な他のEU主要国の状況もあわせて考えれば、EUにおける「ドイツ一人勝ち」の経済状況は少なくとも中期的に続くと見てよかろう。

EU内におけるドイツの影響力拡大とフランスの凋落は経済面に限らない。ずば抜けた経済力を背景に、政治外交面でもドイツがフランスを圧倒し始めている。

石炭鉄鋼共同体の設立時から欧州統合は、ドイツの経済力とフランスの政治力・外交力・軍事力が補完しあう「独仏枢軸」によって推進されてきた。いや、フランスが牽引し、ドイツがそれを目立たぬように後ろから支えていたという方が正確かもしれない。

しかし今や「独仏枢軸」という言葉は死語に近くなっている。フランスの影響力は地に落ち、ドイツは「EUの盟主」、メルケルは「女帝」と呼ばれている。

理想論を述べると、EUの政策決定が一国の強い影響の下でなされることは適当ではなく、北欧と南欧、西欧と中東欧等、EU内の多様な勢力を代表する独仏が対等に近い関係の下で意思決定を行う従来型の方がEUの結束にとっては望ましいのは間違いない。ただし、前述した通り、近い将来にそうした状況が復活する可能性はかぎりなく小さいのが現実である。

ＥＵ内のパワーバランスが「ドイツ一強」に変化して以降、ＥＵは、欧州ソブリン債務危機、ウクライナ危機、そして難民危機等の様々な危機に直面してきた。そこで発揮されたドイツのリーダーシップは、利害関係国の事情を斟酌することなく自国の利益と理念を一方的に押し付ける強引さのみが目についたといっても言いすぎではあるまい。

そうした強引なリーダーシップは、欧州ソブリン債務危機においては南欧諸国、ウクライナ危機では中欧諸国やイタリア、そして難民危機では中欧諸国から激しい反発を招き、ＥＵ統合への巨大な遠心力として作用し始めている。

トーマス・マンは「ドイツの欧州ではなく、欧州のドイツを目指すべきである」と語り、それが戦後のドイツ外交の基本として維持されてきた。メルケルにはその基本に立ち戻り、「欧州のドイツ」として、ブレグジット（BREXIT：英国のＥＵ離脱）等足下で多くの難問に直面するＥＵ統合の新規まき直しを先導することが期待される。

第2部

ユーロ危機を超えて

第 5 章

ユーロ危機は終わったか
――新たな制度構築の可能性

明治大学特任教授・日本経済研究センター特任研究員
林 秀毅（はやし・ひでき）

東京大学法学部卒、日本興業銀行入行。ルクセンブルグ興銀、国際金融情報センター、みずほ証券などを経て現職。国際大学特別招聘教授、慶應義塾大学特任教授を兼務。現在の研究テーマは、欧州の政治経済、欧州とアジアにおける地域統合の比較。共著に『ＥＵを知るための63章』（明石書店）、『ＥＵの証券市場』（日本証券経済研究所）、『ユーロと日本経済』（東洋経済新報社）他。日本経済新聞「十字路」、中部経済新聞「視点」、北海道新聞「寒風温風」に定期寄稿。

CHAPTER 5

SUMMARY IN THIS CHAPTER

ギリシャに始まり欧州全体に波及したユーロ危機は、緊急的な対応によって、一旦落ち着きを見せている。先ず、この経緯を振り返ったうえで、危機への根本的な対応としてのEUの制度改革のあり方について検討したい。

第5章

ユーロ危機は終わったか

1　はじめに

「ユーロ危機は終わったか」という問いは、2009年秋以降に表面化したユーロ危機が、欧州及び世界の経済と金融市場に与えた悪影響が鎮静化したか、という短期的な議論と、ユーロ危機の再燃を防ぐような根本的な制度改革が具体化しているか、という長期的な議論に分けて考えることができる。

本章では、概ね時間の流れに従い、2009年秋にユーロ危機が表面化した後、2016年後半の現在に至るまでの動きを追う。そこでは事実を網羅的に記述するのではなく、短期的及び長期的な危機の影響と、それに対して取られた対策という観点から検討する。その上で、今後欧州が危機に対して採るべき対策と新たな制度構築の方向性を示したい。

尚、本章はあくまで、読者がユーロ危機の経緯について概観し、他の章を読み進めるためのいわば入門編という位置付けであることに留意頂きたい。

ここで本章の結論を先取りして述べれば、以下の通りである。すなわち、ユーロ危機の短期的な影響は、表面上は欧州連合（EU）及び欧州中央銀行（ECB）による危機対応策により鎮静化した。しかし、このような応急策が取られ危機的な事態がとりあえず鎮静化したため、かえって後者の根本的な対策と新たな制度構築の実施が先送りされてしまった。そのため、長期的にみた新たな制度構築のあり方が示されない状態が続いている。

●図表1　ユーロ危機の推移

	緊急対応期 （2009年10月-2010年6月）	波及拡大期 （2010年7月-2011年12月）	暫定対応期 （2012年1月-2012年12月）	制度構築期 （2013年1月-2015年7月）	制度再構築期 （2015年8月以降）
事実関係	ギリシャの財政赤字隠ぺい表面化 アイルランド・ポルトガル等、小国への波及 格付機関が欧州国債を相次いで格下げ	イタリア・スペイン等、大国への波及 ポルトガルの政権交代・財政状態悪化 ギリシャでゼネスト発生 イタリア・モンティ政権発足	スペイン銀行セクターへの懸念高まる キプロス危機表面化 ギリシャ連立与党による新政権発足 フランス・オランド大統領就任	ドイツ・第三次メルケル政権発足 ギリシャ危機・ユーロ圏離脱懸念再燃 イタリア・レンツィ政権発足 ギリシャに反ＥＵを掲げるチプラス政権発足 ECBが量的緩和策を開始	英国の国民投票でEU離脱決定
ＥＵ・ECBの政策対応	対ギリシャ第一次支援（1,100億ユーロ） 対金融機関ストレステストの実施	対アイルランド支援（850億ユーロ、EFSFを用いた初の支援） ＥＵ委員会「ユーロ共同債」を提案	ECB大量資金供給を実施 対ギリシャ第二次支援（1,300億ユーロ） 対スペイン1,000億ユーロの銀行支援を決定 ECB国債の無制限買い入れ（OMT）を決定	対キプロス支援（100億ユーロ） 対ギリシャ第三次支援（860億ユーロ）	英国との離脱協定・貿易協定の締結
制度化措置	欧州金融安定ファシリティ EFSFの設立（２０１３年６月まで、総額7,500億ユーロ）		欧州安定化基金（ESM）設立	「新財政協定」発効 欧州戦略投資基金EFSI発足 単一銀行監督（銀行同盟の一部）発足	ユーロ圏の破たん処理一元化（銀行同盟の発一部）発足

出所：筆者作成

こうした中で、２０１７年6月23日、英国の国民投票によりＥＵ離脱が決定され、ＥＵは改めてその存在意義を問われることになったのである。

以上のような短期・長期の影響とそれに対する対応という枠組みを念頭に置きながら、本章では、ユーロ危機発生後の推移を5つの時期に分け、順に記述していきたい（図表1）。

第1期には、２００９年10月、ギリシャの新政権により巨額の財政赤字が表面化した後、アイルランド、ポルトガルなどへ危機が相次いで波及し、翌年２０１０年6月、ギリシャがＥＵとＩＭＦから緊急の救済融資を受け、第1次支援が決定された。（緊急対応期）。

第2期には、２０１０年後半から、様々な緊急対応策にもかかわらず、ユーロ危機がギリシャからアイルランド・ポルトガルなどの小国へ、さらに２０１１年末にかけてイタリア・スペインなどの大国へ波及した（波及拡大期）。

第3期には、２０１１年11月にＥＣＢ総裁に就任したドラギが、大胆な危機対策を相次いで打ち出した。２０１２年3月にはギリシャ第2次支援が決定された。その後、同年10月には問題国を救済する常設機関であるＥＳＭが設立され、12月には危機対策の決定版としての銀行同盟について合意がなされた（暫定対応期）。

第4期には、２０１３年前半以降、新財政協定、銀行同盟、欧州戦略投資基金などの新たな制度が立案・実現された一方で、ユーロ圏内の政治的・経済的に不安定な状況は続き、２０１５年半ばにギリシャの第三次支援が行われた。（制度構築期）。

第5期には、2015年後半以降、ユーロ危機への対応に加えて、欧州への難民の流入、英国国民投票におけるEU離脱派の勝利などにより、EU全体の制度の在り方が改めて問われることになった（制度再構築期）。

以上のように考えると、第4期までのユーロ危機対応への評価が十分にされないまま、EUは新たな困難に直面し制度的な対応を迫られているということができる。

以下、第2節では危機の表面化から波及拡大へ（上記の第1期及び第2期）、第3節では緊急対応から制度構築へ（同第3期及び第4期）、第4節では新たな課題と制度再構築（同第5期）について検討し、最後に結論を述べることにしたい。

2　危機の表面化から波及拡大へ

ユーロ危機はいつから始まったのか。一般には、2009年10月にギリシャで政権交代が行われ、それまで旧政権がGDP比3%台後半にとどまるとしていた財政赤字が、実は12%台に上ることが新政権によって明らかにされ、ギリシャの財政状態への懸念が急激に高まったことが、危機の発端であるとされている。

しかしそもそも、ギリシャがこのような膨大な財政赤字を抱えることは、なぜ可能だったのか。この点を検討するためには、1999年1月の欧州単一通貨ユーロの誕生にまで遡らなければならない。

1999年にユーロが誕生したといっても、実際にユーロの紙幣や硬貨の使用が開始したのは3年後の2002年だ。それまでの3年間は、ユーロはいわば帳簿上の通貨にすぎない。またドイツマルクやフランスフランなど既存の各国通貨とユーロの為替レートは1998年末時点に固定され、各国通貨はその後も流通していた。言いかえれば、経過期間ともいえるこの3年間は、ユーロの紙幣や硬貨は存在せず、既存の各国通貨がそのまま流通していた。

しかし金融市場、特に株式・債券を扱う資本市場では、比較的短期間でユーロ建ての取引が普及した。これは第一に、資本市場が金融のプロフェッショナルにより行われる市場取引であるため、ユーロ導入に対する理解と対応が早かった、という点がある。第二に、資本市場では市場の規模が大きくなるほど取引が成立しやすくなり、利便性が向上する。そのため各国通貨建てで各国別に分断された市場よりも、ユーロ建てで統一された一つの資本市場を早期に作った方が、株式や債券の発行体である資金調達者及び資金を運用する投資家の双方にとり利便性が高まる。第三に、資本市場の取引では現金を伴うことが少ない。さらにユーロ建てに変更することは、ユーロ圏内で各国通貨間の換算を行う手間が省けることになる。

以上のような理由から、早期に誕生し発展したユーロ圏資本市場に何が起こったか。従来、欧州各国では、ある国の資本市場には同じ国内の銀行や年金などの投資家が参加する形が一般的だった。これは、欧州の各国通貨が別々である限りは、ある国の投資家が他国の資産に投資する場合には、為替リスクを負うことになるためである。

以上のように、ユーロ圏の資本市場は、ギリシャの財政危機表面化前から、危機が増幅・波及するメカニズムを内蔵していたといえる。

それでは次に、ギリシャの財政危機はどのようにしてユーロ圏全体の危機に広がっていったのか。

先ず、格付け機関の動向が挙げられる。格付機関とは、国や企業が発行する債券などの信用力を独自の調査によりランク付けし、投資家に提供するものだ。代表的な格付け機関として、S＆Pやムーディーズが挙げられる。２０１０年末にはアイルランド、年明け以降はポルトガルの格付けが相次いで引き下げられた。両国はギリシャ同様、ユーロ圏内では比較的経済規模が小さく財政支出に対する規律が緩やかなことが特徴だった。

次に、以上のような格付機関の動向を受ける形で、欧州および世界の投資家の方針が急激に変化した。年金や銀行、保険会社、ヘッジファンドなど大規模な資金を投資運用する機関投資家は、投資の安全性を確保するため、格付け機関の格付けを投資する際の尺度としている。さらに、実際の運用にあたっても、格付け別に投資金額の上限を設定している例も多い。

そのため、格付け機関がギリシャなどの欧州国債を相次いで引き下げたことにより、投資家がパニック的にこれらの国債を売却したことが、ギリシャ一国の財政危機が周辺国に波及拡大した第一歩だった。

以上のようなユーロ圏資本市場の混乱拡大を受け、EUはギリシャに対する救済に乗り出し、4月に緊急融資450億ユーロが暫定合意された。その後ほどなく6月に1100億ユーロの救済を実施した。さらに2010年5月、臨時の救済機関として欧州金融安定ファシリティー(EFSF)の設立が決定された。

このような経過の詳細については他章に譲るが、その後のユーロ危機対応の変遷を考える上で注目すべきことは、以下の各点だ。

第一に、市場の混乱に対して、常に後追い的かつ小出しに緊急対応が行われ、なかなか危機を抜本的に解決するに至らなかった。この点に対する反省から、EFSFの設立が決定された。これにより、EUはユーロ危機に対する制度的な対応の第一歩を踏み出した。しかし、危機の影響の重大さを考慮すると、このような臨時の常設でない機関は、危機の拡大を防ぐには力不足だった。

第二に、EU内の意思決定プロセスの問題である。ギリシャに対する対応措置については、EU委員会が原案を作成し、EU閣僚理事会などを経て、EU首脳会議で決定される。ここで注意すべきは、EU委員会のメンバーは、それぞれの出身国ではなく、EU全体の利害のために行動するが、EU閣僚理事会とEU首脳会議は、各国政府の利害がぶつかり合い、調整される場である。特にギリシャに代表される問題国に対する救済について、強硬な立場を取るドイツに代表される「北の国」と救済についてより前向きなフランスに代表される「南の国」

の対立が、これらの会議においてしばしば表面化した。

第三に、問題国の救済は、ＥＵとＩＭＦの「協力」により行われたが、両者の間でしばしば主導権争いが生じたことである。その背景には、ＥＵは加盟国の危機を域内の問題としてとらえ、自らの力で解決しようとする傾向が強かったことに対し、ＩＭＦは世界経済の安定を目標とし、それに悪影響を与えるような要因に厳しく対処する姿勢を示したことがある。これは１９９０年代後半に起きたアジア通貨危機時にＩＭＦが主体的に危機対応を行ったこととは大きく異なっている点だが、一方でこのような両者の立場の違いが、問題国との条件交渉を行う上でも、しばしば問題国側に付け入る隙を与えたことも否定できない。

さらにこの時期、欧州中央銀行（ＥＣＢ）が、危機に対しいわば静観していたことに触れておくべきだろう。当時のトリシェ総裁は、中央銀行としてユーロ圏の物価安定といった政策目標にこだわり、ギリシャ救済について踏み込んだ政策を取ることに慎重だった。これは、後任のドラギ総裁が就任後、ユーロ危機対応を収拾するにあたり、ＥＣＢが主導的な役割を果たしたこととは対照的だった。

次に、危機が拡大し緊急対応が行われる時期に移ろう。

２０１０年後半から、２０１１年末まで、様々な緊急対応策にもかかわらず、危機がギリシャなどの小国からさらにイタリア・スペインなどの大国へ波及した。

２０１０年秋にはＥＦＳＦからアイルランドへの支援が実行され、同国が危機から比較的早い時期に立ち直るきっかけとなった。これとは対照的にポルトガルでは、政治的な指導力が弱かったため、財政緊縮法案を議会で通過させることができなかった。そのため財政赤字が一層悪化するという金融市場の懸念が高まり、ポルトガル国債の状態は一段と悪化した。

その後、やはり「政治と経済の悪循環」といえる状況が進む中、2011年3月、ポルトガルの首相は辞意を表明し、国会の解散した。この展開が、同年6月の総選挙と新政権の誕生につながった。

この時期、一定期間経過後閉鎖されることが予定されていたEFSFの後継となる恒久的機関として、欧州安定メカニズム（ESM）を設立することが合意された。

但しこの時点では、EUは、事態はギリシャ向け国債などを保有する銀行の危機にすぎず、銀行健全化を図る手段を講じれば、行く行くは事態は改善する、とやや甘く見ていた可能性がある。

さらに、EUの意向を受ける形で、欧州銀行協会が欧州の主力銀行の健全性を審査するストレステストを実施、大部分の銀行は問題ないとした。しかしその内容は市場の信認を得るには至らなかった。

2011年後半にはいると、危機がイタリア・スペインという比較的経済規模の大きい国にまで及び始めた。イタリアの場合は、ベルルスコーニ首相が個人的なスキャンダルなどを抱えたことが、政治的な指導力の低下への懸念につながり、イタリア国債の状況悪化につながった。同年11月、大学教授出身のモンティが首相に就任すると、イタリア国債の状況は落ち着きに向かった。

一方、スペインは、ユーロ危機が始まる以前の2000年代初頭から、不動産バブルが進行しおり、バブル崩壊とユーロ危機の影響により、金融機関の不良債権問題への懸念が高まっていた。同時に失業率は全国平均で20%台に達し、地方の若年層では50%近い水準に達した場合もあった。こうした状況を受け、11月に総選挙が実施され、野党が議席の過半数を獲得し、保守党が政権の座に就いた。

4　緊急対応から制度構築へ

2011年秋頃から、ユーロ危機に対するさまざまな取り組みが見られるようになった。この時から常設機関であるESMが設立される2012年10月までの時期に、危機対応と問題国救済を目的とした制度作りが始まったといえる。

ここで、ユーロ危機がなぜ波及拡大したかという点について、EU委員会の公式見解に基いて述べておこう。それは、「危機の三角形」と呼ぶことのできる悪循環の構図である（図表2）。これによれば、2008年のリーマンショック危機により、欧州経済も悪影響を受けた。これに対応するため、欧州の各国政府は、財政支出を増やした。失業手当等の社会保障費も自動的

●図表2　ユーロ圏のジレンマ:3つの要因による悪循環

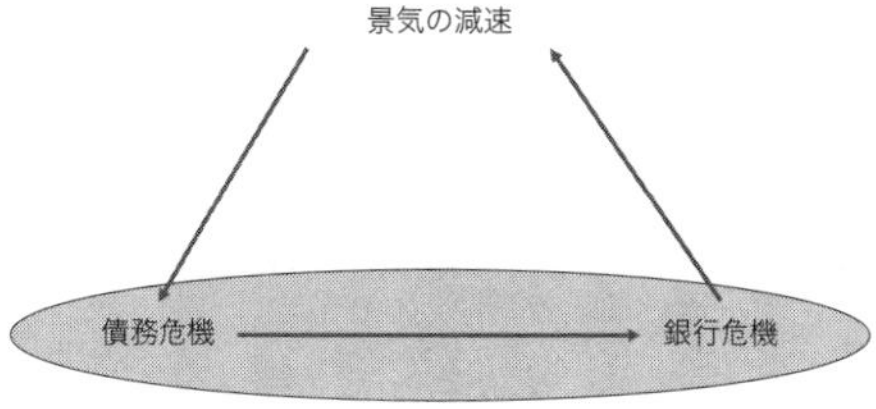

出所:EU委員会資料に基づき筆者作成

に増加した。この点が、各国の国債市場において国債の供給増加への懸念を通じ、国債市場の需給環境悪化につながった(債務危機)。さらに、このような状況により生じた国債の価格低下が、多額の国債を保有する欧州の銀行の経営悪化への懸念に波及した(銀行危機)。銀行経営の悪化は、企業への貸し渋りによって、実体経済の活動をさらに鈍らせる。以上のような危機の悪循環に対し、中央銀行が銀行に対し大量の資金供給を実施し、銀行危機に歯止めを掛けると同時に、銀行を通じ各国国債を買い支えようとするのが、ドラギ総裁による緊急の資金供給だった。

先ず2011年11月、ECB総裁に就任したドラギは2012年2月以降、2回にわたる無制限の長期資金供与により、ユーロ危機はいったん鎮静化の兆しを見せた。

一方、2011年11月のユーロ圏財務相会議では、「ユーロ共同債」が欧州委員会から提案された。ユーロ共同債とは、EUが自らの高い信用力により金融市場で資金を一括して調達し、自力では市場で資金調達が困難なギリシャなどの国に配分しようというものだ。

欧州委員会の提案だったが、これに対しドイツなどが問題国の自助努力が損なわれる、として強く反対した。メルケル首相はユーロ共同債の導入は自身が「生きている限りはない」と語ったと伝えられている（ロイター2012）。

その後、2012年1月に開催されたEU首脳会議では、各国の財政規律を高めるため財政計画案の段階から各国間の相互監視を強めること等を内容とした「財政新協定」が、英国とチェコを除くEU25ヵ国の間で合意された。

一方この時期、問題を抱えた各国では何が起きていただろうか。

先ず2012年2月にギリシャへの第二次支援1300億ユーロが合意された。しかしギリシャ国内では支援の条件である緊縮策が国民の反発を招き、国内政治情勢の不安定化につながった。5月に行われた総選挙で与党は敗れ、その後も連立工作などを巡って混乱が続いた。世界の市場では、一時ギリシャのユーロ離脱への懸念が高まったが、6月に入りようやく財政規律を重視する政権が誕生し、事態は一旦収束した。

一方、この時期、危機が深まったのはスペインである。同国の銀行の不良債権への懸念などから、4月に格付け機関S&Pがスペインの格付けを2段階引き下げた。この状況に対し、6月に入り、ユーロ圏財務相会議は、スペインに1000億ユーロの資金支援を行うという異例の決定を行った。これは、ユーロ危機がスペインのような経済規模の大きい国に波及すれば、手の付けようがない状況に陥るという危機感の表れであったろう。

以上のようなギリシャ・スペインを中心とした混乱に加え、この時期、金融業に依存していたキプロスがEU・IMFに救済融資を要請した。2012年の6月は、各国が政治的・経済的に機能不全の状況に陥った一方で、恒久的な救済機関の誕生として期待されたESMの発足が遅れていたことから、ユーロ危機の最悪期だったといってよいだろう。

この間、主要国では、5月にフランス社会党のオランド氏が、新大統領に就任している。しかしドイツのメルケル首相とは党派的な立場が異なることもあり、これまでのように「独仏枢軸」によって危機打開を目指す動きが円滑でなくなった面は否めない。

また、6月のEU首脳会議では、危機に対処し、通貨統合を真に意味のあるものにするための方策の一つとして「金融枠組みの統合」を目指し、その具体策として銀行監督の一元化、銀行破たん処理の統一化、預金保険の統一化を内容とする「銀行同盟」が提案された。しかしその具体的な内容と実現スケジュールについては、その後の議論に委ねられた。

このような状況を打開したのは、「ユーロ維持のために必要なことは何でもやる」という同年7月のECBドラギ総裁による発言だった(ECB2012)。具体的には、スペインへの危機波及を防止するため、同国国債の買い入れを示唆したものだ。これにより市場に安心感が広がり、スペイン国債の市場利回りは大きく低下した。

このようにユーロ圏の中央銀行であるECBが国債買い入れを行うことについては、ECB内でもドイツ人の理事などから強い批判があり、そのことが伝えられると市場は一喜一憂することになった。

しかし結局ECBは、同年9月にはユーロ圏の危機的状況に陥った国の国債を無制限に買い取るプログラム(OMT)を発表し、その後はさらに量的緩和への道を歩むことになるのである。

それではEU本体では、欧州危機に対するどのような制度構築が行われたのか。

先ず、欧州安定メカニズム(ESM)については、ドイツ憲法裁判所が9月に合憲判断を下したことを受け、ようやく開設の道が開かれ、10月に稼働が開始された。これによって、従来からの欧州金融安定ファシリティー(EFSF)という時限的な機関から、恒久的な常設機関に引き継がれることによって、市場に安心感が生まれ、危機の安定化に寄与することが期待された。

次に、2013年初以降のユーロ危機対応全体の流れを追っていくことにしたい。この時期から、新財政条約、銀行同盟など、危機に対応するためのさまざまな制度化が実現した。また政治的にも、2014年2月にイタリアでレンツィ新政権が誕生し、政治情勢は安定化に向かった。こうした中、2015年1月、ギリシャに反EU路線を掲げるチプラス政権が誕生した。EUとチプラス政権の間では駆け引きが繰広げられたが、最終的には2015年後半、第三次支援が行われた。

以下、財政・金融双方について、ほぼ時間の流れに従って、検討していきたい。

先ず財政面では、「新財政協定」が、2013年1月に発効した。これは2012年初に英国とチェコを除くEU25ヵ国で合意されていたもので、その主な内容は、ユーロ危機が問題となった国の財政規律を高めるために、主に各国間に相互監視のメカニズムを働かせようというものである。

そもそも、ユーロ圏の財政政策については、ユーロ誕生前の1997年に制定された「財政と安定・成長協定」に加え、ユーロ危機への反省から、2011年初には半年毎の財政計画策定を定めた「ヨーロピアン・セメスター制度」、同年末には各加盟国に対する経済政策の監視機能を計6つの規則・指令により定めた「シックス・パック」と呼ばれる制度を導入した。

一方、財政については、支出削減を行うだけでなく、ユーロ危機を超えデフレから脱却するため、2012年12月のEUサミットにおいて、欧州戦略投資基金（EFSI）が合意された。EFSIは、2017年までに総額3150億ユーロに上る投資を、ITなどのインフラ、研究開発、教育、省エネルギーなどの新分野を中心に行う計画である。但しEU予算から160億ユーロ、欧州投資銀行（EIB）からの資金50億ユーロから成る210億ユーロの資金以外は、加盟国からの信用保証などにより、民間金融機関等からの資金参加を募ることとされた。

尚、EFSIへの資金参加については、中国が関心を示している（第13章参照）。

さらにこの時期、EU委員会は、ユーロ圏内の銀行が、危機に陥った各国の国債を保有していたことがユーロ危機の一段の深刻化を招いたという認識に立ち、ユーロ圏内の銀行規制を一元化する「銀行同盟（Banking Union）」についての計画が進められた（第10章参照）。

「銀行同盟」は、大きく三つの柱から成っている。第一にユーロ圏内の約6000の銀行に対する銀行監督の単一化を実施する。この点については、その後、検討が進められ、単一の銀行監督についてはECBが担うことになった。第二に、単一破たん処理メカニズムである。単一的の銀行監督が行われた結果、存続が望ましくないと判断された銀行については、破たん処理が必要になる。但しこの点の実現は、結局、2016年初頭まで待たなければならなかった。

5 新たな制度設計の座標軸

最後に、ユーロ危機に対し、以上のような対応が行なわれた後、より長期的な観点から、欧州ではどのような制度構築が求められているだろうか。さらに2015年以降、大量の難民が欧州へ流入していること、2016年6月、英国がEU離脱を国民投票で決定したことなど、制度に負荷をかける新たな要因が山積している。

以下、本節では、ギデンズの「紙のヨーロッパ」、マジョーネの「取引費用の政治学」という考え方を紹介し、ユーロ危機後の欧州統合の制度構築のあり方について検討したい。

先ず、英国の社会学者ギデンズによれば、EUのガバナンス、即ち統治の構造は、平常時と非常時で異なっている。（ギデンズ2015）平常時には、EU委員会が最も重要な役割を果たし、理事会や欧州議会が関わりながら、政策が決まっていく。しかしユーロ危機への対応に代表される非常時には、少数の実力者によりすべてが決まっていく。現在、その実力者とは、メルケル独首相、オランド仏大統領と欧州中銀（ＥＣＢ）と国際通貨基金（ＩＭＦ）の長であるという。ギデンズは前者をＥＵ1、後者をＥＵ２と呼んでいるが、双方を含むＥＵ全体について、「効果的なリーダーシップと民主主義を同時に欠いている」と述べている。

上に挙げられた実力者の中でも、自国の経済力の強さに支えられ、政治的な調整能力も備えたメルケルと、ユーロ圏の金融市場に直接働きかける政策手段を持ち、現場の市場感覚も持つドラギＥＣＢ総裁の力がより強いと言えるだろう。

以上のようなＥＵの現状について、ギデンズは、別の観点から「紙のヨーロッパ」と呼んでいる。「紙のヨーロッパ」とは、「ＥＵ委員会や他のＥＵ組織が作った将来計画や地域戦略、工程表など」でできているが、効果的な実行手段がないため実現されず、夢のままで終わっているもののことだ。長期的な成長戦略「ヨーロッパ２０２０」などがその典型例といえるだろう。

それでは、「紙のヨーロッパ」を「実質のあるヨーロッパ」にするためにはどうすればよいか。ここで注目したいのが、「取引費用」の考え方に注目した、イタリアの政治学者マジョーネの議論だ。

元々経済学の分野で、コース、ノース、ウィリアムソンらの手によって発達した取引費用の概念とは、以下のようなものだ（Majore 2014）。すなわち、経済学の教科書に示される価格により需要と供給が一致する市場ではなく、現実には取引を行う上で、何らかの取引費用が存在する。例えば事前に情報を集めたり、事後的に取引を決済したり、商品を受け渡したりするための費用だ。社会的な制度とは、そのような経済主体の取引費用を最小化するために存在する。

このような経済学の考え方を、政治学、特に地域統合の理論に応用しようとするのが「取引費用の政治学」だ。それは、欧州統合とユーロ危機に対し、新たな洞察を与える。

従来の欧州統合のプロセスでは、全体をいくつかの小さなプロセスに分けることにより、新たな制度構築へのコミットメントに対し信頼性を高めることに成功していた。関税同盟から単一市場へと時間をかけて統合を進めるというアプローチを取っていた。

しかし、ユーロは導入国という空間的な広がりで見ても、各国の財政政策の協調が不十分なまま金融政策と通貨の統一化を実行するという時間的な性急さにおいても、この点に対する明確な例外だった。そのため、ユーロ導入への一時的な熱狂が過ぎると、単一通貨ユーロという制度自体への信認が低下したのである。

さらに、たとえばギリシャの財政赤字が表面化せず拡大した過程では、モラルハザードが深刻な問題だった。即ち、ギリシャはユーロを導入することによって、ユーロ圏全体ないし実質的にはドイツの信用を利用し、国債発行により好きなだけ資金を調達できるといういわばただ乗り（フリーライダー）が可能になった。そのことがギリシャの財政に対する規律を麻痺させたのである。

それでは最後に、以上の二つの考え方に立って、今後の欧州統合の制度設計のあり方について検討してみよう。

先ず、ＥＵにおいて、実効性のあるガバナンスが実現できるかどうかを第一の座標軸と考えよう。ギデンズは欧州統合自体の意義を否定する訳ではない。いわゆる「連邦主義」ではなく、国家主権の一部をＥＵに譲り渡すことにより、グローバル化する世界でより強力なパワーが得られるとすれば、欧州統合には意義がある。ギデンズはこのような目的で主権を譲り渡すことの意義を「主権プラス」と呼んでいる。

次に、各国がどのような政策分野について統合に参加するかという判断を行い、全体としてこれまでの欧州統合に近い形で合意が進むか、それとも分野毎の政策協調（アラカルト・ヨーロッパ）が進むのかという第二の座標軸を想定する。

ここでマジョーネの考え方に従い、各国が統合についてそれぞれ異なる動機付けを持ち行動した結果、全体として欧州統合がどちらの方向に進むのか、と考えることにする。

これらの二つの座標軸により、今後のＥＵの制度構築のシナリオを検討したのが、図表3である。ギデンズとマジョーネの議論には、自国の利益を第一に考えているという意味では共通点があるが、ここでは、ＥＵの組織ガバナンスの強弱と統合政策の進展度合いという二つの観点からタイプ分けをしている。

先ず右上は、ＥＵレベルのガバナンスが有効に働き、欧州統合もこれまで通り進展するケー

●図表3　EUの制度構築　今後の展開

出所：ギデンズ（2015），Majore（2014）を基に筆者作成。

スである。しかしこの場合、従来からの「連邦モデル」を維持できる可能性は低く、ドイツなどのコアとなる国家と周辺の国家に分かれる「2スピードモデル」となるだろう。

一方、左下は、ＥＵの組織としての存在意義が低下する「ＥＵ崩壊モデル」である。

両者の間にある二つの内、左上はガバナンスが機能していないが、欧州統合を目指す「紙のヨーロッパモデル」であり、現在の欧州はこの状態にあると言わざるを得ない。これに対し、右下はガバナンスが機能しているが、政策面ではアラカルト方式を取る、従来英国が描いてきたモデルに近い。

左上からどの方向に移行するかについては、英国のＥＵ離脱交渉を契機に、ＥＵ自身が自らのガバナンスのあり方と政策決定プロセスをどれだけ変えられるかにかかってくるだろう。

参考文献

ロイター（２０１２）「独首相がユーロ圏共同体を強く否定」２０１２年６月26日

European Central Bank（２０１２）, Speech by Mario Draghi, at the Global Investment Conference in London, 26 Juy 2012.

アンソニー・ギデンズ（２０１５）『揺れる大欧州――未来への変革の時』脇阪紀行訳、岩波書店

Giandomenico Majone（２０１４）*Rethinking the Union of Europe Post Crisis*, Cambridge University Press,

付論

最終節の議論に用いた枠組みにより、ここでは欧州と東南アジアの地域統合のありかたを比較検討してみたい。ここでは比較のポイントとして、統合初期の政策方針、地域内の危機への対応、今後の政策展開の三点に絞って検討したい。

第一に、統合初期の政策方針について比較する。欧州統合は、第二次大戦後、欧州内の「不戦共同体」の創設を究極の目的としたが、その目的を達成するための手段として、石炭鉄鋼

共同体を始めとする経済統合の制度化が始まった。

一方、東南アジアでは、冷戦期の1967年、東側勢力に対抗する反共連合として東南アジア諸国連合（ASEAN）が創設された。ASEANが経済統合を本格的に推進する路線転換を行なったのは、冷戦終結から数年後、1995年に社会主義国のベトナムがASEANに加盟後だった。

第二に、それぞれの地域内で発生した危機にどう対応したか、という問題である。欧州では既述の通り、2009年秋にギリシャ財政危機が表面化した後、国債市場における債務危機と銀行危機が共振する形で危機が深刻化した。危機への緊急対応はECBが主体となって行い、危機対応のための常設の機関であるESMは欧州自身の手によって創設された。

一方、アジアで1997年に発生したアジア通貨危機は、為替市場におけるタイバーツを始めとする各国通貨の暴落という形で表面化した。緊急対応は主にIMFによって行われ、危機対応のための協定であるチェンマイイニシアティブは、日本・中国・韓国を含むASEAN＋3により2000年に合意され、その後制度的に発展した。

第三に統合の推進手法について、EUでは既述の通り、当初は段階的・漸進的なプロセスが取られていたが、1999年のユーロ導入は政策的にそれ以前の状態と比較して大きな飛躍があり、その後に禍根を残した。

一方、ＡＳＥＡＮは、意思決定について原則全会一致のコンセンサス方式を採用してきたため、統合の歩みは極めて緩やかだった。２０１５年末には、ＡＳＥＡＮの組織上、三本柱の一つであるＡＳＥＡＮ経済共同体（ＡＥＣ）が発足し、ＡＳＥＡＮ内に単一市場が誕生した。しかし、域内の関税が原則撤廃された一方、非関税障壁が残り、むしろこの点を巡って各国間の競争が続く可能性が高い。また経済発展段階が遅れているＣＬＭＶと呼ばれる４ヵ国は、完成撤廃について３年間の猶予を与えられている。さらに、三本柱の内、残る二本の柱（政治共同体・社会文化共同体）については、２０２５年まで10年かけて具体化することになっている。しかし政治体制や言語・民族・宗教を含む社会・文化面で多様性に富むＡＳＥＡＮ諸国がこれらの統合を進めていくのは、極めて難しい課題である。

第 6 章

ギリシャ危機はなぜ終わらないのか

ニッセイ基礎研究所上席研究員
伊藤さゆり（いとう・さゆり）

1987年早稲田大学政治経済学部卒、2005年早稲田大学商学研究科修士課程修了。日本興業銀行（現みずほフィナンシャルグループ）調査部シニアエコノミストを経て、2001年ニッセイ基礎研究所入社、2012年より現職。早稲田大学大学院商学研究科非常勤講師兼務。専門は欧州経済、通貨統合の研究。共著に『現代の金融――世界の中の日本』（昭和堂）、『現代ヨーロッパ経済論』（ミネルヴァ書房）

CHAPTER 6

SUMMARY IN THIS CHAPTER

ユーロ危機の震源地・ギリシャは
今も支援を受けながら財政健全化・構造改革に取り組む。
実質GDPは危機前の4分の3に縮小、
失業率は若年層では5割を超える。
一層の債務負担の軽減を含む第3次支援を
ギリシャの再生につなげることは
ユーロとEUの安定にとって重要だ。

●図表1　ユーロ圏債務危機国への支援プログラムの概要　　(単位:億ユーロ)

	支援合意	終了	EFSF/ESMの支援実行額	支援総額
アイルランド	2010年11月	2013年12月	177	675
ポルトガル	2011年5月	2014年5月	260	780
スペイン(*1)	2012年7月	2013年12月	413	413
キプロス	2013年3月	2016年3月	63	100
ギリシャ	支援合意	終了	EFSF/ESMの支援実行額(*2)	支援総額
第1次	2010年5月	—	529	730
第2次	2012年3月	2015年6月	1,418	1,535
第3次	2015年8月	2018年8月	860	860

*1:銀行増資のための支援
*2:第1次は二国間支援、第2次は欧州安定ファシリティー(EFSF)、第3次は欧州安定メカニズム(ESM)が支援
資料:欧州安定メカニズム(ESM)

キプロスが、2016年3月末に欧州連合(EU)・国際通貨基金(IMF)の支援プログラムを卒業し、ユーロ危機の震源地・ギリシャが唯一の支援プログラム国となった。キプロスがEU・IMFの支援体制に入った2013年3月時点では、ユーロを導入する国のうち5ヵ国が広義の支援プログラムの下、改革に取り組んでいた。その後、アイルランド、ポルトガル、スペイン、そしてキプロスも当初予定通りに支援プログラムを卒業した。今も支援を受けながら財政健全化・構造改革に取り組んでいるのはギリシャだけだ(図表1)。

本章では、ギリシャの危機がなぜ終わらないのかを考える。

1　ギリシャ危機の特殊性

ギリシャでは、卒業に漕ぎ着けた他の4ヵ国と異なり、支援プログラムが始動した後も事態の悪化が続いた。

その原因を考える時、そもそも、アイルランド、スペイン、キプロスの3ヵ国とは危機の性質が異なり、ギリシャはEUがユーロとともに導入した財政健全化ルールに対して不誠実だったことを念頭に置く必要がある。財政健全化ルールとは、財政赤字の名目GDP比3%以下、政府債務残高の同60%以下をユーロ導入の条件とし、ユーロ導入後も財政赤字が同3%を超えた場合は是正に取り組むというルールだ。

アイルランド、スペイン、キプロスの3ヵ国が支援を要請するに至った原因は、銀行危機による急激な公的負担の増大だった。財政に関しては、世界金融危機前、バブルに沸いていた3ヵ国の収支は黒字。政府債務残高の水準もEUが健全性の目安とする名目GDP60%の基準値を下回っていた。アイルランドとスペインの政府の信用格付けはトリプルAの最高水準だった。財政面ではこれら3ヵ国は「優等生」。むしろ名目GDP比3%の財政赤字の基準値を慢性的に超えていた「劣等生」がドイツだった。

これらの国々でバブルが膨張した一因は「劣等生」ドイツに照準を合わせた緩和的な金融政策にある。金融システムのリスクに対処するマクロプルーデンス政策によるコントロールも追

●図表2　支援要請国の政府債務残高の推移

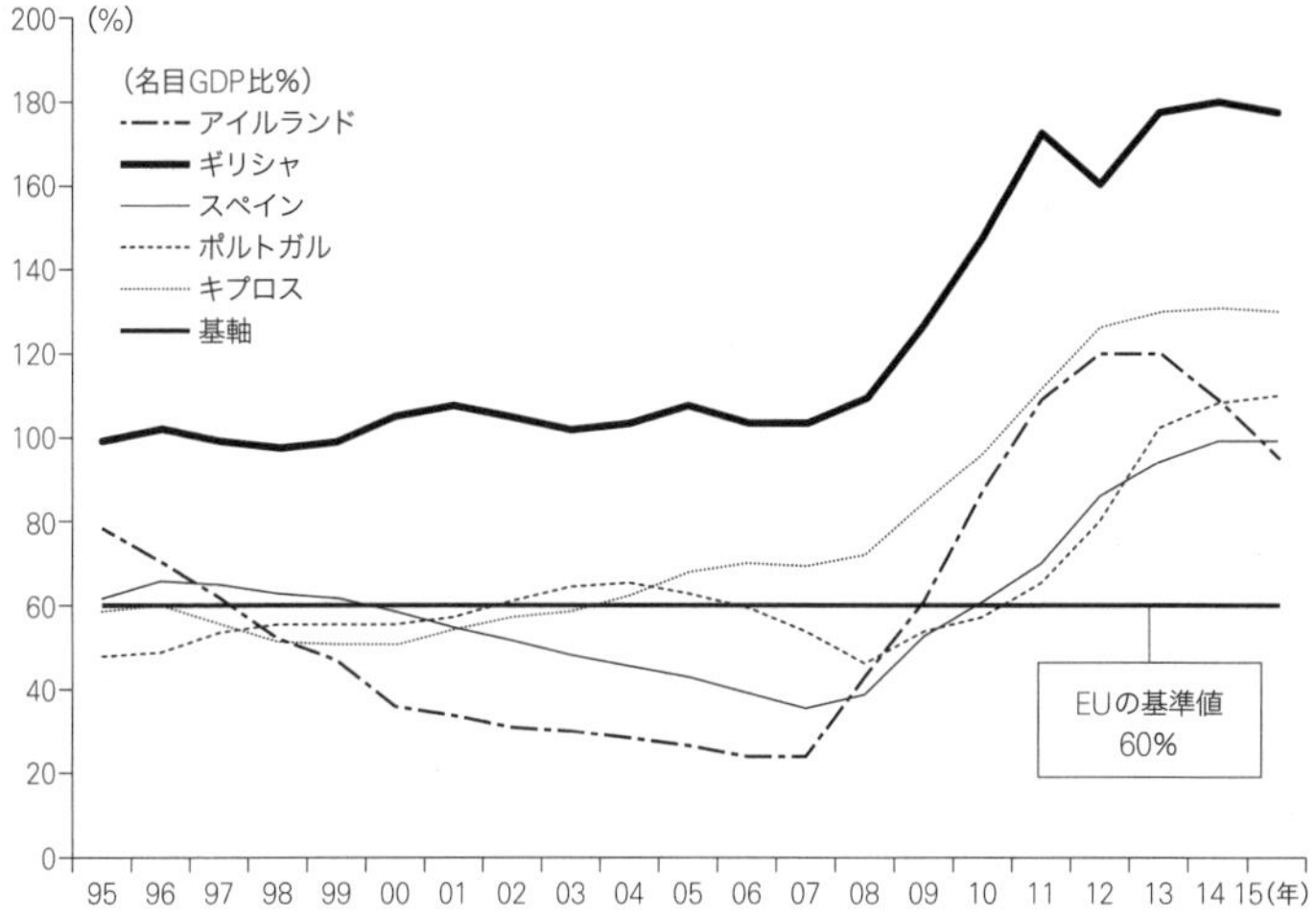

資料：欧州委員会統計局（eurostat）

いつかなかった。ＥＣＢが金融引き締めに動くとバブルが崩壊。世界金融危機の影響も加わって、税収が大きく落ち込むと同時に銀行への多額の公的資本の投入が必要になり、財政は一気に悪化した。

ポルトガルの場合は、世界金融危機前から慢性的な低成長が続き、恒常的に財政赤字の基準値達成に苦慮していた。財政健全化ルールに対しては、ギリシャほど不誠実ではなかった。しかし、政府債務残高が名目ＧＤＰ60％の基準値ぎりぎりで推移してきたため、ギリシャの問題発覚を契機とする域内のクロスボーダーな資本移動の収縮、リスク再評価による資金調達コスト上昇に耐える力はなかった。

他の4ヵ国と違い、ギリシャの危機は財政そのものの問題だ。財政健全化ルールに不誠実であったし、財政構造に深刻な問題を抱える。徴税能力の弱さ、公的セクターの肥大化、経済の実力に見合わない年金制度などだ。規則権益を保護する規制など競争を妨げる規制も手つかずのまま残っていた。

ギリシャでは1974年の軍事政権崩壊後、全ギリシャ社会主義運動（PASOK）と新民主主義党（ND）の二大政党が政権を担ってきた。首相など要職をパパンドレウ家、サマラス家など名家の出身者が務めてきた。二大政党が、支持獲得のため、公務員の雇用や各種手当、寛容な年金制度など大衆迎合的な政策を競い合ったことが問題の本質だ。

ユーロ導入後、ルール上、透明かつ厳格な財政運営が求められるようになったはずだが、ギリシャの放漫財政は2001年のユーロ導入でむしろ助長された。為替リスクが消滅したことで、圏内他国からの資本が流入しやすくなり、資金調達のコストが大きく下がったからだ。

ギリシャ危機の発端は、2009年10月の政権交代で新たにPASOK政権が発足、ND率いる前政権の財政統計の不正が発覚したことだった。ギリシャの財政統計は、のちに遡及改定され、2001年のユーロ導入以来、一貫して財政赤字が基準値を上回っていたことが明らかになっている。ギリシャは、99年のユーロ導入時の審査は不合格となり、2000年の再審査で合格したが、その際も財政赤字を過少申告していた。

ギリシャ政府は、財政危機に見舞われるまで、財政健全化ルールに対して一貫して不誠実だった。

2　危機再燃のトリガー——政局変化と支援交渉の難航

当初のギリシャ危機は、2009年10月に始まり、2010年5月に支援が決まったことで、いったん沈静化する。しかし、その後、ギリシャの政局の変化と支援交渉の難航がトリガー（引き金）となり再燃を繰り返しながら2016年に至る。

ギリシャの政府債務は、問題が表面化した時点ですでに支払能力を超えていた。しかし、当時、ギリシャの国債は、リスクのない資産としてドイツやフランスなどユーロ参加国の銀行が保有していた。ギリシャ政府が債務不履行すれば、ユーロ圏の銀行システムに重大な混乱をもたらすおそれがあった。

無秩序な債務不履行阻止のため、支援をしようにも、ユーロ圏には、現在の欧州安定メカニズム（以下、ESM）のようなユーロ参加国政府の財政危機を想定した安全網はなかった。それどころか、EUの基本条約125条は加盟国政府の債務の肩代わりを禁じる。市場の緊張は高まり続けた。協議は難航した末、最終的には、2010年5月、ユーロ参加国政府による二国間融資と国際通貨基金（以下、IMF）による3年間で総額1100億ユーロの条件付きの資金繰り支援という形で決着する。この時、ユーロ参加国政府の財政支援の枠組みとして、現在の

ESMの前身となる3年期限の支援の枠組みである「欧州金融安定ファシリティー（EFSF）」の創設も決まった。

第1次支援プログラムは、支払い能力を超える政府債務の再編が見送られたため、当初から成功が危ぶまれていた。債務再編が見送られたのは、世界金融危機と同時不況のショックがようやく沈静化しつつあった当時、ユーロ参加国の銀行などの投資家に損失負担を求めれば、金融システムの再混乱の引き金となるおそれがあったからだろう。

第1次支援プログラムでは、債務再編を棚上げしたことで、ギリシャの国民に過大な負担を強いることになった。ギリシャ経済は、支援開始後に急激に落ち込んだ。他方、債務償還の圧力は続いた。

当初のギリシャ危機対応は、後手に回った上に、大国の銀行を救済し、ギリシャ国民に犠牲を強いる構図となり、強い不満が残った。筆者が2011年3月にギリシャを訪れ、現地のエコノミストらと面談した際にも、ギリシャの政治や財政の問題点、構造改革の必要性については認めた上で、揃ってユーロ圏（ドイツ）の対応が遅く、支援条件が厳しいために、問題が却って大きくなり、過度の負担を強いられていると口にしたのが、今も印象に残っている。

当初から問題含みだった第1次支援プログラムは3年間の期限を待たず、すぐに立ち行かなくなる。11年7月には、民間投資家への損失負担による債務再編を含む第2次支援プログララムの合意を迫られた。同プログラムは、債務再編後の12年3月に正式に始動する。しかし、同年5月の総選挙で、反緊縮を掲げた急進左派連合（以下、SYRIZA）が躍進、政権が樹立できず6月に再選挙を行なうことになった。反緊縮派政権が誕生して支援条件を拒否すれば、EUとIMFは支援を停止、ギリシャ政府が無秩序な破綻とユーロの離脱（いわゆるGREXIT）に追い込まれるとの懸念が高まった。

ユーロ危機が最も深刻だったのは2012年の春から夏だ。この段階で、すでにアイルランドとポルトガルはEU・IMFの支援下に入っていたが、EU・IMFの支援プログラムが強いる財政緊縮策が景気と銀行の不良債権問題の悪化を招くために、さらなる財政緊縮が必要となる悪循環が止まらない。スペインやイタリアへの圧力も強まった（図表3）。スペインは12年6月に銀行部門の資本増強のための支援を要請した。イタリアの国債利回りも「支援要請ライン」と見なされる7％に迫った。ユーロ圏内の危機の伝播がいよいよ大国に及び、支えきれなくなるという不安が高まった。

結局、12年6月のギリシャの再選挙は、緊縮策を受け入れた与党・NDを中心とする連立政権発足で決着、支援継続の見通しとなり、GREXITの懸念は沈静化した。

他の南欧諸国への圧力も、悪循環と伝播を防止するための対策によって12年夏をピークに緩和する。ユーロ参加国の資金繰りを支援する3年期限の枠組み・EFSFを引き継ぐ常設のESMの12年10月の稼動の目途もつけた。同年6月の首脳会議ではユーロ圏の銀行行政を一

●図表3　ドイツと南欧の長期金利（10年）

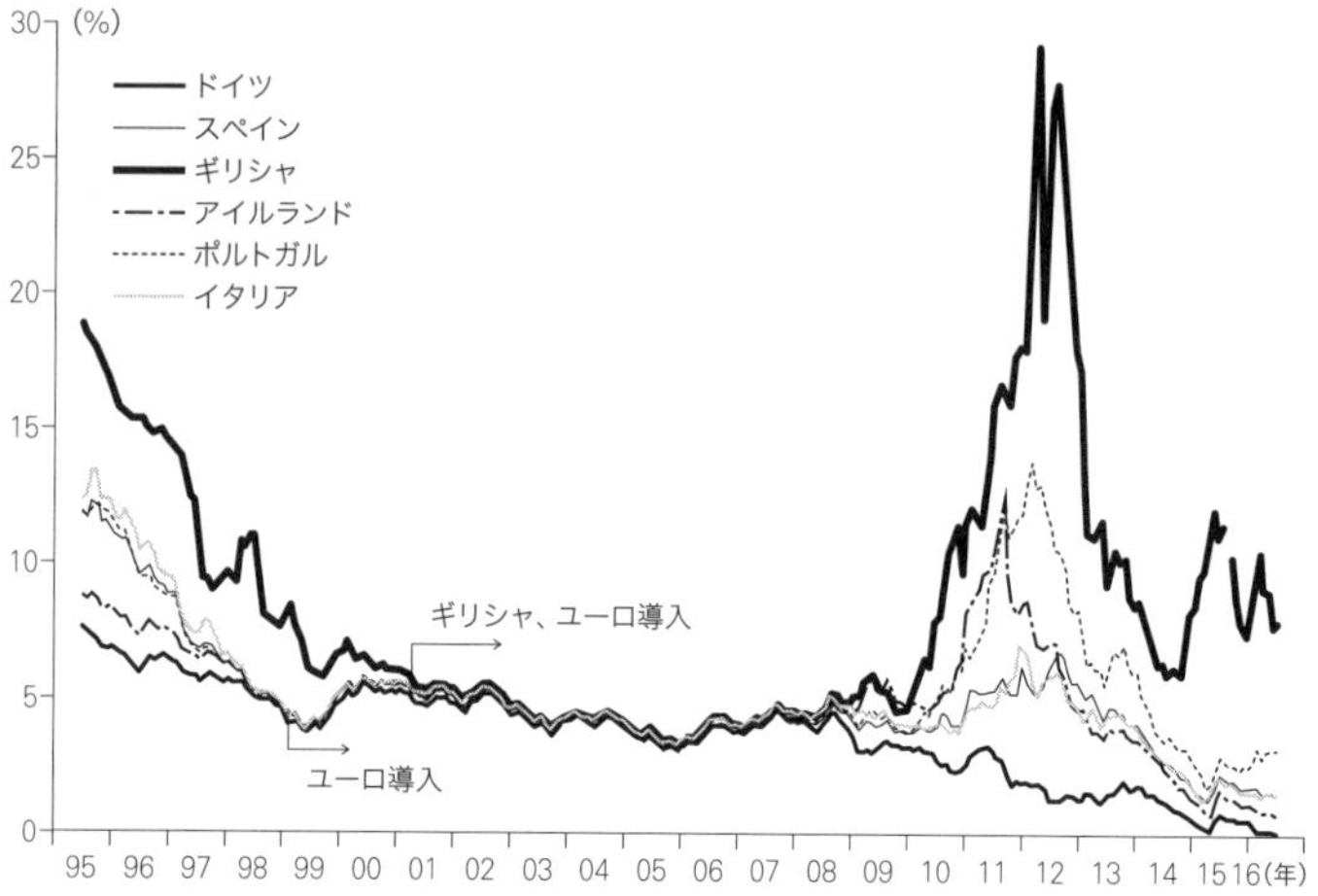

注：ギリシャの15年7月は市場閉鎖のためデータが欠落している
資料：欧州中央銀行（ECB）

元化する「銀行同盟」を創設する方針も打ち出した。

しかし、市場の安定化に最も大きな役割を果たしたのは、欧州中央銀行（以下、ECB）だろう。12年7月、ドラギ総裁は、ロンドンでの講演で「ユーロ防衛のためにできることは何でもする」と宣言、9月に新たな国債買い入れプログラム・OMTの導入を決めた。ECBは、2010年5月から証券市場プログラム（SMP）として南欧の国債の買入れを行なっていたが、買入れは12年初に残高およそ2200億ユーロに達したところで休止状態にあった。OMTは、SMPを引き継ぐもので、市場の圧力によって資金繰りに困難を来たし、ESMに支援を要請した国の国債を、一定の条件の下で金額無制限で買い入れることを明確にした。ＳＭＰで買い入れた国債はＥＣＢに返済優先権が認められたがＯＭＴは適用除外とした。

ＥＣＢによるＯＭＴ導入の決断まで、市場は常に危機の広がりによる支援金不足に身構えていた。ＥＳＭが常設化されたといっても支援可能額は５０００億ユーロに過ぎない。ユーロ危機のピークである２０１２年８月末時点で国債発行残高が１・６兆ユーロに達していたイタリアに危機が波及した場合の力不足は明白だった。

ＥＣＢがＳＭＰ失敗の教訓を生かして、ＯＭＴを返済優先権の適用除外としたことも好感された。返済優先権は、債務の肩代わりを禁じた条約に抵触しないために適用されたものだが、ＳＭＰが休止に追い込まれた原因でもあった。12年3月に民間投資家を対象とするギリシャ国債の債務再編が行われた際、ＳＭＰを通じた買い入れは対象外となった。以後、ＳＭＰの買い入れは、民間投資家の劣後化のシグナルとなり、市場の安定化に逆効果となってしまった。

金額無制限、返済優先権の適用除外となるＯＭＴにドイツは強く反対したが、効果は絶大だった。ＯＭＴは、現在に至るまで一度も利用されていない。しかし、市場を覆ってきた懸念が解消されたことで、ようやく景気と財政、銀行の不良債権問題が相互に影響し合う悪循環と危機国の拡大という伝播に終止符を打つことができた。

3　ギリシャ危機　2015――支援協議は一時決裂、銀行の一時休業に発展

悪循環と伝播への不安という観点から捉えたユーロ危機の最悪期は2012年夏だが、ギリシャ危機は2015年夏、さらに厳しい局面を迎える。

15年夏の危機再燃も政局の変化と支援交渉の膠着がトリガーだった。始まりは、15年1月の総選挙で、反緊縮と大幅な債務削減を掲げるSYRIZAが勝利し、独立ギリシャ人（ANEL）との連立によるチプラス政権が発足したことだ。ギリシャの政治の二大政党制、名家支配への決別でもあった。

チプラス政権の発足を受けて、ECBは、2月11日に格付けの低いギリシャの国債及び政府保証債を、ECBが市中銀行に資金供給を行う際の適格担保として認める特例措置を停止した。ギリシャ政府がEU・IMFと約束した改革が実行されないリスクが高まったことに対応した判断だ。

ギリシャの銀行からは、反緊縮派政権誕生の可能性が高まった14年11月頃から、預金の流出が始まっていた。第2次支援が始まった後は減少に転じていたギリシャ中央銀行が市中銀行に、質の低い証券を担保に資金を提供する緊急流動性支援（ELA）も再び増加に転じていた。ECBが特例措置を停止したことで、国内商業銀行のELAへの依存度は一段と高まった。ギリシャ中銀のELAは、ECBが設定した上限の枠内で実施される。ギリシャの銀行の

資金繰りはＥＣＢの判断次第という状況となった。
チプラス政権とユーロ圏財務相会合（以下、ユーログループ）は、とりあえず2月末に予定されていた第2次支援プログラムの期限の4ヵ月延長で合意する。しかし、その後も協議は平行線を辿り続ける。交渉を担当したバルファキス財務相は、ゲーム理論を専門とする経済学者としてのバックグラウンドを持つが、その型破りな交渉姿勢はユーログループの参加者を度々苛立たせた。最終局面では、焦点となった年金改革や法人税率、付加価値税率の引き上げについて歩み寄りの兆しもあったものの、期限直前の6月26日に協議は決裂した。支援機関側が提示した条件の是非を問う国民投票のために期限の再延長を求めたギリシャ政府の要求をユーログループが拒否した結果だった。

協議の決裂でギリシャの銀行セクターと経済活動には多大な影響が及んだ。預金封鎖やユーロ離脱への懸念からギリシャの銀行からは預金の流出が加速し、ギリシャ中銀のＥＬＡの残高は膨らんでいた。しかし、ＥＣＢはユーログループが第2次支援プログラムの6月末での打ち切りを決めたことで、ＥＬＡの上限引き上げを凍結した。これにより、ギリシャの銀行は一時休業、預金引き出し制限や海外送金停止などの資本規制の導入に追い込まれた。6月末を期限とするＩＭＦへの返済は延滞扱いとなった。

国債の償還圧力は、12年の債務再編で国債の償還期限が延長されたことで大きく後退した。しかし、既述のとおり、ＳＭＰを通じてＥＣＢが買い入れた国債は債務再編の対象としなかっため、15年は7月20日、8月20日に償還が予定されていた。

ギリシャ政府がECBの保有する国債を償還できなければ、ELAの上限引き上げ凍結に留まらず、ELAの停止を決めるのではないか。「事実上のユーロ離脱」と市場は身構えた。

4　国民投票、そして第3次支援プログラムへ

支援停止という多大な犠牲を払って実施された7月5日の国民投票は、ノー(OXI)が61・31%とイエス(NAI)38・69%を大きく上回る結果に終わった。チプラス首相が、ノーを突きつけても、ユーロ圏への残留は可能と訴えたことが効いた。

国民投票を終え、チプラス政権は7月8日に改めてESMに正式に支援を要請した。バルファキス財務相は辞任し、チャカロトス氏が新たに財務相としてユーログループに臨んだ。待っていたのは厳しい反応だった。国民投票から1週間後の7月12日、ユーログループに続いてユーロ圏首脳会議が開催され、17時間にわたる協議の末、3年間で最大860億ユーロの第3次支援プログラムで合意した。会議に先立ち、欧州委員会のユンケル委員長は「ギリシャのユーロ離脱の詳細なシナリオを準備している」と語り、ドイツの財務相は「厳しい条件付きの支援」か「一時的なユーロ離脱」という選択肢を用意し、決断を迫ったとされる。報道によれば、ドイツが用意した「一時的なユーロ離脱」は、最低5年など一定の期間、ユーロ圏から離脱

し、その間に本格的な債務再編と競争力の調整を進めるものとされる。EUの加盟国として、EUから経済成長のための支援や人道支援は受けることができるというものだ。

この段階で「ユーロ離脱」という選択肢がタブー視されなくなったのは、ギリシャ危機の伝播力が低下したからだろう。民間が保有する債務の再編が進み、金融システム危機を引き起こすリスクは低下した。他国への伝播に対してもECBのOMTがある。ギリシャ以外の支援要請国では、財政緊縮策が景気と銀行の不良債権問題の悪化させる悪循環は止まり、景気も回復に転じていた。加えて、ECBは15年3月には金融政策として国債の買い入れを開始、信用格差によるスプレッドの乖離はますます生じ難くなっている。15年夏にも国債利回りの上昇は見られたが、12年春〜夏に比べれば遥かに限定的だった(図表3)。

しかし、離脱は回避できる方が望ましい。「いったん導入したら離脱できない」ユーロの前提が崩れれば、単一通貨から本来得られるはずのベネフィットは大きく制限され、存在意義が低下するだろう。世界金融危機とそれに続くユーロ危機で信用格差への警戒感が広がり、圏内の銀行市場には分断が生じた。離脱国が出れば、銀行市場の分断は解消しないままとなるおそれがある。

ドイツが提案した「一時的なユーロ離脱」には、フランス、イタリアは強く反対したとされる。何よりも当事国のギリシャ政府がユーロ離脱を望んでいなかった。結局、ギリシャ政府は、追加の年金改革、付加価値税率の引き上げ、500億ユーロ規模の民営化基金の設立、18年の基礎的財政収支目標名目GDP比3・5%のなど厳しい条件を受け入れ、第3次支援の合意を取り付けた。

第3次支援プログラムの正式な始動は8月19日だが、7月20日に予定していたECBが保有する35億ユーロの国債の償還のための原資は辛うじて第3次支援正式始動までの「つなぎ融資」で確保され、IMFへの延滞も解消した。

第3次支援の正式な始動の条件となった改革関連法案の議決では、与党のSYRIZAから大量の造反が出た。チプラス内閣は総辞職し、改めて国民の信を問う動きに出た。9月20日の総選挙（議席総数300）では、単独過半数には至らなかったものの、連立パートナーの独立ギリシャ人（ANEL）との合計で過半数を確保、第二次チプラス政権が第3次支援プログラムの実行に取り組むことになった。SYRIZAからの造反組が組織した人民統一党は議席を獲得できなかった。

5　第3次支援プログラム下のギリシャ——楽観できない

国民投票からユーロ離脱のシナリオを準備して開催されたユーロ圏首脳会議まで、世界の注目を一身に集めたギリシャ危機は、第3次支援プログラムの合意で一気に後景に退いた。難民危機、相次ぐテロ、そして英国のEU離脱の選択へと懸念材料が拡大したこともあろう。

しかし、今も、ギリシャの情勢は楽観を許すものではない。プログラムで用意した資金を受け取るには約束した改革の実行状況についての審査を合格する必要がある。第1回目の審査ですら、18年の基礎的財政収支目標が達成できない場合の「緊急対応プラン」を巡る対立などがあり、かなり時間を要した。一時は、7月20日に予定されるECBなどが保有する国債の償還に問題が生じるのではないかという懸念も台頭した。

幸い、16年5月24日のユーログループで合格が認められ、第2次融資枠103億ユーロが設定された。6月21日にはここから75億ユーロの支援が実施され債務返済とともに国内の未払い金解消の目途が立った。ユーログループの決定を受けて、ECBも、6月22日にチプラス政権発足後から停止していたギリシャ国債の適格担保としての取り扱いを再開することを決めた。

第1回審査の合格が15年のように夏まで持ち越されずに済んだのは、政治環境の変化が影響しているかもしれない。支援機関と戦う姿勢を見せることで15年1月の総選挙、15年7月の国民投票、9月の総選挙で勝利したチプラス首相の人気には陰りが見られる。SYRIZAと独立ギリシャ人による第2次チプラス政権の議席数は153議席で辛うじて過半数を超えるに過ぎない。SYRIZAの支持率も、15年9月の総選挙後、ほぼ一貫して低下、最大野党のNDが逆転している。チプラス首相が、15年のように民意を盾に「瀬戸際戦術」を繰り広げることは困難になっている。地中海ルートで流入する難民の入り口となるギリシャの地政学上の重要性が再認識されたことが、ドイツの態度を軟化させたという見方もある。英国の国民投票を控えて、危機の共振を避けたいという意思が働いた可能性もある。

どのような力学で決まったにせよ、第1回審査の合格には、当面の資金繰りに目途をつける以上の意味がある。ギリシャ政府が強く求めてきた債務の再編への道が拓かれることだ。ギリシャ政府の債務は、今では殆どが支援機関からの債務に置き換わっている。債務再編の議論が市場に影響を及ぼし難くなっているのはこのためだ。再編の対象は、返済優先権を持つIMF以外、つまりユーロ圏からの支援が再編の対象となる。公的債務の再編は、「ギリシャ政府の債務は持続不可能」と見るIMFが第3次支援プログラムに参加する条件でもある。

第1回審査の合格を認めた5月のユーログループで協議した債務再編案は、ギリシャの改革の進捗に合わせて、短期、中期、長期で負担を軽減するというものだ。短期の措置は支援プログラムの期限となる18年8月までに実施する返済期限の平準化や金利負担の軽減などである。中期の措置は、ギリシャの支援プログラム卒業時に実施する措置。長期の措置は、総必要調達額（GFN）目標の達成が困難になった場合の追加措置だ。

いずれの段階の措置についても、救済を禁じたEU条約違反としてドイツなどが強く抵抗する元本削減は想定されていない。ギリシャ債務問題の抜本的解決策とは言い難い。IMFが、ユーログループ案を債務の持続可能性の回復に十分と判断するかどうかも未知数だ。

経済データは、第3次支援プログラムが始まった後もギリシャの苦境が続いていることを示す。実質GDPは世界金融危機前の4分の3ほどに縮小し、雇用も2割減っている（図表4）。失業率はユーロ圏で最も高く、若年層の失業率は5割を超える（第8章を参照）。

ギリシャでは、EUやユーロへの支持も低下している。2016年春にピュー・リサーチ・センターがEU加盟国の10ヵ国で行った世論調査（Euroskepticism Beyond Brexit）によれば、EUに対する好意を持っていると答えた割合はギリシャの27％が最も低く、国民投票で離脱を選択した英国の44％を下回る。EUに好意を持っている割合の低下は、調査対象国で広く見られる傾向だが、18～34歳という若い年齢層は50歳以上の層に比べてEUに好意的だ。ギリシャでも同様の傾向が見られるのだが、そもそも若い年齢層でも37％止まりだ。財政危機と緊縮策で、若年層では失業率が5割を超え、かつ貧困率の上昇も目立つことを考えれば、当然の結果だろう。EUの経済対策、難民危機対策に不満を持つ割合は9割超と調査対象国で突出している。EUは権限の一部を国家に返還すべきと答えた割合も68％で、英国の65％を抑えて調査対象国でトップだ。

SYRIZA人気が陰る一方、NDの支持率が回復しているのは、16年1月、党首選で勝利したキリアコス・ミツォタキス氏の人気によるところが大きい。ミツォタキス氏の父は1987～93年にNDの党首を務めたコンスタンディノス・ミツォタキス元首相、姉はアテネ市長や外相を歴任したドーラ・バコヤンニ氏だ。

チプラス政権は反緊縮だったが、親EU・親ユーロだった。それが多くのギリシャ国民の望

●図表4　ギリシャの実質GDPと雇用の推移

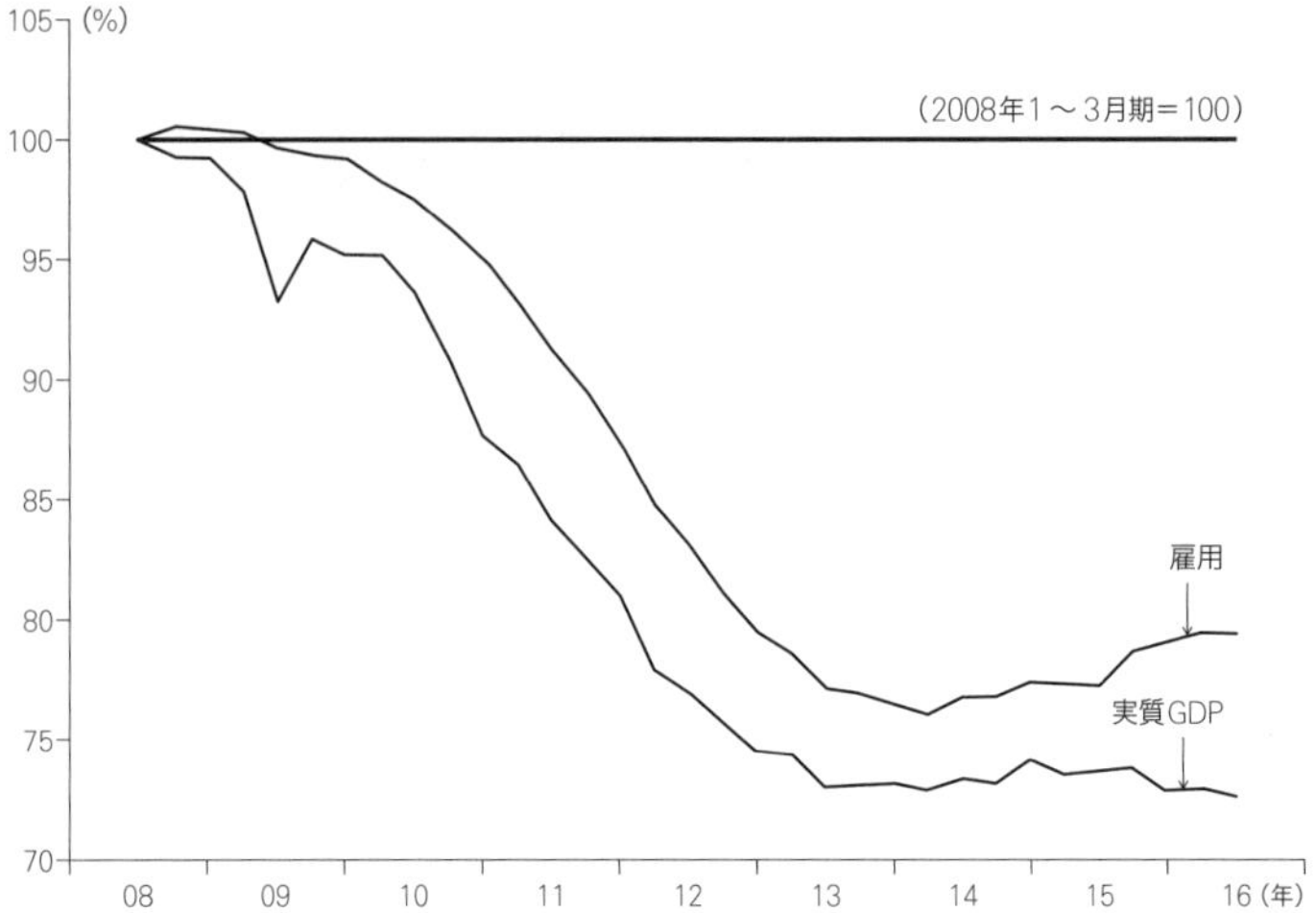

資料：欧州委員会統計局（eurostat）

みでもあったからだ。チプラス政権に失望したギリシャ国民は、再び、名家支配に復帰し、ＥＵとより円滑な関係を築くことによる問題解決を望んでいるのかもしれない。

それでも問題が解決しなければ、いよいよ反ＥＵ・反ユーロを掲げる政治勢力への支持が拡大し、政権の中枢に座るという展開になるのだろうか。

支払い能力を超える政府債務の重圧から逃れられないギリシャの危機は終わらない。世論調査には、８年にも及ぶ不況、終わりのない緊縮策に疲れたギリシャ国民のＥＵ、ユーロ離れの兆候が見えるようで気掛かりだ。

一層の債務負担の軽減を含む第３次支援をギリシャの再生につなげること

はユーロとEUの安定にとって重要だ。

参考文献

田中素香（2016）『ユーロ危機とギリシャ反乱』岩波書店

第 7 章

ユーロの構造問題とは何か

和光大学経済経営学部非常勤講師ほか
夏村徳彦（なつむら・のりひこ）

明治大学政治経済学部卒。経済学修士（明治大学）。出版社編集部勤務等を経て現職。専門は欧州を中心とした金融システム。

CHAPTER 7

SUMMARY IN THIS CHAPTER

ユーロ危機の根底にはEUやユーロが潜在的に抱える構造問題が横たわる。
政治的動機が統合の開始当初に優先され、
ユーロ導入の前提となる経済学的条件や
加盟国間での財政等の調整が
不十分であったことに一因がある。
EUには財政統合に向けた改革が求められる。

はじめに

ＥＵが現在抱える問題に触れるたびに、２０００年代初頭に訪れたイタリアでの一場面が脳裏をよぎる。当時、共通通貨ユーロはまだ計算単位であり、２００２年に現金通貨として流通させる準備が進められていた。

トラックが頻繁に行き交うローマ近郊の昼下がりの幹線道路を、現地に住む友人と移動していた時のことであった。前方の車列に脱税の取締り等に携わる財務警察の車両が見え隠れしていたことから、ユーロ税の強引な取り立てに対する苦言を聞かされていた。ユーロ税とは、ユーロ導入条件としてマーストリヒト条約で定められた収斂基準に沿うよう、財政赤字削減のために１９９７年に実施された時限的増税である。ユーロ税には不満も多かったが、良い時代が訪れるならばと応じたという。

市街地を抜け民家が途絶えたあたりから、路肩に不自然に佇む移民風の人の姿が散見されるようになった。その様子を初め無視していた友人だったが、「こんなことが白昼堂々と行われるようになったのは最近のことだ」と視線を合わすことなく口を開いた。どうやらイタリアでは違法となる取引を行っているらしい。ときどき警察車両が横づけされていたが、証拠がない限り何もできないようであった。「あの人たちはやがて合法的に商売を営める（ＥＵ域内の）国に移動し、弱者として手厚い公的保護を受ける。その国の人たちも公費が使われ気の毒だが」

と言葉を続けた。

十数年前のこの光景が、ＥＵやユーロが今なお抱える構造的問題の一端を象徴しているように思えてならない。ＥＵ加盟国では国ごとに異なる法や税制が適用されるが、１９９５年に発効したシェンゲン協定（イタリアは97年施行）により、加盟国内では人の移動の自由が保障された。この時点ですでに今日の問題の予兆がみられていた。

その後ユーロが導入されると、金融政策はＥＣＢ（欧州中央銀行）直轄となり、ユーロを採用した国々の自律的裁量権は失われたが、財政は従来どおり国単位のままであった。そのため、ユーロ圏内の各国が経済的ショックに襲われた際は、自国の財政政策による対応が求められる。この構造的不具合が顕在化したのがユーロ危機であった。ＥＵにはいくつかの構造的課題がある。なかでも最大の問題はドイツを初めとするコア国と、ＧＩＩＰＳ（ギリシャ、イタリア、アイルランド、ポルトガル、スペイン）等の周縁国（ペリフェリー）との経済格差であろう。

ＥＵやユーロの構造問題はユーロ導入以前から議論されていたが、当初は統一により強大となったドイツの封じ込めといった政治的動機が優先されたため、構造的欠陥は事後的に調整されるとして統合が進められた。しかし、ユーロ導入から２００７年までの間、米ドルに対するユーロの高止まりが続き、一時はユーロの基軸通貨化さえも囁かれた「ユーロフォリア」（ユーロによる熱狂）の時代にあっては、大々的にその欠陥が見直されることはなかった。

1 最適通貨圏にみる構造的課題

ユーロが抱える構造的欠陥は、1992年の市場統合に先立ち、その経済効果を分析した「スキオッパ報告」(85年)と共に、ノーベル経済学賞受賞者ポール・クルーグマンの論考等により指摘されていた。その概要はクルーグマンらによる世界的にポピュラーな経済学テキストに1章が割かれるなど、ユーロ導入前から邦訳を含め広く知られていた(『国際経済:理論と政策(第3版)』)。

そこでは共通通貨(ユーロ)の導入には、便益がコストを上回ることが条件であり、その判断基準は潜在的パートナー国との経済統合の度合いとされる。そして、同じくノーベル経済学賞受賞者ロバート・マンデルによる「最適通貨圏」の理論が応用されている。通貨が統合されれば、為替変動に起因する煩雑な計算から解放され、混乱もなくなる。この「通貨効率」は、相手国との貿易が盛んなほど、また生産要素(資本、人/労働)の移動が自由なほど大きくなる。つまり、共通通貨ならば相手国への投資による収益が予測しやすいうえ、相手国で働く人々の賃金と自国の生活費が相対的に安定するためだ。その便益は経済統合が密接なほど大きくなる。

一方、通貨統合のコストとは、自国の金融政策の放棄である。これは、「自由な資本移動」と「金融政策の自律性」、「為替相場の安定性(固定為替相場)」という3政策は同時かつ恒常的には成立せず、いずれか一つを放棄しなければならないという「国際金融のトリレンマ」として有名なゲームルールによる。例えば資本移動が自由で、固定相場制を採用する2国があるとする。その一方が利下げ（または利上げ）に基づく金融政策を実施すると資本流出（流入）を招き、為替相場が下落（上昇）してしまう。そのため固定為替相場制は維持できない。

ユーロ圏内の国々は、自由な資本移動と単一通貨ユーロによる固定相場制の採用と引き換えに金融政策の自律性を放棄し、それをＥＣＢに一任する道を選択した。そのコストとは、不況期に為替ではなく、物価や賃金が下落することによる経済の不安定性である。しかし、その不安定性も統合が密なほど軽減される。

ユーロ圏内に緊密な貿易関係が築かれていれば、ある国の物価が下落するとその国の製品に対する需要が高まり経済は回復に向かう。また圏内に緊密な労働・資本市場すなわち生産要素市場が構築されていれば、たとえ職を失ったとしても圏内の他国で新たな職を見いだせるうえ、より効率的な国の生産部門への投資も可能となる。

最適通貨圏とは、財やサービス、生産要素の自由な移動を基に、経済が密接にリンクした地域を指す。その条件がどの程度備わっているかが、共通通貨導入の判断基準となる。その障害となる関税や国境管理等は１９６８年の関税同盟、93年の市場統合、そして先のシェンゲン協定等により段階的に除去され、ユーロ導入に至った。ＥＵの域内貿易比率は高く、ユーロスタットによると２０１５年の域内輸入は63・３％、同輸出は63・２％にのぼり、全体としては一定の成果が収められている。

しかし、人の移動に関してはＥＵに24の公用語があるように、言語や文化、地理的背景等から進展はみられない。この国民構造の異質性に加え、社会福祉や税制、法律が国ごとに異なることも、人の移動を阻害する要因となっている。それは加盟国により異なる失業率にも表れている（第10章参照）。そのため、シェンゲン協定が本来の目的を十分に果たせないどころか、加盟国内の移民・難民の移動を容易にし、その問題を拡散させた。そのことが近年、新たな国境問題を引き起こしている。

一方、ユーロ導入で促進された資本移動に関しても、「ホームバイアス」の問題がある。ホームバイアスとは投資先として外国よりも自国資産が好まれる傾向のことである。自国のほうが外国よりも多くの情報を入手でき、自国資産のほうが流動化（現金化）しやすいこと等がその要因とされる。

竹森俊平著『逆流するグローバリズム』では、「『ホームバイアス』がどれだけ消えたのか」をグローバル化の一基準と見なし、欧州各国で個人が保有する自国債券の割合が、１９９５年から２００５年に平均で80％から60％に低下し、２００７年を境に上昇に転じた点に注目している。ユーロ導入によりユーロ圏内の国債の流動性が確保されホームバイアスは低下したものの、危機後に外国の国債が投げ売られたのである。このホームバイアスの上昇は欧州以外でも確認されることから、「世界経済がグローバル化の進展と逆戻りのあいだを揺れ動いているという流れ」が見えるとしている（同書42-52頁）。

ホームバイアスは資本が自国へ向かう傾向であり、その高まりは外国への資本移動の抑制を意味する。生産要素、すなわち人と資本の移動が最適通貨圏の条件だが、欧州では十分な人の移動は望めない。そこに近年では資本移動の抑制が加わっている。ユーロ圏ではグローバル化の逆流と共に、最適通貨圏の条件が蝕まれつつある。

2　ECBによる金融政策と各国各様の財政政策、金融行政

物価の安定や雇用を守るマクロ経済政策は金融政策と財政政策から成り、特定の国だけが経済的ショック、すなわち非対称的ショックを受けた際に重要な調整手段となる。前述したようにユーロを採用した国々では金融政策がECBに一任される一方、財政政策と金融行政は各国に委ねられている。特に財政は法と共に国の主権に深く関わることから、EUでは財政統合を伴わないことを原則としている。そのためマーストリヒト条約で定められた年間でGDP比3％以内の財政赤字と、60％以内の政府債務残高といった基準に基づく「安定・成長協定（SGP）」（1997年制定）に則った財政規律の遵守が求められた。

しかし、厳格な財政規律は突発的なショックに対する裁量的政策を制限するうえ、社会福祉が犠牲になる等の影響が生じる。何よりもSGPはドイツやフランスをはじめ、多くの国で守られずに形骸化し、債務危機につながったとも指摘される。そのため2013年に発効し

た「新財政協定」では、景気循環要因を除去した構造的財政赤字をGDP比0・5％に抑えると共に、罰則を含む厳格な財政ルールが適用された。

また、ECBによる一律の金融政策と、国ごとの財政政策の組合せは、経済が上向きならば支障なくとも、各国を巻き込んだ非対称的ショックへの対応にも限界がある。これは各国に景気循環のずれが生じた場合、あるいは経済状況が異なる国にショックが同時に起こった場合、一律の金融政策では一方の国に有効であっても他国では火に油を注ぐ結果となりかねないためである。

金融安定化のために規制や監督等を行う金融行政にも課題がある。EUでは、金融サービスのライセンスを交付した国にのみ監督権限が与えられる。ロンドンにシティを抱える英国等が、ECBの干渉を嫌ったためである。この母国監督主義に基づき、各国の財務省や金融庁、中央銀行等が独自に金融監督を行っている。そのため、各国に支店網を巡らす金融機関全体を監視する体制が未整備となり、それがユーロ危機発生と拡大の一因ともされた。ユーロ圏には金融危機を予防すると共に、万一危機が発生した場合に鎮静化を図るプルーデンスの仕組みが不十分だったのである。それを受け銀行同盟が構想され、単一銀行監督メカニズム（SSM）と単一破綻処理メカニズム（SRM）が2014年11月と16年1月にそれぞれ稼働することとなった（第10章参照）。

●図表1　ドイツとGIIPSのインフレの差（単位:％ポイント）

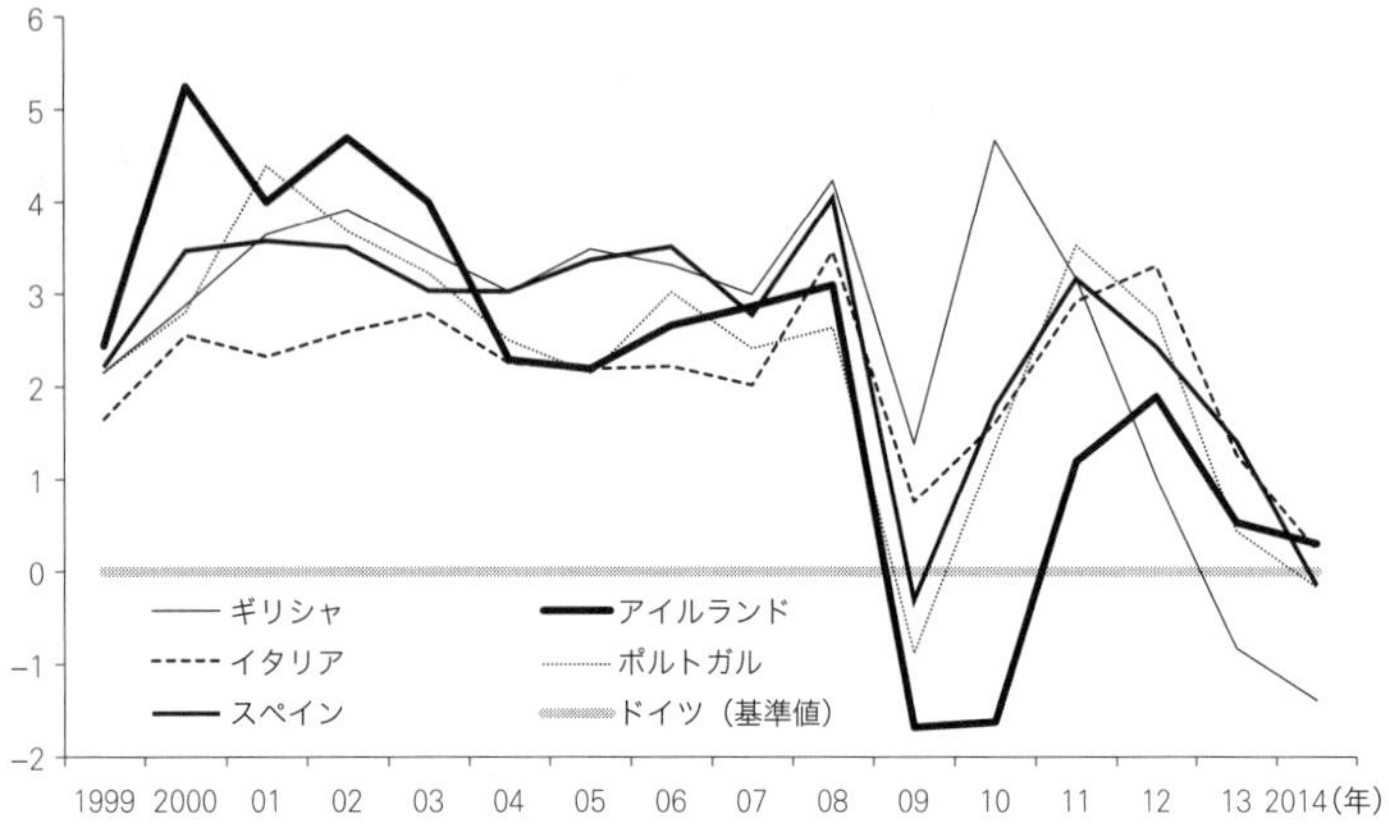

注:ドイツを基準（0）としたユーロ圏消費者物価指数（HICP）の前年度比の差（年平均）
出所:IMF "World Economic Outlook Databases"をもとに作成。

3　コア国と周縁国の分裂

共通通貨圏であっても、インフレ率は国ごとに異なる。そのため、金融機関が提示する金利（名目金利）は同じでも、そこからインフレ率を除いた実質金利は国ごとに異なる。加盟国間の実質金利の違いは、ＥＣＢによる金融政策の効果を弱めると共に、コア国と周縁国との分裂を引き起こす要因となる。

図表１はＧＩＩＰＳとドイツの年平均インフレ率の差を示している。低インフレの国で資金を調達し、それを高インフレの国で運用すれば、インフレの差だけ利益が増す。ましてユーロ圏ならば為替リスクはない。図表１からは、ユーロ導入後からリーマン・ショッ

クが起きる2008年までの間、ドイツで借り入れた資金をドイツ国内へ投資するより、GIIPSへ投資したほうが有利であったことが分かる。そのため、特にドイツやフランスの大銀行から、GIIPSをはじめとする周縁国に向けた資本の流出が増加した。これは低利の通貨で調達した資金を高利の通貨で運用するキャリートレードが、共通通貨で行われていたようなものであろう。

ドイツをはじめとするコア国から2008年までに流入した9000億ユーロに及ぶ民間資本（イングランド銀行集計）により、GIIPSには消費ブームが巻き起こった。周縁国の長期金利がドイツ並みに低く抑えられ消費が促されたことや、低インフレがドイツの国際競争力を高めたことがその要因である。その一方で周縁国は競争力を失い、経常収支の赤字が増え続けた。2003年から08年まで、それをある意味カモフラージュしたのが、先の民間資本であり、それによりコア国、周縁国ともに、ある種win-winの関係が築かれていた。

しかし、リーマン・ショックを機に資本逃避が始まるとブームは終息し、周縁国に資本を供給していたドイツやフランス等の銀行が大量の不良債権を抱え込んだ。その後、ユーロ危機により流出に転じた民間資本の穴埋めをしたのが、2010年4月のトロイカ（IMF、ECB、EU）による1100億ユーロの支援であった。さらに11年12月からは、通常3ヵ月程度のLTRO（ECBによる長期資金供給オペ）を3年に延長し、そのうえで翌年2月の2回にわたり総額1兆ユーロにのぼる支援が行われた。続いて12年4月のギリシャ離脱危機とスペイン銀行危機の後には、ＥＣＢによる事実上の「最後の貸し手（ＬＬＲ）」機能であるＯＭＴ（国債の無制限購入プログラム）により、ユーロ危機は鎮静化へ向かう。

さらに民間資本の流出分を補っていたのが、ＥＣＢの決済システムを経由して流入した資金であった。通常、経常収支の赤字国が民間資本だけで赤字分をファイナンスできなくなると、外貨準備を切り崩し対応する。しかし、ユーロ圏ではＥＣＢの決済システム内にある黒字国と赤字国の口座において、当座貸越しのような融資が行われていた。ＥＣＢの現行の決済システムをターゲット2ということから、この仕組みはターゲット2バランス（Ｔ２Ｂ）と呼ばれる。

図表2はドイツ等コア国とＧＩＩＰＳのＴ２Ｂを表している。この図には、２００８年のリーマン・ショックを機にコア国からＧＩＩＰＳへ決済システムを通した資金移転が行われ始めた様子が、上下対照の鏡像のように描かれている。Ｔ２Ｂは隠れた流動性危機と見なされるが、ユーロ金融市場の危機を吸収し崩壊を食い止めたという見方もできる。

当初コア国の民間資本によりファイナンスされた周縁国の経常収支赤字は、２０１０年までＴ２Ｂにより補填され、その後トロイカやＥＣＢの支援が加わり、恐慌には至らなかった。この点が、東アジア通貨危機と異なる。しかし、コア国と周縁国が抱える構造問題が解決したわけではない。欧州では統合の要となる生産要素の移転が不完全なことから、根本的な問題解消は困難を極める。しかし、いつまでもＯＭＴやＴ２Ｂ頼みとはいかず、それに代わる方策

●図表2　ターゲット2バランス

DNLF＝ドイツ、オランダ、ルクセンブルク、フィンランド
GIIPS＝ギリシャ、イタリア、アイルランド、ポルトガル、スペイン

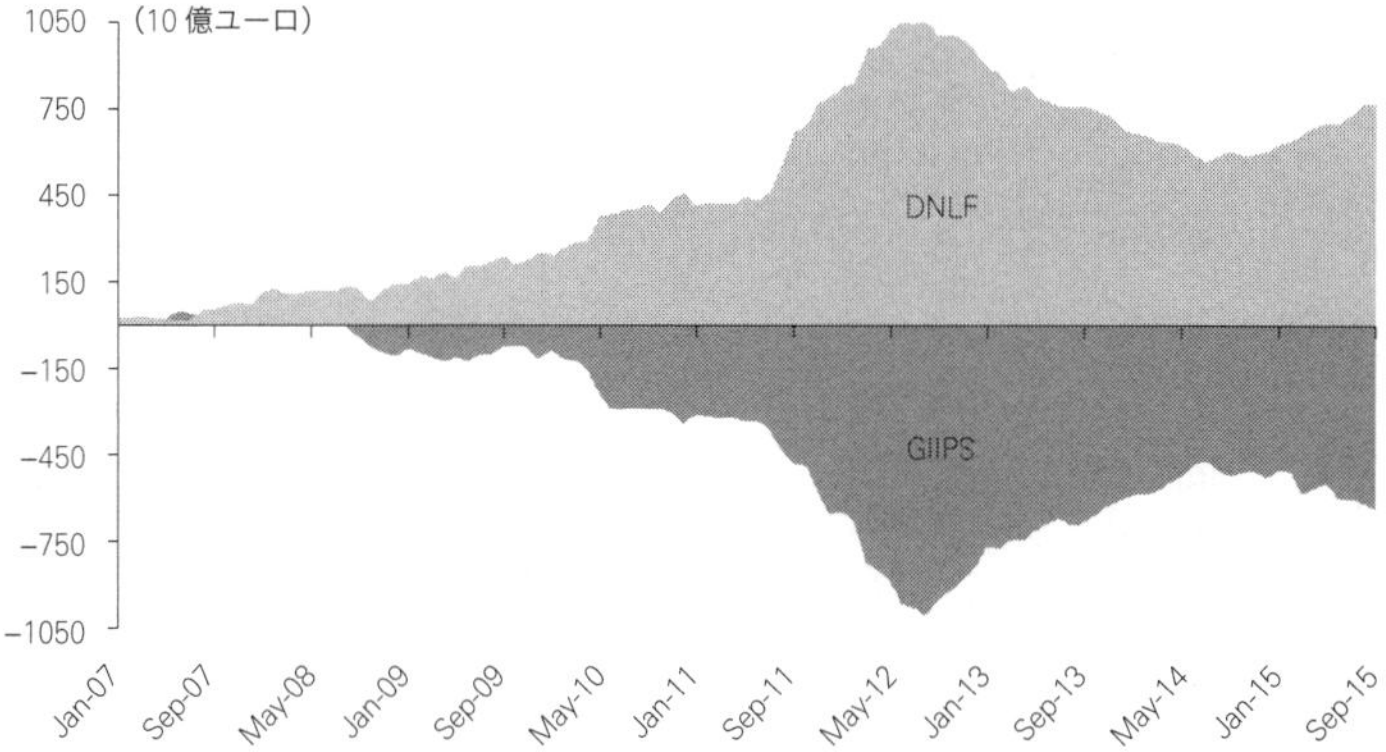

出所：Euro Crisis Monitor（Institute of Empirical Economic Research, Osnabrück University）

が求められよう。それは財政移転か、それに類する施策であろう。

4　財政統合と連邦制

退任後も大きな影響力を持ち続けるフランスのジスカール・デスタン元大統領は、「ユーロ圏には（改革を深めて）統合を完成させる役目がある。我々は単一通貨を導入し、金融政策を統合したが、経済統合は未完の状態。予算・財政に続き税制の統合議論に取り組む」と述べ、そのうえで欧州が新たな段階に進むには、指導者が将来ビジョンを持ち、リーダーシップを発揮することが不可欠だとの認識を示した。そのビジョンの要として欧州の「連邦国家」を例示した（2013年12月12日付「日本経済新聞」）。

連邦制については、ヴィクトル・ユーゴーが1849年にパリ国際会議で行った演説や、ウィンストン・チャーチルが1946年にチューリッヒ大学で行った演説がよく引き合いに出され、多くの論者により議論されている。2016年5月に慶應義塾大学で開催されたシンポジウムでジャン・クロード・トリシェ元ECB総裁は、米国を真似るつもりはないと前置きしながらも連邦制に言及し、欧州の新たな歴史をつくると意欲を示していた。

連邦制には様々な形態がある。集権化が強い米国に対し、カナダでは分権化が進んでいる。地理的・文化的多様性を重視する欧州諸国では分権化がさらに強く、なかでもスイスはその傾向が最も強い。欧州統合の今後の進展には財政統合あるいは財政移転がカギを握るだろう。ある種の連邦制の範疇に含まれる統合形態へ向かうことも十分考えられよう。

「20年以上前に通貨主権を手放し、そのうえ財政赤字についてひどくこまかい規則(中略)を決めたときから、事実上(欧州)は連邦制になっている」とみるのは、フランスの経済学者トマ・ピケティである。そして「問題ははっきりしている。首脳と高級官僚が牛耳る事実上の連邦制にこの先も突き進むのか、それとも民主的な連邦制に賭けるのか」と続ける。欧州はすでに連邦制へ踏み込んでいるとピケティはみている。また、欧州連邦のルールについてピケティは「一国ではできないことは共同でやりましょう、ということである。それ以上でもそれ以下でもない」と捉える(『トマ・ピケティの新・資本論』316、360頁)。ピケティが示すこのルールこそが、連邦制の議論にしばしば登場する「補完性原理」である。

補完性原理とは、EUに権限が移譲されるものは、加盟国や自治体では効率的に対処できない事柄に限るとする考え方である。しかし、その抽象的かつ曖昧な表現から、玉虫色の解釈がなされてきた。主権を重視する英国には集権化の歯止めとして、一方、地域的多様性を尊重するドイツには分権化の保障として補完性原理が用いられ、共同体への協調がもたらされた。その成果が1987年に発効した単一欧州議定書である。また、マーストリヒト条約の批准を国民投票で否決したデンマークに対しても、補完性原理の確認をもとに93年の合意が取り付けられた。補完性原理は欧州の国民構造の異質性をそのままにして、各国を結び付けたのである。しかし、それは相互理解を欠いた結びつきゆえ、各国の連帯に至ることは難しい。それが昨今の統合批判の一因になっているのではないか。

補完性原理は、ファシズムの脅威に対するローマ教皇ピウス11世の回勅（1937年3月）に依拠するとされる。一方、ファシズムの記憶に脅える戦後のドイツでは自由主義的政策がとられ、なかでもルートヴィッヒ・エアハルト首相による「競争制限禁止法」（1957年）は欧州の競争政策に大きな影響を与えた。本来EUは政治的共同体だが、90年代の国際的自由化とグローバル化の荒波を受け、単一市場やユーロが導入される頃には経済優先の共同体へと変質する。そこでは競争を通じた経済発展が促進された。経済発展を高めるための構造改革やイノベーションを推し進める手段として「自由で歪みのない競争」がEU条約で謳われ（リスボン条約では削除）、当局には競争を推進するレフェリーの役割が与えられた。この競争原理の下、資金移転や補助金は自由競争の〝歪み〟と見なされる。競争原理は主権問題と共に財政移転を阻む一因であった。

金融機関も単一市場とユーロという同じ土俵の上で競争を展開し、効率性を高める。ユーロとは単なる通貨ではなく、構造改革の手段でもある。しかし、構造改革やイノベーションは容易なことではなく、競争による〝歪み〟が生じてくる。ユーロ導入によりユーロ圏にわたる熾烈な競争を強いられた金融機関は、サブプライムローンを含む米国の証券化商品の保有という安易な方向に進み、その市場混乱から2007年にBNPパリバ傘下のミューチュアル・ファンドの解約凍結に至る。このパリバ・ショックは、競争戦略の歪みの象徴でもあろう。

欧州では資金移転システムの構築が待たれる。2012年、当時欧州理事会議長であったファン・ロンパイにより示された「真のEMU（経済通貨同盟）に向けて」と題した報告書（Four President' Report）と、それに基づき15年にユンケル欧州委員会委員長により示された報告書（Five President' Report）には、銀行同盟のストラクチャーと共に、非対称的ショックに対する中央レベルでの対応の必要性が明記されている。そこでは競争をベースに推進する構造改革を補完するために、均衡財政にこだわることなく、永続的な資金移転のための制度構築に向けたシナリオが記されている。そして、この資金移転は、銀行同盟の機能にも欠かせない。

銀行同盟を構成する銀行破綻処理および預金保証スキームには、国家予算を超える規模のデフォルトや取付けへの対応が求められる。特に預金保証は預金者救済と共に、ユーロの信認にも関わる。その対応にはユーロ共同債やファンドを基にした資金移転システムが必要とされようが、銀行の規模と過去の危機の連鎖を考えれば、一国の範囲を超えた財政同盟の設立は欠かせない。以上を勘案すると、EUは財政移転を伴った、ある種の連邦制の範疇に含まれる制度の構築へ向かうほかはないだろう。

先のユンケルによる報告書には2025年までに「真のEMU」実現に向け、政治同盟等と共に財政同盟創設への道筋が示されている。また、ユンケルは15年9月の欧州議会の一般教書演説で、多くの議論が必要だとしながらも、「欧州安定メカニズム（ESM）と協力する（ユーロ圏の）財務省を設置することは重要」（15年9月9日付「ロイター」）との見解を示している。しかし、ブラチスラバにおける直近のEU財務相・中央銀行総裁会議（16年9月9日）でも、財政同盟に不可欠なユーロ圏独自の予算に関する合意が得られないなど、課題は山積している。

おわりに

「EUの目的が政治から次第に経済に移っていった」。明治大学で開催されたEU研究会で、吉田健一郎氏が口にした言葉にはっとさせられた。EUが本来目指すところは政治的動機、すなわち独仏の和解をはじめとする戦争の回避であり平和であったはずだ。平和を支える一手段の経済が、冷戦終結後にグローバル化の進展の中で目的化してしまったのだ。EUの原点を見つめ直すことが必要なのではないか。

ある学生から最悪の経済的リスクは何かと質問を受けたことがある。いろいろな考え方ができるが、最悪のリスクとは戦争だろう。ＥＵ加盟国や加盟候補国、その周辺国との間では幸い大きな衝突は起きていない。欧州の火薬庫バルカン半島や北アイルランド等かつての紛争地帯も、危うい面はあっても今すぐ最悪のリスクが顕在化するとは考えにくい。これがＥＵの力なのではないか。

今春イタリアに出向いた折、文化財保護活動に携わる方と医療関係者から、緊縮政策ゆえの予算削減により修復されず朽ちゆく人類の遺産や、2時間待ちの緊急車両、そのために救えたかもしれない命が失われた現状を聞かされた。そして「ＥＵやユーロを選択したことは本当に正しかったのだろうか」と同じ質問を受けた。最悪のリスクである戦争は避けられていると答えると、「そういう考え方もあるかも知れないが」と納得のゆかぬ様子であった。この話が何かを代表するわけではなく、異なった見方もできよう。しかし、普通の人々の生活が、緊縮のレベルを超え脅かされているのも事実である。緊縮一辺倒の構造改革には限界があり、何より低開発化をイメージさせるような格差の固定化こそ競争の阻害要因だろう。平等で歪みのない競争の舞台を築くためにも、財政統合や財政移転は必要ではないか。

「不幸だったり不満だったりするのは、むずかしくない。……幸福になることは、いつでもむずかしいのだ。それは、多くのできごとと多くの人々に対するたたかいである」とは白井健三郎訳によるアランの『幸福論』の一節である。幸福を平和と捉えるならば、平和の構築こそが戦いなのであろう。少なくとも戦争という最悪のシナリオは、EU域内で回避されている。しかし、ユーロ危機を境に構造的欠陥をはじめとする様々な課題が露呈し、亀裂が入っているのも事実だ。その解決は困難を極めるだろうが、銀行同盟も稼働を始め、財政同盟に関する動きも進み始めている。EU崩壊論を説くことは容易だが、それよりも持続可能な平和に向けた困難な道を歩むほうが価値はあるだろう。

参考文献

遠藤乾（2013）『統合の終焉』岩波書店

遠藤乾編（2008）『ヨーロッパ統合史』名古屋大学出版会

尾上修悟（2014）『欧州財政統合論』ミネルヴァ書房

澤田昭夫（1992）「補完性原理：分権主義的原理か集権主義的原理か？」『日本EC学会年報』

竹森俊平（2015）『逆流するグローバリズム』PHP研究所

田中素香（2016）『ユーロ危機とギリシャ反乱』岩波書店

田中素香（2015）「ユーロ危機を超えて―デフレか成長復活か」明治大学国際総合研究所「第14回EU研究会」議事録

フランソワ・ドゥノール、アントワーヌ・シュワルツ（2012）『欧州統合と新自由主義』小澤裕香、片岡大右訳、論創社

トマ・ピケティ（2015）『トマ・ピケティの新・資本論』村井章子訳、日経BP社

P・R・クルーグマン、M・オブスフェルド（1996）『国際経済：理論と政策（第3版）』石井菜穂子他訳、新世社

第 8 章

雇用の構造不安は解消するのか

ニッセイ基礎研究所上席研究員
伊藤さゆり（いとう・さゆり）

1987年早稲田大学政治経済学部卒、2005年早稲田大学商学研究科修士課程修了。日本興業銀行（現みずほフィナンシャルグループ）調査部シニアエコノミストを経て、2001年ニッセイ基礎研究所入社、2012年より現職。早稲田大学大学院商学研究科非常勤講師兼務。専門は欧州経済、通貨統合の研究。共著に『現代の金融――世界の中の日本』（昭和堂）、『現代ヨーロッパ経済論』（ミネルヴァ書房）

CHAPTER 8

SUMMARY IN THIS CHAPTER

ユーロ圏の失業の解消が進まない。

オランダやドイツなど構造的失業解消の事例はあるが、社会構造や雇用慣行、産業構造など、様々な条件が現在の高失業国とは違う。

改革のニーズが高い国ほど、積極的な労働市場政策の財源にも乏しい。

改革進展は伺われるが、先行きは厳しい。

EUの理念に反し、貧困人口も増大している。

反ＥＵ、反ユーロ機運の高まり、欧州統合を推進してきた主流派の政治勢力への支持の低下。これらの現象の底流には、世界金融危機以降の長期にわたる欧州経済の停滞がある。

過剰債務国と債権国とが単一通貨を共有するユーロ参加国では、とりわけ国民の不満が蓄積しやすい。

南欧の過剰債務国では、長年にわたる財政緊縮、厳しい雇用環境が続く。ＥＵによって、自国の政策の裁量の余地が著しく狭められていることへの不満が募りやすい。ユーロ参加国の財政政策のルールは債務危機を教訓に厳格化された。新ルールでの原則は財政の均衡。従来から監視対象とされていた名目ＧＤＰの３％を超える過剰な財政赤字だけでなく、同60％を超える政府債務残高の削減義務も強化された。過剰債務国ほど経済・雇用情勢は厳しい。だが、過剰債務を抱えるが故に財政政策面での対応の余地は狭められている。政治的には不人気、しかも、短期的には効果が現れ難い、痛みを伴う構造改革に重きを置かざるを得ない。ユーロやＥＵへの不満が募る。

ドイツに代表される債権国にも不満は蓄積する。債務危機が発生し、本来、ＥＵ条約で禁じられているはずの支援の負担が生じたのは、過剰債務国の放漫財政や競争力を高める構造改革の努力の不足が原因との思いがある。財政ルールの柔軟化を安易に認めれば、過剰債務国の構造改革が進まず、単一通貨の維持のために支援を強いられ続けると懸念する。単一通貨の維持という面でも過剰債務国への厳格な姿勢を崩し難い。

結果として、過剰債務国を中心に構造的な失業が解消しにくい状態が続き、社会・政治の緊張が高まっている。

本章では、ユーロ圏を中心に労働市場の構造問題の特徴と、これまでの取り組みを概観した上で、雇用の構造不安解消の可能性について考える。

1　世界金融危機後の長期停滞と高止まる失業率

ユーロ圏経済は、ユーロ導入からおよそ10年間、景気の拡大が続いたが、2008年以降、世界金融危機と、それに続くユーロ圏内の債務危機によって、2度にわたる景気の後退に見舞われた。失業率は世界金融危機で跳ね上がった後、債務危機で一段と押し上げられた。

景気は、債務危機の沈静化によって、2013年には回復に転じたが、そのペースは鈍い。ユーロ圏の実質GDPは、15年10～12月期にようやく2008年1～3月期の世界金融危機前のピークに届いたばかり。ユーロ圏のピークの回復は、世界金融危機の震源地であった米国に5年も遅れた。

失業の解消も進まない。世界金融危機では、世界的に銀行間取引が消失し、大規模な需要ショックが引き起こされた。雇用への打撃は世界的に広がったが、その後遺症はユーロ圏で最も顕著だ。経済協力開発機構（OECD）が国際比較のための調整した失業率を見ると、本稿執

●図表1　日米ユーロ圏の失業率

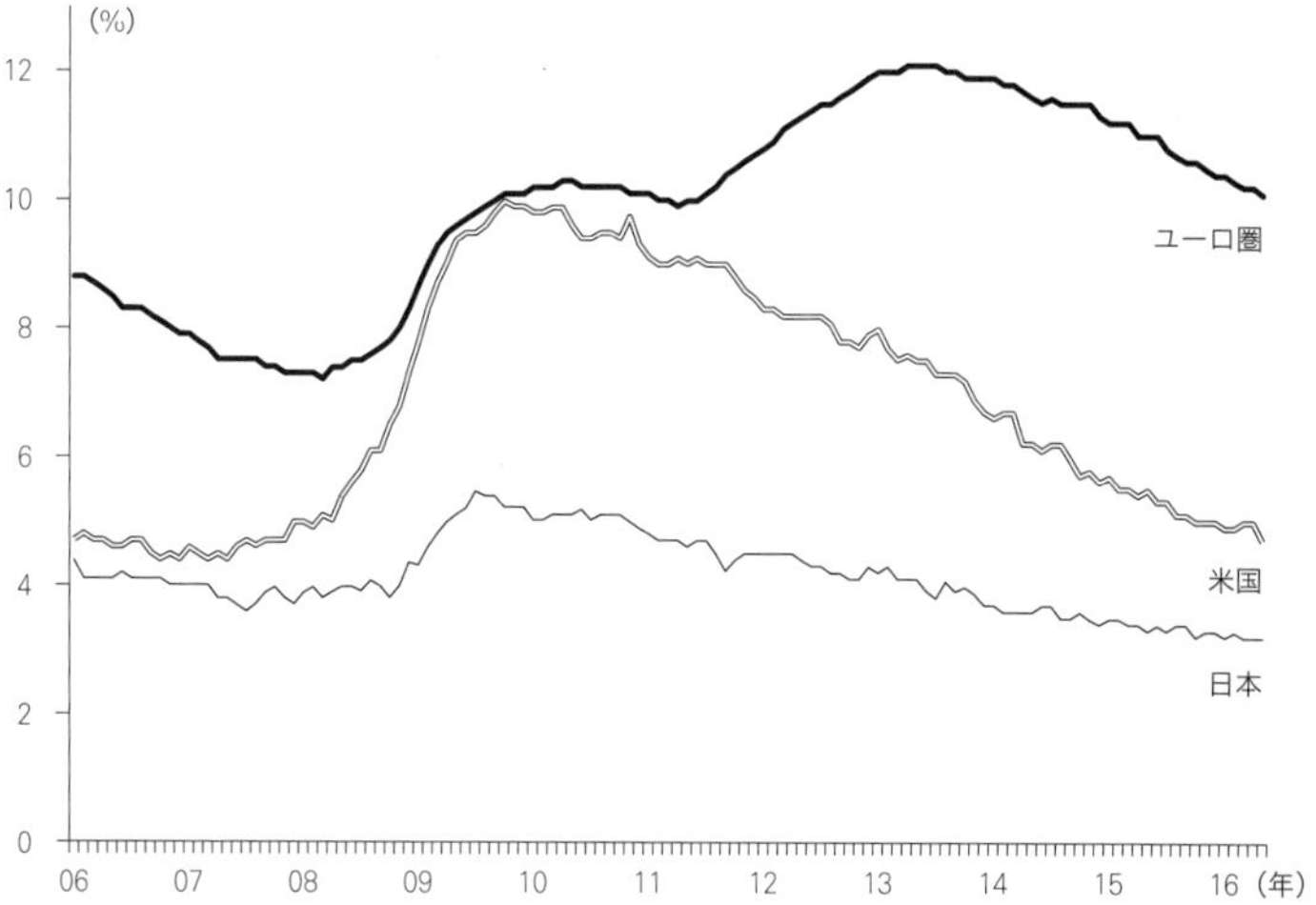

出所：経済協力開発機構（OECD）

筆時点の最新値（16年5月）で、日本は3・2%で世界金融危機前の水準を下回っており、米国は4・7%で危機前の水準に迫っている。日本と米国は、完全雇用、つまり働く意欲と能力のある人は職についている段階に入っている。他方、ユーロ圏の失業率はまだ10%を超えている。世界金融危機前のボトム（7・2%）を大きく上回ったままだ（図表1）。

日本や米国にも賃金の伸び悩みなど問題はある。日本の場合は、非正規労働者の比率が上昇していることが一因だ。米国では、失業率には反映されない、求職活動をあきらめていた人や希望通りの職につけない人の存在が、賃金の伸びを抑制要因になってきた。米

●図表2　ユーロ参加国の失業率

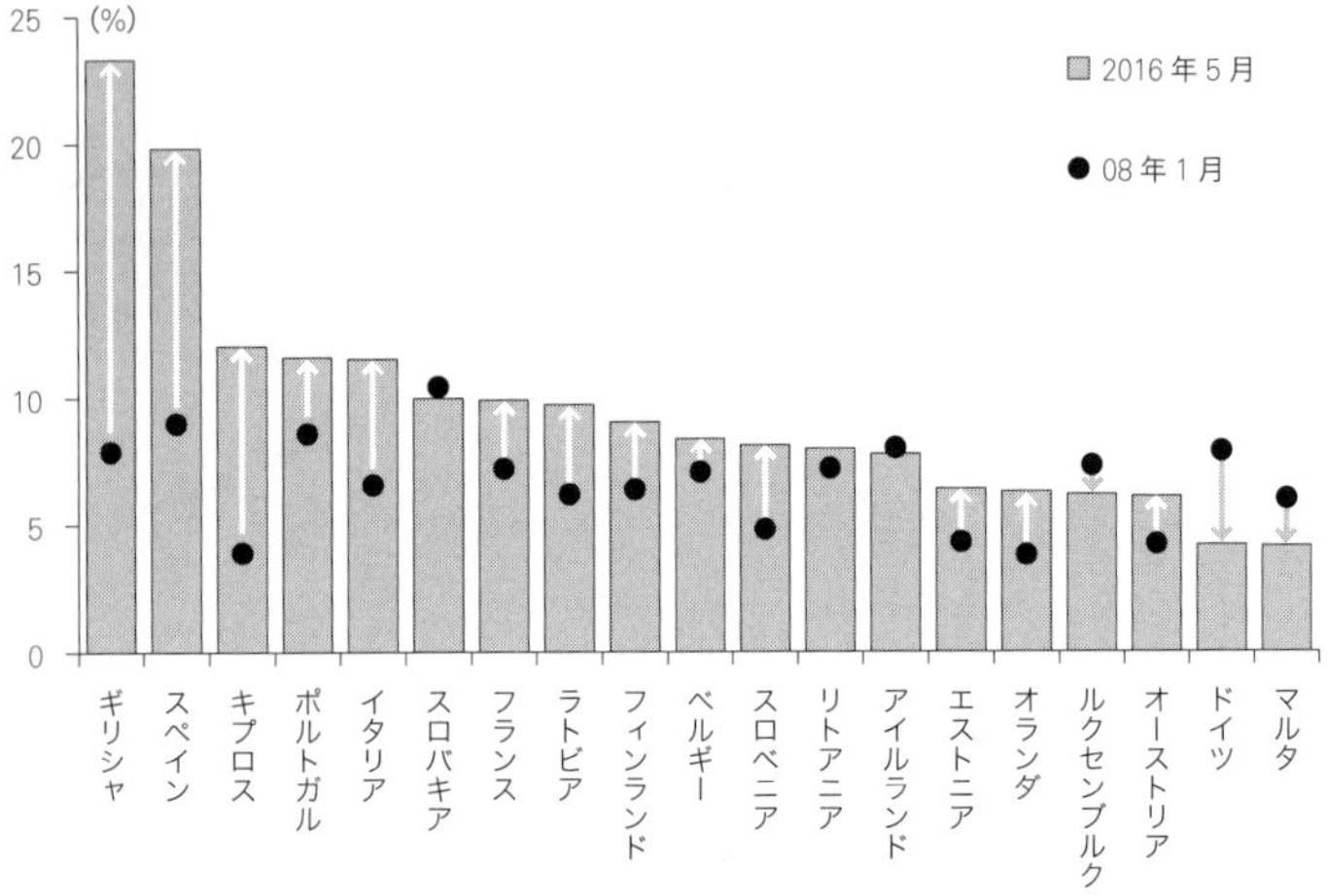

出所:欧州委員会統計局（eurostat）

国では、所得階層別に見て、中間層以下の所得が伸び悩んでいる。格差は一層と深刻化している。

ユーロ圏の場合、米国ほど国内の所得格差は開いていないが、失業率の高止まり、そして若年層の失業問題は深刻だ。欧州委員会の統計によれば、ユーロ圏の25歳未満の若年層の失業率は20・7％と全年齢層のおよそ2倍。若者が、学業を終えても、職に就く機会を得ることができないまま時間が経過することは、将来にわたって影響を及ぼす。

ユーロ圏内の失業率の格差の固定化は単一通貨の安定性を脅かす。ドイツの直近（16年5月、欧州委員会統計局ベース、以下、特に注記しない場合は同じ）の失業率は4・2%で統計開始以来の最低水準を更新中だ。若年層の失業率は7・2%で全年齢層より高めだが、ユーロ圏平均に比べて遥かに低い。ドイツは学業と仕事が比較的上手く結びついている。

他方、債務危機に見舞われた国の雇用環境は依然として厳しい。ユーロ圏で最も失業率が高いのは債務危機の震源地のギリシャ。直近(16年3月)で24・1%、若年層は50・4%と過半を超える。スペインは、足もとの景気回復のピッチは速いが、住宅バブルの崩壊による深刻な不況の後遺症は重く、失業率は19・8%とようやく20%を下回ったばかり。若年層の失業率も43・9%と高い。

失業問題を抱えるのは周辺国ばかりではない。ドイツとともに欧州の統合を牽引してきたフランスの雇用創出力も弱い。直近の失業率は9・9%、若年層は23・3%で失業の削減がなかなか進まない。景気回復のテンポが鈍いイタリアの失業率は11・5%、若年層では36・9%にも達している。

2　欧州の労働市場の構造問題

欧州は世界金融危機の前にも長く構造的な失業に悩まされた時期がある。西欧諸国は、第二次世界大戦後、戦後復興による高成長が続き、失業率は極めて低い水準で推移していた。しかし、1973年に発生した第一次石油危機による景気後退以降、景気が回復に転じても、失業率が下がらなくなり、大量失業が構造問題となった。戦後の福祉国家体制が大きく揺らぎ、各国が内向きになったことで、欧州統合も停滞した。

85年に欧州統合が92年末の市場統合に向けて動き始め、設備投資ブームが起きたことで、失業率は一時低下する場面もあった。しかし、90年代半ばには、再びピークを更新する。89年に東西統一を実現したドイツの高金利政策を契機に不況が広がり、欧州通貨危機（92～93年）に見舞われたためだ。若年者と長期の失業は、当時も深刻な社会問題となった。

この間、米国でも失業率の上下動はあったが、欧州のように景気が上向いてもなかなか下がらず、次の不況でさらに水準が上がるような現象は見られない。

欧州の雇用調整のスピードが米国よりも遅く、構造的な失業が定着しやすい理由は、規制や慣行によって雇用・賃金の調整が妨げられることにある。賃金決定の面では、生産性を反映しない物価連動型の決定方式が物価と賃金上昇のスパイラルを引き起こしていた。手厚い社会福祉が、労働コストを割高にするとともに、働くインセンティブを低下させる問題もあった。雇用保護のための解雇に関わる厳しい規制などが、企業の雇用調整を妨げ、新たな雇用のインセンティブを削ぐ問題もあった。

3 労働市場改革の経験

構造的失業の解消は、長年にわたる欧州の課題だが、これまでの取り組みには試行錯誤があった。

例えば、若年者の雇用促進策としてフランスなどが採用した早期退職制度は、構造的な失業問題の解決にはつながらなかった。非労働力人口(年金受給者、学生、専業主婦など)を増やし、就業率(就業者／(就業者＋失業者＋非労働力人口))を低下させ、経済の停滞と社会保障負担の増大という弊害を伴った。足もとも若年失業の問題は深刻だが、一方では高齢化も進んでいる。より高い年齢層の就業率を高めることが、財政の持続可能性の観点から必要とされる。ＥＵやＯＥＣＤが推奨する労働市場改革のメニューには早期退職制度は入らない。

働き方の柔軟性・多様化を通じて就業率を引き上げるワーク・シェアリングも、80年代以降、欧州諸国で広く採用された。国情の違いから具体的な手法は様々で、弊害も見られる。

例えば、フランスが導入した週35時間制は広義のワーク・シェアリングだが、期待通りの成果を挙げたとは言いにくい。35時間制は、97年6月に成立した左派のジョスパン前政権の下、98年6月の「第一次オブリ法」、２０００年1月の「第二次オブリ法」として法制化された。フランスは労働組合の組織率が低く、組織が複数に分裂している。労使の関係が対立的なため、団体交渉や団体協約において伝統的に法や政府が重要な役割を果たす。そこで、法律ですべての企業に週あたりの法定労働時間の削減（39時間→35時間）を義務付け、具体的な時短の方法などは団体交渉や協約で決めるという手法をとった。正規採用、フルタイマーの創出と賃金削減の回避、そして労働者のワーク・ライフ・バランスの改善、さらに労務体制の柔軟化を通じた組織の適応能力の向上などを狙ったものだった。

フランスの失業率は、35時間制の採用以降、明確な低下傾向を辿り、2008年1月には7・1％まで下がったものの、世界金融危機と債務危機で上昇、高止まった状態となっている。17年春に5年に1度の大統領選挙を控えるオランド大統領にとって、構造的高失業の解消は、テロ対策と並ぶ最優の課題である。週35時間制は、企業に負担を課すもので、フランスの競争力を低下させているという批判も根強い。従来の法律では、週35時間を超える労働を求める場合、10～15％の時給の上乗せを求めてきたが、新たな労働法では、超過労働時間とその手当について、従業員と再交渉する権利を付与する形に改める。整理解雇の容易化を含む労働法の改正に与党・社会党の支持基盤である労働組合は強く反発、全土でデモが繰り返されたものの、16年7月成立に漕ぎ着けた。

ワーク・シェアリングの成功例として注目されたオランダにも悩みはある。オランダも1970年代以降、「オランダ病」と呼ばれた深刻な景気の低迷、財政赤字の拡大、インフレ、失業の増大に悩まされた。その解決策として導入されたのが「自発的パートタイム化」によるワーク・シェアリングだ。オランダの失業率は、83年のピーク時には9・5％に達していたが、

2001年には3・1％（いずれもEU基準、以下、特に注記しない場合は同様）まで劇的に低下した。

「オランダの奇跡」として脚光を浴びた労働市場改革の起源は1982年の政労使間の「ワッセナー合意」にある。同合意では、政府は財政支出の削減と減税、労働組合は賃金の抑制、企業は時短と雇用確保という役割分担を明確にした。そして、合意に基づいて、政府は時短により賃金が抑制されても実質可処分所得が維持されるよう、所得税減税や社会保障負担の軽減を実施した。さらに自発的パートタイム化を促進するため、フルタイム労働者とパートタイム労働者との処遇の均等化、勤務時間編成の弾力化、雇用形態の多様化に関する法的基盤の整備などの関連する諸制度の包括的な見直しが実施された。

こうした改革の結果、オランダでは、すべての雇用のおよそ半数がパートタイム、女性の場合は4分の3を占めるまでになっている。この比率はEU平均（全体でおよそ2割、女性でおよそ3割）を大きく上回り、EU28ヵ国で最も高い。

パートタイム化は、労働市場の柔軟性を高める効果があり、構造的失業の解消策の1つにはなる。オランダに比べれば低いものの、オーストリア、ドイツのパートタイムの割合は3割弱と相対的に高い。両国の失業率はユーロ参加国の中で低い。ユーロ導入国からEU加盟国全体に対象を広げてみても、失業率が低く、就業率が高い国、特に女性や高年齢層（55〜64歳）の就業率が高い国はパートタイムの割合が高いという相関関係はある。

しかし、オランダ・モデルの評価には慎重を期すべき側面もある。まず、失業率の低下効果

●図表３　労働市場政策支出の対名目GDP比（2014年）

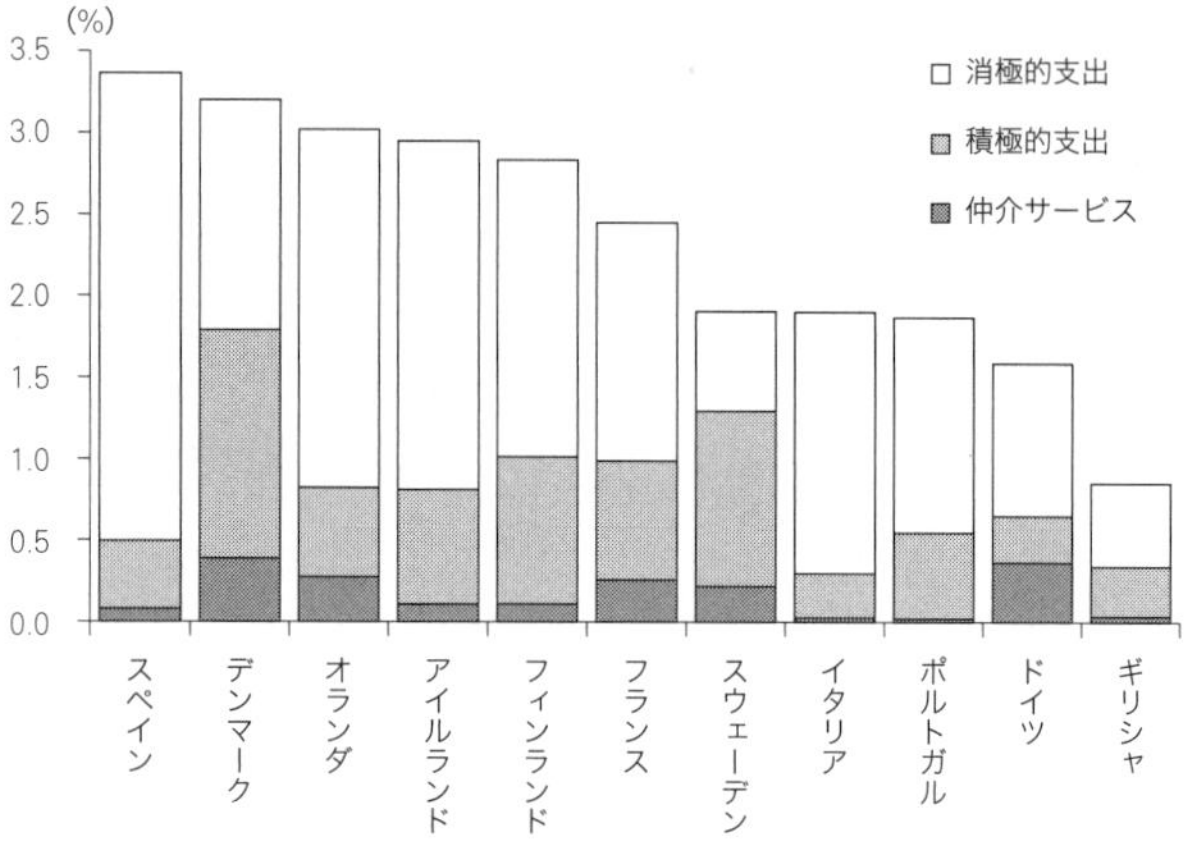

注：消極的支出＝失業給付等、早期退職手当
積極的支出＝職業訓練、雇用インセンティブ、直接的雇用創出、起業支援など
出所：経済協力開発機構（OECD）

について。確かに、２００１年にかけて大きく低下したが、その後、水準が徐々に上がっている。２００１年の水準はもちろんのこと、不動産バブルが崩壊、財政緊縮が実施された影響が残り、世界金融危機前の水準にも戻っていない。

また、失業者数に比べて、就業不能者の数はあまり変化がなかったため、手当などの消極的な労働市場政策に、かなりの財政負担を強いられている事実がある。過去30年間で失業率が最も低かった２００１年時点でも、オランダでは名目ＧＤＰの１・４％相当の消極的な労働政策支出があった。２０１４年には同２・２％まで膨らんでいる。オランダは、公的仲介サービスや、雇用の創出につながる積極的支出（職業訓練、雇用インセンティブ、直接的雇用創出、起業支援など）を含めると、同3％を労働市場政策に費やしている。EU加盟国では、デンマークの同3・2％に次ぐ大きさだ（図表3）。

デンマークは、ユーロ未導入国だが、オランダと並んで労働市場改革のモデルとして注目されることも多い。同国の労働市場政策への支出は、積極的支出が全体の4割強、公的仲介サービスを加えた支出が過半を占める。消極的支出が全体の支出の7割強を占めるオランダとは対照的だ。デンマークの労働市場政策は、解雇規制で失業を抑制するのではなく、たとえ職を失っても、失業給付がセーフティーネットとなり、さらに職業訓練を通じて、新たな就業機会を得られることを狙いとする。緩やかな解雇規制による柔軟性（フレキシビリティ）、就業のインセンティブを削がない失業給付制度に支えられた安定性（スタビリティ）さらに失業者の技能向上を目的とする職業訓練制度が3本の柱を構成するモデルは、「フレキシキュリティ」という造語で表現される。

しかし、デンマークのモデルは、世界金融危機後に急激に失業が増大した、という面ではモデル通りの動きとなったが、その後の失業の解消のペースは期待を下回るように感じられる。デンマークの失業率は、世界金融危機前のボトムが2008年5月の3・1％。世界金融危機をきっかけに1年半ほどで7％を超える水準まで上昇した。その後、7％超の水準が3年半余りにわたって続き、ここにきてようやく6％近辺まで下がってきた。

足もとでは「独り勝ち」の様相を呈するドイツも２０００年代半ばまでは、外部環境の悪化に弱く構造的な失業に悩む「欧州の病人」だった。転機になったのは２００２年9月に発足した第二次シュレーダー政権による労働市場改革（「ハルツ改革」）だ（本書第4章を参照）。

「ハルツ改革」で、は労働市場と税・社会保障制度を一体で改革した。①社会保障制度の見直しによって、働くインセンティブを高め、②所得税や社会保険料を部分的に免除する低賃金労働制度の導入などで労働需要を喚起し、③労働需要と供給とのミスマッチの解消のために、仲介機関の効率性を高める狙いがあった。臨時雇用に関しては規制を緩和する一方、常用雇用の解雇規制の緩和は限定的に留め、むしろ、賃金決定方式の見直しや労働時間貯蓄制度の導入などで、雇用の保護と弾力的な調整を両立する手法が模索された。

改革の成果は２０００年代半ばから現れ始める。雇用の創出、構造的失業の削減によってドイツの労働政策支出は、名目ＧＤＰ比３％超の水準が14年には同１・６％まで低下している。雇用情勢の改善によって、消極的支出が同２％超から同１％以下の水準まで縮小したためだ。他方で、公的仲介サービスへの支出は２０００年代前半の同０・２％程度から、同０・４％程度まで増加しており、完全雇用の中で、雇用のマッチングのニーズは高まっていることがわかる。

ドイツの労働市場改革の国外での評価は高い。ドイツでは、世界金融危機の雇用面への悪影響はごく一時的なものだった。債務危機による影響も殆どなかったからだ。

しかし、改革は、所得格差と不安定就業や低賃金労働の拡大という弊害も伴った。13年12月に発足した第3次メルケル政権では、連立パートーナーの社会民主党（SPD）が主張してきた全業種の最低賃金を時給8・5ユーロとする最低賃金制を15年から段階的に導入した。最低賃金の導入は格差是正への効果が期待されているが、時給が最低賃金の水準を下回る割合が高い旧東独地域では賃金が割高になり、新規雇用が妨げられ、改革の最大の成果である雇用が失われるおそれもある。

本稿執筆段階では、ドイツの雇用の改善基調は損なわれていないが、完全実施は2018年1月1日からであり、効果と副作用は慎重に見極める必要がある。

労働市場の改革の経験を見ると、オランダ、デンマーク、ドイツなどは成功事例と言えそうだが、それぞれに課題もある。また、社会構造や雇用慣行、産業構造など、様々な条件が異なるために、これらの国々の枠組みを高失業率に悩む国々が処方箋として、そのまま取り入れることは難しい。

ドイツの場合は、産業別労働組合と使用者団体の労使協約が果たした役割は大きく、旧西独地域の産業基盤の強さがあった。中堅・中小規模に厚みがある企業の構造も、零細企業の比重が高い南欧との違いだ。オランダの場合は、組合員層に該当する職種では同一労働同一賃金が制度化され、均等処遇が実現しやすい環境があった。デンマークは、国民負担率が世界最高水準の高福祉国家としての基盤があった。

財政面での制約もある。構造的失業の解消という観点では、本来、南欧諸国では職業訓練などへの支出のニーズが高いが、実際には、支出の多くは失業給付等に費やされている。ギリシャ、スペイン、イタリアでは職業訓練の支出の対名目GDP比は0・1%台で、デンマーク（同0・3%）、ドイツ（同0・2%）よりも少ない。

4　世界金融危機、債務危機と南欧の構造改革

世界金融危機直前の失業率はドイツ以外の多くの国で80年代初頭以来の水準まで改善していた。規制緩和、冷戦構造の終焉で国際競争が一段と激化したことが改革の圧力となり、雇用形態の多様化や解雇規制の緩和が進み、労働市場の柔軟化の成果が現れ始めた。ユーロ導入の効果で構造的な失業が進んだ。そう見られていた。

しかし、ユーロ導入の効果は、劇的に金利が低下した南欧など周辺国の過剰債務の蓄積と、ドイツに代表される過剰貯蓄国によるこれらの国々への投融資の拡大という不均衡の拡大を伴うものであったため、世界金融危機を境に逆回転が始まった。経済の停滞と雇用改善の遅れに悩まされていたドイツでは改革が進展したため、労働市場は強い耐性を発揮した。他方、南欧は、世界金融危機と債務危機による雇用情勢の急激な悪化、市場の信用リスクに対する

●図表4　OECDの雇用保護指標（常用雇用）

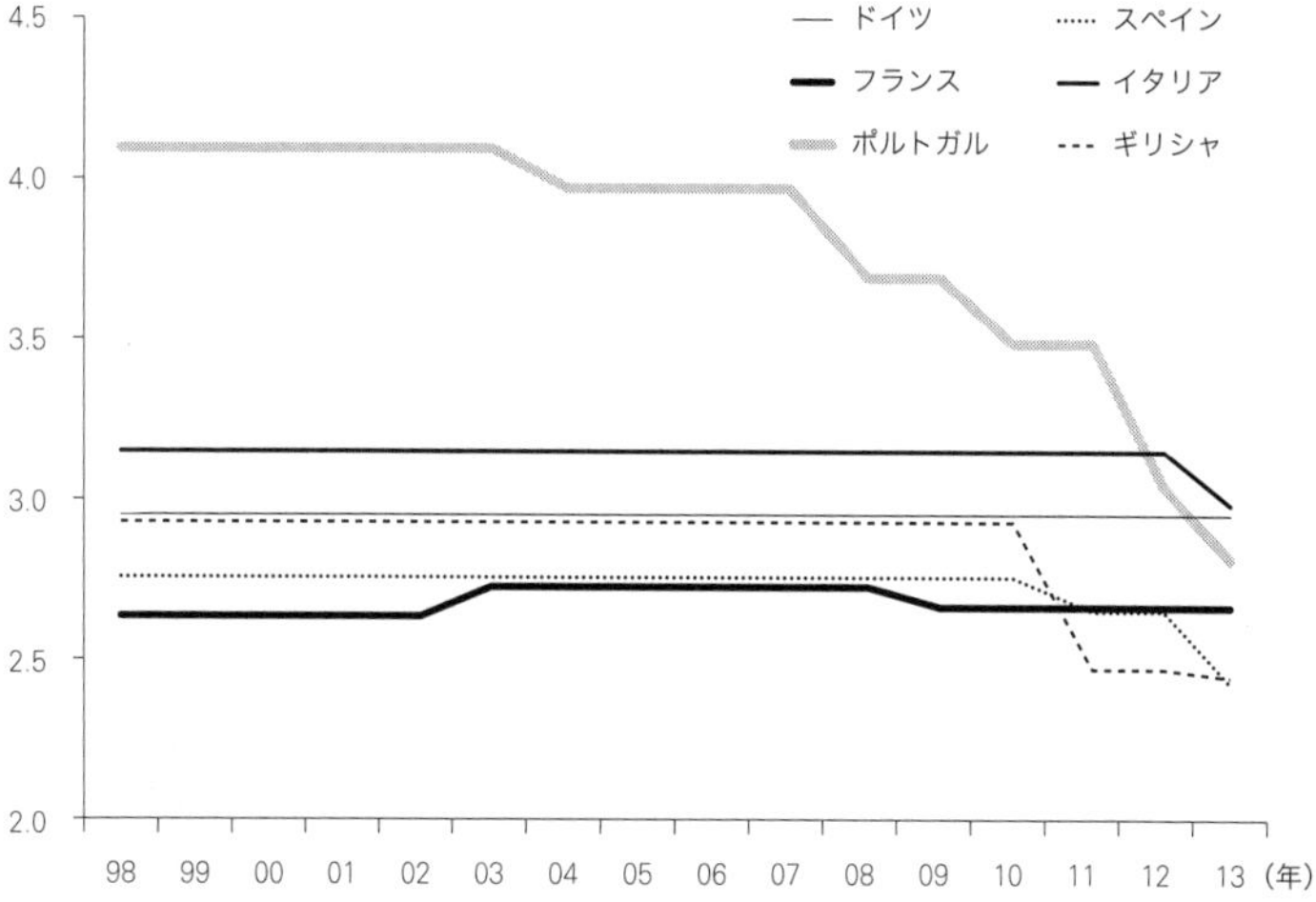

注：ゼロが最も雇用保護の度合いが緩く、6が最も高いことを示す
出所：経済協力開発機構（OECD）

評価の厳格化などによって、好況期に温存されていた労働市場の硬直性や高コスト構造の是正を迫られた。欧州連合（EU）・国際通貨基金（IMF）の構造調整プログラムでも、労働市場の改革は柱の1つと位置づけられた。

南欧の労働市場は、物価連動型の賃金決定方式や常用雇用の規制等に守られた硬直的な制度であった。労働市場の機能強化のための賃金決定方式の改革とともに、特にスペインでは正規雇用の保護削減を通じた非正規雇用との二重構造の解消への取組みが求められた。

単一通貨導入国にとって、労働規制の改革や賃金調整は避けて通れない道だ。異質な国々が単一通貨圏を形成する場合、賃金調整や国際間の労働移動といった市場メカニズムによる調整が必要となるからだ。

規制改革はスピードの緩急や達成度に差はあるものの進展はしている。OECDは法規制の面での労働市場改革の進展を測る「雇用保護指標（EPL）」を作成している。EPLは数字が低くなれば、規制の緩和が進展したことを示す。残念ながら13年までの指標しか発表されていないが、近年の規制改革の進展を確認する一助となる（図表4）。但し、柔軟性の高い米国は1・0、英国は1・5であり、欧州大陸諸国の規制はなお強く、規制が雇用調整の妨げとなっていることもわかる。

賃金調整も進展している。ユーロの対外的な為替相場は1つだが、国ごとに貿易相手国が異なり、インフレ率にも差があるため、主要貿易相手地域との為替相場を物価上昇率で調整した実質実効為替レートは国毎に異なった推移を辿る。物価指標として、単位労働コストを用いた実質実効為替レートは、不均衡が蓄積していた2000年代半ばにかけて南欧周辺国の割高化が顕著になっていたが、近年急ピッチで調整が進み割高感が解消した。南欧周辺国の競争力回復によって、フランス、イタリアのコストが割高化する傾向も見られる。2015年にはイタリアが解雇規制の緩和などの包括的労働市場改革を実施、2016年にはフランスは労働法を改正した。南欧周辺国の改革の進展が圧力となった面もあろう。

改革や賃金調整にそれなりの進展が見られることは、雇用の構造不安解消への対策が進展

●図表5　ユーロ参加国の実質実効為替レート（単位労働コストベース）

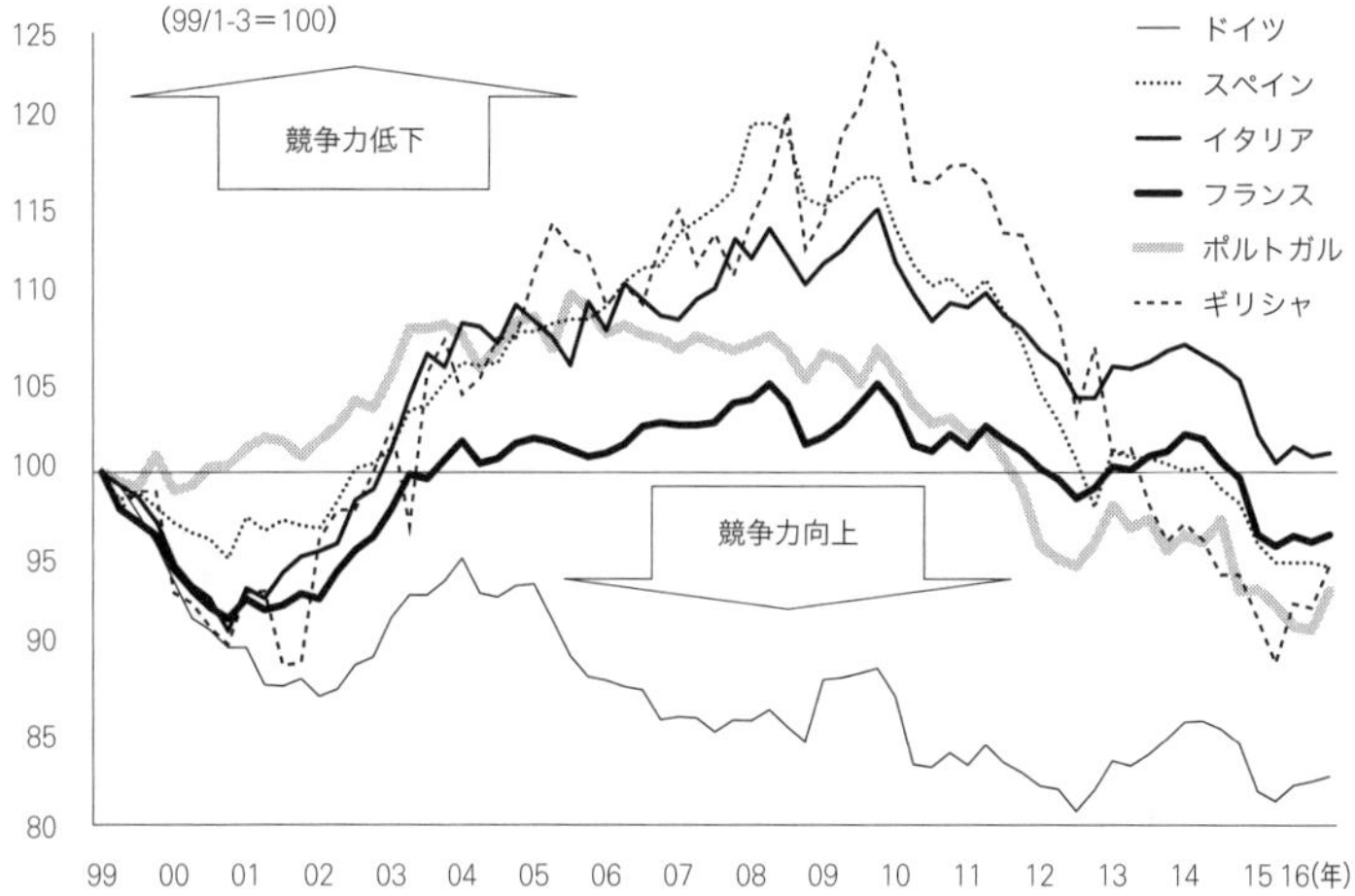

出所：欧州中央銀行（ECB）

していることを示す心強い材料だ。しかし、短期的には雇用の喪失や所得抑制などを通じて景気にはマイナスの影響が現れやすい。労働市場の改革のニーズが高い国ほど、財政赤字削減、あるいは政府債務圧縮への努力を必要としており、構造改革の効果を高め、痛みを緩和する積極的な労働市場政策に支出する余裕が乏しいため、効果が現れ難い点は悩ましい。

5　広がる貧困・社会的排除

ＥＵは２０１０年に10ヵ年計画「ヨーロッパ２０２０」を立ち上げた。計画では「賢い成長（Smart Growth）」、「持続的成長（Sustainable Growth）」および

「包摂的成長（Inclusive Growth）」を3本の柱として掲げた。

計画には数値目標がある。例えば、雇用に関しては、20歳から64歳の就業率75％が全体の目標だ。16年初の段階でドイツは78・2％、オランダは76・4％ですでに達成している。他方、フランスは69・5％、ポルトガルは69・3％、スペインは62・8％、イタリアは60・6％と目標を大きく下回っている。フランスと南欧諸国は計画がスタートした10年時点から殆ど改善が見られず、ギリシャのように64・3％から55・1％へと低下している国もある。

「貧困と社会的排除に直面する人口（以下、貧困人口）」の削減も包摂的成長を目指す「ヨーロッパ２０２０」の目標だ。２００８年時点で、就業率が低い、可処分所得が低い、物質的に困窮していることを測る「貧困の3指標」に1つでも当てはまる人口はEU全体で1億１６６０万人だった。これを２０２０年までに25％、２０００万人減らすというのがEU全体での数値目標だ。

しかし、計画とは裏腹に、貧困人口は、２０１４年までにEU28ヶ国全体では４７２万人増えている。人口に占める割合は、中東欧のユーロ未導入国が高いが、絶対数は減っている。他方、ユーロ圏では６６３万人増加している。スペインの２６２万人を筆頭にイタリアが２０６万人、ギリシャが84万人、フランスが39万人と続く。オランダでも32万人、ドイツでも16万人増えている。

貧困は失業との連関が強い。雇用形態の多様化によって、ワーキングプアも増加している。

貧困は世代間で引き継がれる傾向も強い。移民、少数民族は貧困と社会的排除に直面する割合が高い。

経済の長期停滞、格差の固定化、そして貧困・社会的排除の増大。欧州統合を推進してきたエリートへの不満が蓄積し、大衆迎合的な政治への支持が広がるのは必然とも言える。排外主義やホーム・グロウン・テロリストの温床となる危険をはらむ。

ＥＵが求心力を取り戻すためには、ＥＵに加盟することによって、経済面での利益が得られ、格差も是正されることを実証する必要がある。

第 9 章

ECBはユーロの救世主になれるのか

第一生命経済研究所主席エコノミスト
田中 理（たなか・おさむ）

1997年慶應義塾大学法学部卒、2005年青山学院大学修士（経済学）。2007年米バージニア大学修士（経済学）。2008年同修士（統計学）。株式会社日本総合研究所、モルガン・スタンレー証券（現モルガン・スタンレーMUFG証券）などで日米欧のマクロ経済・金融市場を調査。その間、社団法人日本経済研究センターに出向。海外大学院留学を経て、2009年11月に第一生命経済研究所に入社。2012年1月より現職。2015年より多摩大学非常勤講師（ヨーロッパ経済論担当）。主に欧州各国の経済・政治情勢、金融政策、金融市場に関する調査業務を担当。

CHAPTER 9

SUMMARY IN THIS CHAPTER

欧州を襲った債務危機の克服で大きな役割を果たしたＥＣＢ。
そのＥＣＢが新たに直面するのがデフレ危機だ。
デフレ入りを阻止するため、
ＥＣＢは政策金利をマイナス圏に引き下げたり、
本格的な量的緩和を開始するなど、金融緩和策を強化している。
ただ、さらなる緩和強化には、法的・技術的・政治的なハードルもある。
金融政策の限界論も叫ばれるなか、
ＥＣＢは試練の時を迎えている。

救世主ドラギ現る

ギリシャに端を発した欧州債務危機は、アイルランド、ポルトガルと次々と問題を抱える国を飲み込み、2011年央には域内でドイツとフランスに次ぐ経済規模を誇るイタリアやスペインにまで押し寄せた。当時のEUの財政救済基金（EFSF）の支援原資は、ユーロ圏の各国政府が保証する債券発行で賄っていた。救済下に入った国は政府保証の対象から除外される取り決めとなっていたため、被支援国が増える度に、残された国の潜在的な財政負担が増えると受け止められた。そのため、債務危機がイタリアやスペインなどの大国に波及すれば、ドイツやフランスなどの支援提供国の財政負担が膨らみ、危機がユーロ圏全域に広がることが懸念されていった。こうしたなか、2011年後半に入ると、銀行間取引（インターバンク）市場で欧州系銀行の資金調達コストが上昇し、銀行の資金繰り不安が広がり始めた。財政リスクが中核国にまで広がったことで、国債を大量に保有する銀行のリスクが意識されたためだった。このように、周辺国の財政危機は中核国を巻き込んだ欧州全域の財政危機に、さらには銀行危機に発展する恐れが高まった。

こうした危機を救ったのがユーロ圏の金融政策を司る欧州中央銀行（ECB）だった。ECBは2011年末と2012年春の2回、期間3年の長期資金を低利で融通する新たな資金供給オペ（3年物LTRO）を実施した。2回総額で供給された資金は約1兆ユーロと、ユーロ圏の

ＧＤＰの10％余りに上り、フランス、イタリア、スペインなどの銀行が積極的に利用した。資金の使途が定められていなかったため、銀行は低金利で調達したＥＣＢの資金を高利回りの国債購入に振り向け、利ザヤを稼ぐことができた。つまり、ＥＣＢから供給された資金を原資に、民間銀行がイタリアやスペインの国債を買い支え、国債利回りを押し下げたのだった。これは形を変えた量的緩和であったと言える。３年物ＬＴＲＯは銀行不安を封じ込め、イタリアやスペインの国債利回りを引き下げることに成功した。

だが、しばらくするとイタリアやスペインへの危機波及懸念が再燃していった。２０１２年春頃にはスペインで財政再建の遅れや銀行の資本不足が明らかとなり、いよいよ大国スペインの救済が検討され始めた。これに先駆け、ＥＵは３年間の時限措置として作られたＥＦＳＦに代わる恒久的な財政救済基金（ＥＳＭ）の創設を決定していた。救済基金の融資能力不足への不安を解消するため、ＥＵはＥＳＭの運営を1年前倒しで開始し、ＥＦＳＦと併用することで融資能力を増強した。ＩＭＦも自身の融資財源を強化した。ただ、増強後の救済基金の火力も、イタリアやスペインの救済に必要な資金規模と比べて見劣りし、市場参加者の不安を鎮静化することは出来なかった。当初、国債利回りの低下要因として好感された３年物ＬＴＲＯも、銀行による国債保有の増加を招き、「財政」と「銀行」間の負の連鎖への懸念を強めてしまった側面もあった。国債市場の緊張が再び高まり、イタリアやスペインの国債利回りは自力調達が困難になる目安とされる7％台を突破、両国が市場調達から締め出される危険性が高まった（図表1）。

そこに、またも救世主として現れたのがＥＣＢだった。ドラギ総裁は２０１２年７月に「ユーロ防衛に必要なあらゆる手段を採る」と発言。中央銀行の断固たる決意を感じ取った市場の不安は一気に鎮まった。同年９月には「ユーロ防衛宣言」を具体化する施策として、事前に金額の上限を定めない国債購入策（ＯＭＴ）を発表した。その結果、救済基金の融資能力への不安は後退し、ユーロ圏各国の国債利回りが低下に転じた。ＯＭＴを通じて国債購入を希望する国は、まずはＥＵの財政救済基金（ＥＳＭ）を通じた国債購入支援を要請しなければならない。支援条件を受け入れたうえで、ＥＣＢが必要と認めた場合に限り、ＯＭＴに基づく国債購入が開始される。財政再建や構造改革の履行を購入条件としており、国債購入による金利低下が改革意欲を削ぐことがないように配慮されている。今のところＯＭＴを実際に利用した国はない。無制限の火力を持つＥＣＢが後ろに控えているとの安心感が市場の不安心理の封じ込めにつながっている。ドラギ総裁は言葉の力だけで危機を封じ込めたのだった。

債務危機克服の立役者であるドラギ総裁は、イタリア出身のエコノミストで、ノーベル経済学賞を受賞したフランコ・モジリアーニ教授等に師事し、マサチューセッツ工科大学で経済学の博士号を取得。フィレンツェ大学教授を経て、世界銀行、イタリア財務省、ゴールドマン・サックスなどで要職を歴任した後、２００５年からイタリア中銀総裁としてＥＣＢの政策決定に参加し、２０１１年11月にフランス出身のトリシェ前総裁からＥＣＢ総裁の座を引き継

●図表1　イタリアとスペインの10年物国債利回りの推移

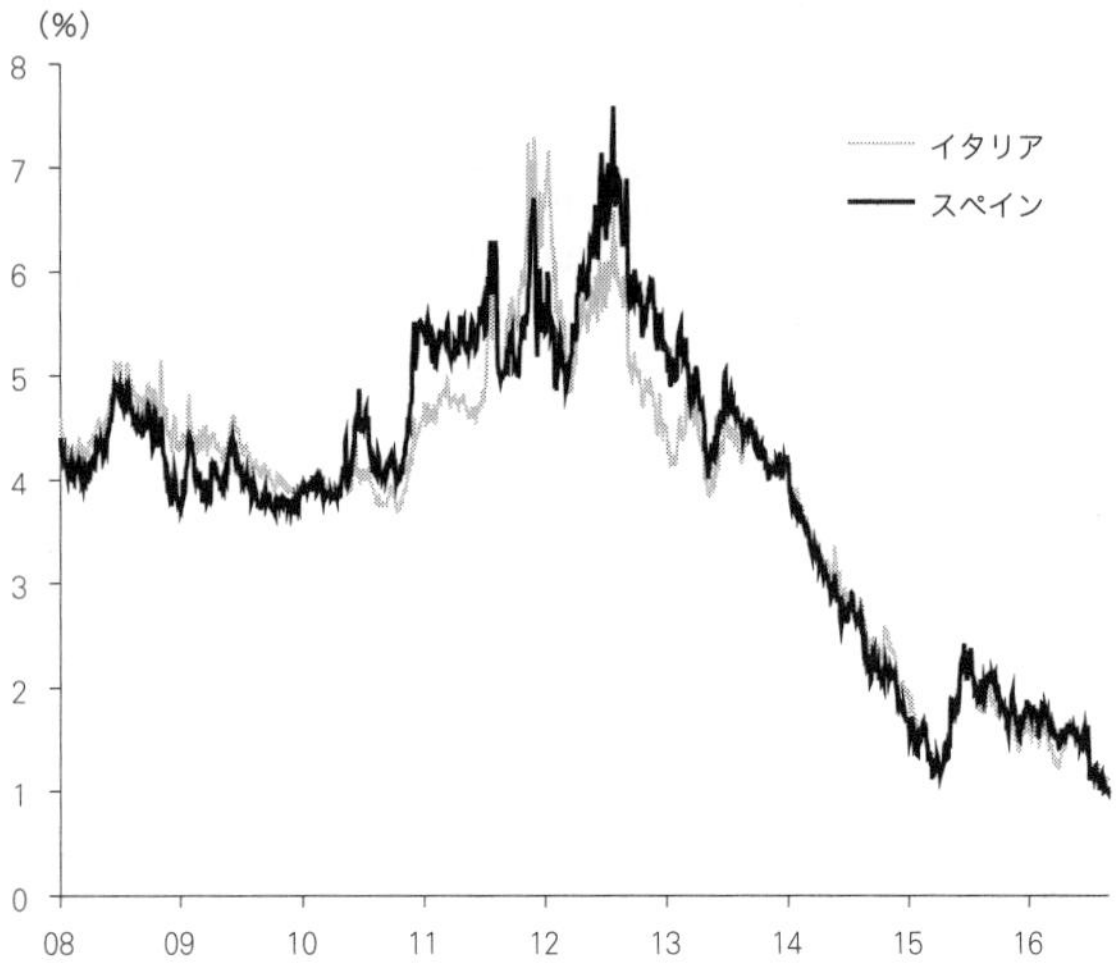

出所：Thomson Reutersより第一生命経済研究所が作成

いだ。就任した当時は欧州債務危機の真っ只中。前年に着任していたコンスタンシオ副総裁がポルトガル出身だったこともあり、危機克服の舵取り役を担うECBの正副総裁が揃って債務不安国出身であることを不安視する声も聞かれた。だが、総裁就任から僅か3日目の理事会で利下げを決断して市場参加者を驚かせたのを皮切りに、翌月には前述した3年物LTROで銀行危機を封じ込め、その後も巧みな市場対話や時宜を得た政策対応で市場の期待に応えてきた。

　こうした見事な手綱さばきは市場参加者の間でいつしか「ドラギ・マジック」として賞賛されるようになっていった。だが、ドラギ総裁に対する市場の絶大な信頼は、「困ったときはECBが何とかしてくれる」といった甘えや幻想を生んでいる面もある。金融市場は理事会の度に更なる追加緩和を督促するようになり、ECBの政策金利はゼロ、さらにはマイナス圏に達し、ドイツなどから反対意見が多かった国債購入を含む本格的な量的緩和策にも踏み出した。ECBは市場からの際限のない追加緩和要求を抑える目的もあり、それまで1ヵ月に1回だった金融政策を決定する理事会の開催頻度を、2015年から6週間に1回に変更した。また、2015年春に量的緩和を開始後、世界的な低金利競争が激化したこともあり、かつての債務不安国の国債利回りに上昇圧力が見られなくなった。金融市場からの圧力がなくなったことで、各国政府は財政再建や構造改革の手綱を緩めがちで、欧州委員会は2016年7月にスペインとポルトガルが財政再建への取り組みが不十分として、追加の財政健全化策の提出を求めた。ドラギ総裁の口からもしばしば、「金融政策は万能でなく、各国政府の構造改革を代替するものではない」との趣旨の発言が聞かれる。

1　新たな危機の胎動

債務危機が鎮静化したのも束の間、次にECBを襲ったのが欧州のデフレ危機だった。債務危機の後遺症に苦しむ欧州では、低成長による財・労働需給の悪化に、エネルギーや食料品価格の低迷も加わり、低インフレが長期化している。ユーロ圏の消費者物価は2013年秋以降、本稿執筆時点で3年余りも前年比で1％未満の低空飛行を続けている。域内の物価安定の責務を担うECBは、中期的な物価安定を「ユーロ圏の消費者物価の上昇率が2％をやや下回るが、それに近い水準」と定義している。ECBは政策運営の自由度を確保する観点もあり、「中期的」が具体的にどの程度の期間を指すのかを明らかにしていない。今のところ「中期的な物価安定はつなぎ止められている」との立場を崩していないが、足許の低インフレ率の長期化に居心地の悪さを感じていることは間違いない。低すぎるインフレ率が続くことで中期的な物価安定が損なわれるリスクが高まっているとし、これまで度々金融緩和策を強化してきた。

近年の低インフレは2014年央以降の原油安による影響も大きい。2015年平均のユーロ圏の消費者物価は前年比ゼロ％にとどまったが、このうちエネルギー価格による押し下げ分が▲0・6％ポイントに上った。北海ブレント原油価格は、2014年央まで100ドル／バレル超で推移していたが、中国景気減速による需給緩和観測などを背景に急落し、2016年1月には30ドル／バレル未満に低下した。その後はやや持ち直し、40ドル／バレル台で推移している。原油価格の底入れに伴い、今後エネルギー価格の下押し圧力は徐々に緩和すると見込まれる。だが、コア物価の基調が弱く、向こう数年以内にユーロ圏の物価上昇率が2％近くの安定水域に復帰するのは困難とみられている。ECBは金融政策運営の参考資料として、四半期毎に事務方スタッフがまとめる経済・物価見通しを公表している。2016年9月に作成された最新版の見通しによれば、ユーロ圏の消費者物価は2017年初頭に前年比で1％台に復帰した後、徐々に伸び率を高める展開を想定している。だが、予測期間の最終期である2018年末時点でも、2％弱の物価安定目標には届かないと予想されている。

物価の基調を見るうえでは、中東地域の紛争など地政学リスクによる原油価格の変動や天候不順による穀物価格の変動など、一時的な物価変動要因を除いて考えるのが一般的だ。一時的な変動を除いた物価の基調を「コア物価」と呼ぶ。日本では生鮮食料品を除く計数をコア物価と定義しているのに対し、米国では食料品とエネルギー価格を除く計数をコア物価と、ユーロ圏ではより広範な費目を除外しており、食料品、エネルギー、アルコール飲料、たばこを除く計数をコア物価と定義している。原油価格の底入れ後もユーロ圏の消費者物価の戻りが鈍いのは、コア物価の基調の弱さに起因する。ユーロ圏では賃金上昇率がコア物価に連動する傾向がみられるが、ドイツを除く主要各国では景気低迷の余波から失業率が高止まりし、賃金上昇率は軒並み鈍化している。ドイツではシュレーダー政権時代の労働市場改革の成果もあり、近年の失業率は東西ドイツ統一後で最も低い水準にある。だが、2015年に最低賃金が引き上げられたにもかかわらず、賃金上昇圧力は確認されない。世界的な需要低迷と価格競争の激化に伴いドイツ企業を取り巻く環境は厳しく、非正規労働の積極活動などを通じて人件費の抑制に動いているためだ。

物価の先行きを占ううえで、ＥＣＢが重要視している指標の１つが中期的な期待インフレ率だ。期待インフレ率は家計、企業、市場参加者などが将来の物価上昇率をどのように見ているのかを表し、アンケート調査に基づくものと、複数の金融商品間の価格や利回りの違いなどから計算したものに大別できる。なかでも5年先のスワップ金利が織り込む5年後の期待インフレ率は、日次でデータを入手することが可能なうえ、ドラギ総裁やＥＣＢ高官がこれまで様々な場面で言及してきたこともあり、市場参加者の関心が高い。ＥＣＢが２０１５年1月に国債購入を含む本格的な量的緩和の開始を決定した際、スワップ金利から計算した中期的な期待インフレ率は１・４％台で推移し、その後追加緩和を決定した２０１５年12月には１・７％前後、同じく２０１６年3月には１・５％前後で推移していた。中期的な期待インフレ率の低迷が、ＥＣＢによる緩和強化の判断に影響した様子が窺える。期待インフレ率は原油価格との連動性が高いことが知られており、原油価格の変動が他の物価にも一定の波及効果をもたらすことが示唆される。これをＥＣＢは物価の「二次効果」と呼んでいる。原油価格の変動が一時的なものであったとしても、二次効果がどの程度働くかを注視している。

このようにユーロ圏での低インフレの長期化を受け、日本同様にデフレに陥るかを警戒する見方も多い。デフレとは一般に、幅広い財やサービスの物価が持続的に下落する現象を指し、一部の費目や一時的な物価の下落はデフレと呼ばない。ユーロ圏の消費者物価が２０１４～２０１６年にかけて散発的にマイナス圏に転落したが、これは主に原油価格の下押しによ

●図表2　ユーロ圏の消費者物価の推移（前年比）

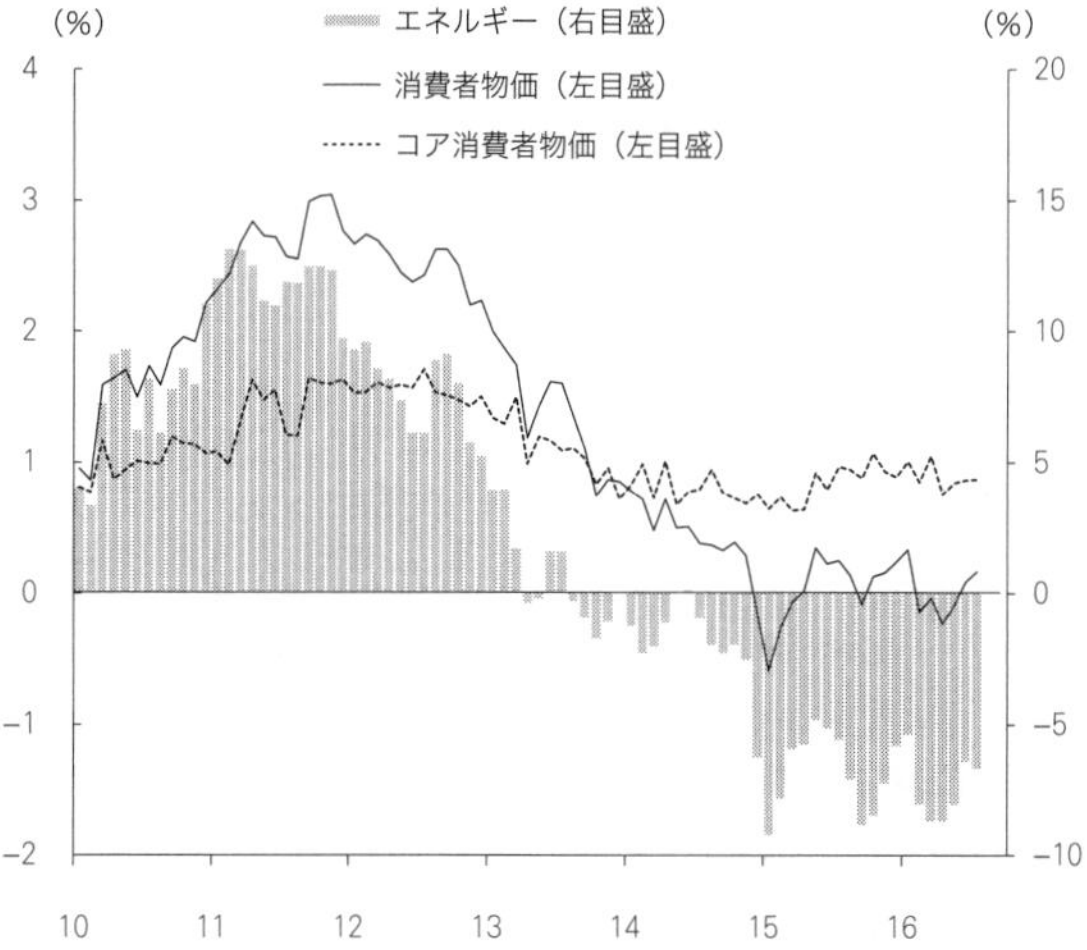

注：コア物価は食料・アルコール・たばこ・エネルギー除く
出所：欧州統計局資料より第一生命経済研究所が作成

るもので、下落した費目の割合も限定的だったことから、今のところまだデフレと呼ぶ段階にはない。日本のデフレとの違いについてドラギ総裁は、①金融緩和や銀行の資本増強での初動体制が早かったこと、②企業や家計のバランスシート調製の規模がバブル崩壊後の日本に比べて限定的であること、③期待インフレ率の下方屈折が生じていないこと、などを指摘している。日本の場合、バブル崩壊後に8年余りのディスインフレ期間が続いた後、1990年代後半の金融危機が引き金となり、人々の間にデフレマインドが定着していった。その間、資産価格の大幅な下落に伴うバランスシート調整、1997年の消費税率引き上げに代表される財政再建、金融危機と信用収縮、金利のゼロ制約下での金融緩和の限界、行き過ぎたバブル退治と拙速なゼロ金利解除、継続的な円高と産業空洞化など、実に様々な下押し圧力が働いてきた。いったんデフレに陥るとそこから抜け出すことがいかに困難かは日本の経験が物語る通りだ。ECBによる積極的な金融緩和や銀行部門の信頼回復に向けた取り組みなど、ユーロ圏は日本を反面教師にデフレ危機を乗り切ろうとしている。ただ、ディスインフレ期間が長期化するなかで、政策対応の限界が見え隠れしている点は日本と共通する。特に2016年6月の英国民投票後に期待インフレ率が一段と下方屈折しており、デフレ転落のリスクが増している。

2　金融政策の限界に挑む

低インフレの長期化で中期的な物価安定が脅かされているECBは、2011年秋以降、断続的な利下げを行い、2012年7月には政策金利の1つである預金ファシリティ金利をゼロに引き下げた。その後はしばらく市場の緩和期待のつなぎ止めで対応していたが、ユーロ高圧力を緩和する必要に迫られ、2014年6月には預金ファシリティ金利を▲0・1%に引き下げ、主要中銀として初めてマイナスの政策金利を開始した。同年9月に▲0・2%に引き下げ、政策金利は下限に達したと説明していたが、2015年3月に本格的な量的緩和策を開始した後もデフレリスクが払拭されなかったことから、同年12月には前言を撤回し、預金ファシリティ金利を▲0・3％に引き下げた。先行してマイナス政策金利を導入していたスウェーデンやデンマークでの経験や、ECBがマイナス政策金利を開始した後の銀行の収益環境や現金保有需要などに照らし、副作用は今のところ限定的と判断し、2016年3月には預金ファシリティ金利をさらに▲0・4％に引き下げた。

預金ファシリティ金利とは、市中銀行が余剰資金をECBに預け入れる際の適用金利で、ECBの政策金利の下限を形成する。マイナスの預金金利と聞くとイメージしにくいが、中銀口座に預け入れをすると、預金額に応じた利子がつかず、逆に罰則金利（安心手数料）を取られてしまう状況を指す。注意が必要なのは、これはあくまで市中銀行が中銀の預金口座を利用した場合のことで、個人が民間銀行に預け入れする場合の預金金利がマイナスとなる訳ではない。こうしたマイナス政策金利を通じて期待される効果としては、①中銀預金に滞留する資金の一部が罰則金利の適用により貸出や資産購入などに振り向けられる、②金利低下とそれに伴う耐久財消費や投資活動の活発化、③金利差拡大や海外への資金の純流出による通貨安、④景気刺激と輸入価格上昇によるデフレ圧力緩和、⑤異例の政策対応によるアナウンスメント効果などが考えられる。

欧州諸国の事例では、マイナス政策金利が通貨安誘導で一定の効果を発揮してきた。デンマーク、スイス、スウェーデンで通貨高圧力を抑制したほか、ECBが政策金利の一部をマイナスに引き下げた2014年央以降、大幅なユーロ安が進んだ。ただ、同時期はECBが量的緩和に踏み切るとの観測が高まった時期と重なり、ユーロ安進行がマイナス政策金利によるものであったと断定することは難しい。マイナス政策金利は規模の小さな国の中銀が実施する分には通貨安の効果が発現しやすいが、ECBや日銀など主要中銀がこぞって参戦した現在、大きな政策効果は期待できない。ECBの参戦で資金流入圧力に見舞われた周辺の欧州諸国が、さらに大胆なマイナス政策金利の導入を迫られたことから分かる通り、マイナス政策金利は形を変えた通貨安競争と言える。一国のマイナス政策金利の強化は他国の通貨高を生むことで、世界的な景気減速懸念を高める恐れもある。

マイナス政策金利の副作用としては、①市中銀行が預金者にマイナス金利を転嫁することが困難で、銀行収益が圧迫されること、②世界的な低金利の加速で運用難に拍車を掛け、利回り追求による高リスク資産への投資が活発化すること、③金利低下により政府が財政再建や構造改革に取り組むインセンティブが削がれること、④現金保有需要の高まりで市場経済機能が阻害されること、⑤マイナス金利を想定していない制度やシステム対応が必要になることが挙げられよう。

マイナス政策金利を採用した欧州諸国では預貸利ざやの縮小はそれほど大きくない。これは政策金利のマイナス度合いが限られ、市中銀行の預金金利に引き下げ余地があったためだ。だが、マイナス政策金利の導入から時間が経過し、金利のマイナス幅が大きくなってきたこと

●図表3　ユーロ圏の期待インフレ率と原油先物価格の推移

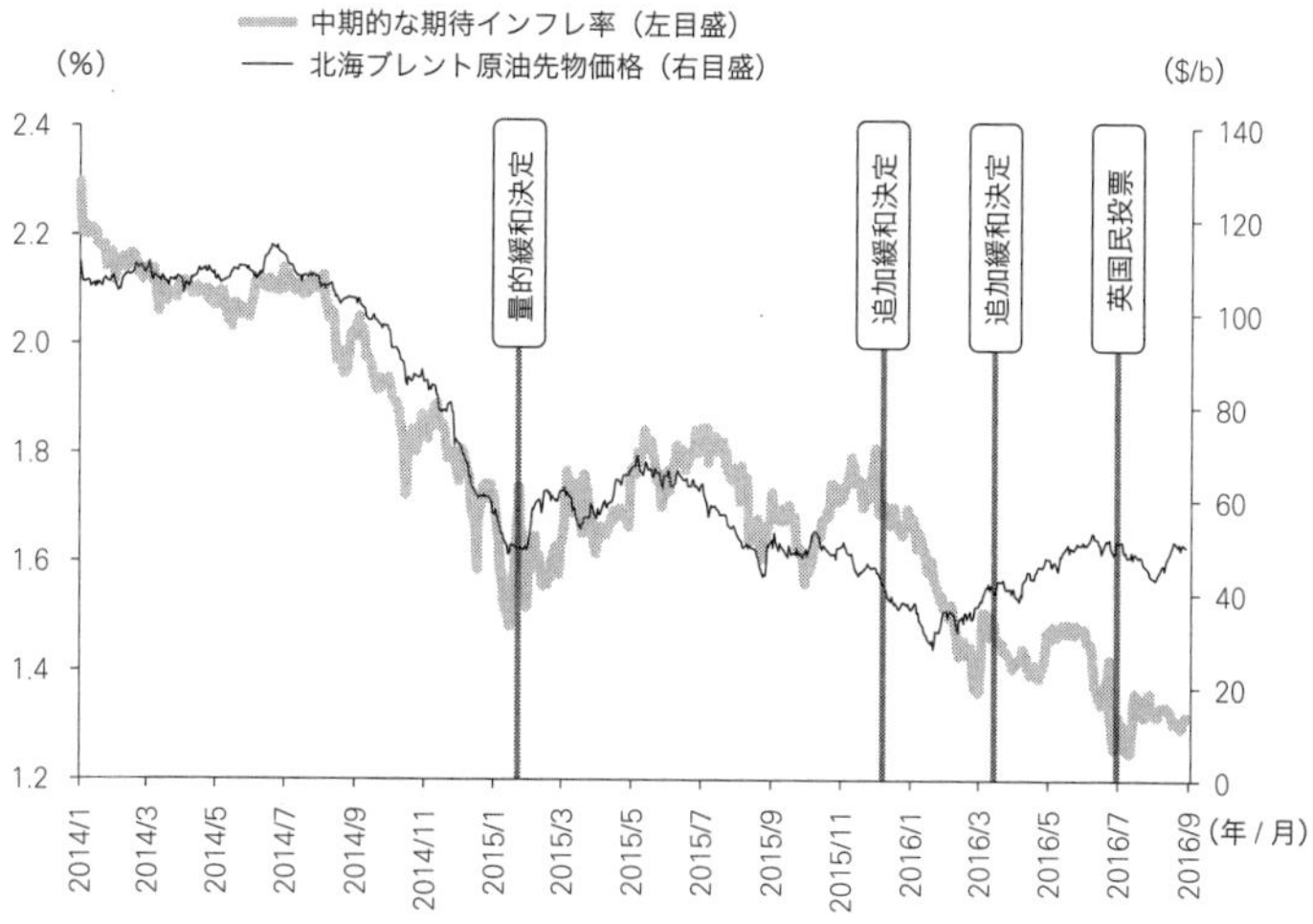

注:期待インフレ率は５年先５年物スワップ金利より計算
出所:Bloomberg資料より第一生命経済研究所が作成

で、一部の銀行はコスト転嫁を余儀なくされている。デンマークやスイスでは一部の大口預金の適用金利がマイナスに引き下げられている。スイスでは個人預金の適用金利をマイナスに引き下げる銀行も出てきた。法人はマイナス金利（＝口座管理手数料）を取られたとしても、安全な保蔵手段や決済手段として銀行の預金口座を利用し続ける可能性が高い。ところが個人の場合、タンス預金や商品券購入など代替的な保蔵手段もあり、預金流出のリスクが高い。また、スウェーデンやデンマークでは低金利を背景に住宅ローンの利用件数が大幅に増加している。銀行は住宅ローン金利の引き下げで金利収入が低下したものの、手数料収入で利益を

●図表4　欧州中央銀行の政策金利の推移

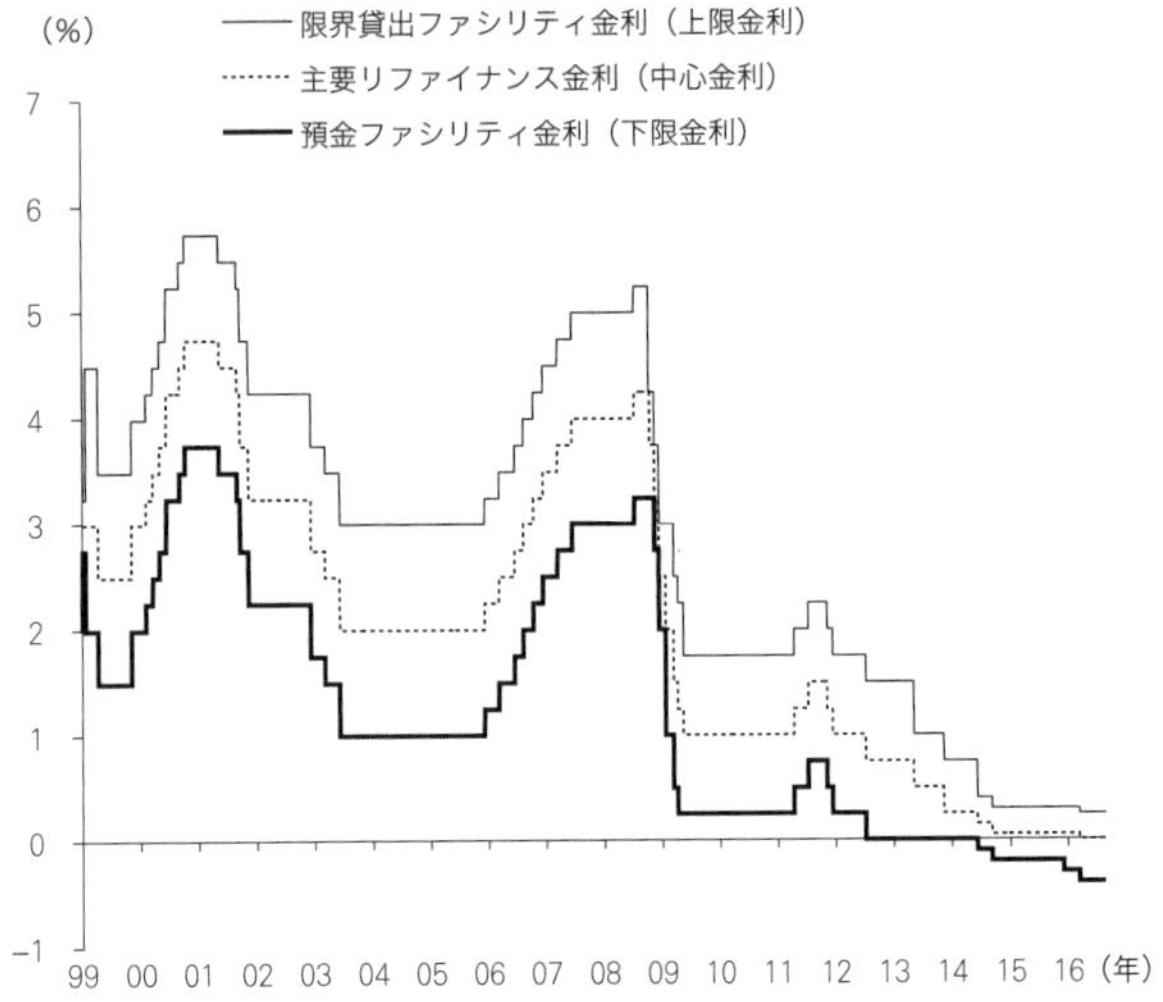

出所：欧州中央銀行資料より第一生命経済研究所が作成

補っている。

マイナス政策金利を開始した当初、市場参加者の多くは、中銀が従来の金融政策の限界とみられてきた名目金利のゼロ制約（金利はゼロが下限）を乗り越えたことを好感し、目標達成に向けてあらゆる政策手段を採るとの強い決意を感じ取った。このことが市場や人々の期待形成を通じて、政策効果を高めることにつながった。だが、2016年1月に日銀がマイナス政策金利に参戦してからは、従来型の量的緩和政策が全世界的に限界に近づいているとの受け止めが広がったほか、むしろ銀行収益圧迫や世界的な低金利による運用難などの副作用に焦点が当たったことから、アナウンスメント効果が働きにくくなっている。

3　ドイツとの攻防

ＥＵ条約はＥＣＢが各国の政府財政を救済すること（財政ファイナンス）を禁じている。欧州債務危機の克服やデフレ危機に対処する過程で、ＥＣＢはこれまで様々な国債購入スキームを導入してきたが、その度に財政ファイナンスを危ぶむドイツなどから反対の声が上がってきた。ドイツは第一次大戦時の賠償金支払いなどがハイパーインフレを招いた歴史の教訓から、物価の安定を脅かしかねない財政ファイナンスにヒステリックなまでの拒否反応を示す。ＥＣＢがこれまで導入した国債購入策には、①ギリシャ危機の混迷が深まった２０１０年５月に導入され、債務不安国の国債利回りの上昇を抑制し、市場調達へのアクセスを確保するため、流通市場で国債を購入する証券市場プログラム（ＳＭＰ）、②財政救済基金の火力不足への懸念に対処するため、２０１２年９月に導入された金額の上限を定めない新たな国債購入策（ＯＭＴ）、③２０１５年３月に開始された量的緩和策の一環で、ユーロ圏各国の国債や政府機関債をＥＣＢの資本金構成比で購入する公的部門資産購入プログラム（ＰＳＰＰ）がある。

ＥＣＢはこうした国債購入策が、発行市場で政府から直接国債を引き受けるものではないことや、流通市場で購入するにしても事実上の迂回引き受けとならないように運営されていることを主な根拠に、財政ファイナンスには該当しないと説明している。2012年春にギリシャの債務を減免する債務交換（低い額面の債券に交換する）が行なわれた際、ECBがSMPを通じて過去に購入したギリシャ国債の交換に応じなかったのも、財政ファイナンスを禁じたEU条約への抵触を回避するためだった。また、PSPPについては、一部の問題国の国債だけでなく、ユーロ圏全ての国の国債を一定のルールに基づいた割合で購入するため、財政ファイナンスには該当しないと説明している。ただ、ECBの政策決定に参加するドイツ連銀総裁やドイツ出身理事は、こうした国債購入策にこれまで公然と反対し、政策決定時にも反対票を投じてきた。

ECBの意思決定は、総裁、副総裁と4名の理事で構成される計6名の役員会と、ユーロ圏各国の中銀総裁（執筆時点では19ヵ国）による計25名の合議制を採る。2015年以前は、各メンバーが毎回1票ずつの投票権を持ち、その多数決で政策が決定された。出身国の経済・人口規模によって1票の投票価値に差がないため、ドイツなど大国からはしばしば不満の声が聞かれた。2015年以降は、単一通貨ユーロを採用する国が増加したのに伴い、金融政策を決定する投票の輪番制が導入された。ユーロ圏各国を経済・金融規模に応じて2つのグループに分け、ドイツやフランスなど5ヵ国の中銀総裁で構成される第1グループに4つの投票権を、残り14ヵ国の中銀総裁で構成される第2グループに11の投票権を割り当て、グループ内で順番に投票する。総裁・副総裁・理事の6名は常に投票権を持つ。大国に投票権（投票の頻度）が傾斜配分されたものの、ドイツの不満は解消されていない。ECBの意思決定は多数決制を採用しており、ドイツ連銀総裁やドイツ出身理事が反対票を投じても、それが少数意見である限り、多数意見に従う必要がある。2011年にウェバー・ドイツ連銀総裁とドイツ出身のシュタルク理事(いずれも当時)が相次いで辞任したのは、SMPの導入とその後の利用拡大に反対したことが理由だったと言われている。

ECBの国債購入は法廷闘争も巻き起こした。ドイツでは2014年に憲法学者が中心となり、OMTがEU条約に違反する疑いがあるとの訴訟が連邦憲法裁判所(以下、ドイツ憲法裁)に提起された。ドイツ憲法裁は2015年2月、OMT創設がECBに認められた金融政策上の権限を逸脱する可能性が高いとの見解を発表し、欧州司法裁判所(以下、欧州司法裁)に法的判断を付託した。これは「先決裁定手続き」と呼ばれ、EU加盟国の国内裁判所がEU法の解釈や法適用に疑問を抱く場合、自らの判断に先立ち、欧州司法裁の法的見解を求める手続きを指す。欧州司法裁は2015年6月、ドイツ憲法裁の訴えを棄却し、OMTがEU法に準拠しているとの判断を下した。これを受け、ドイツ憲法裁も2016年6月、購入数量に一定の制限を設定することや購入国債を原則として満期まで保有しないといった条件の下で、ドイツ連銀がOMTに参加することが可能との確定判決を下した。

ECBの国債購入策やマイナス政策金利は、ドイツ国内で様々な政治的な波紋を呼んでいる。ユーロ圏内で最も信用力が高いドイツ国債の利回りは、ECBによる金融緩和の強化を受け、10年未満の利回りが軒並みマイナス圏に転落している（執筆時点）。ドイツの家計金融資産は預金や保険など安全資産の割合が多く、年金生活者や預金者から老後資金の目減りを招くＥＣＢの政策に不満の声が広がっている。こうした不満の声を吸い上げているのが、２０１７年のドイツ連邦議会選挙で初の議席獲得と大幅な党勢拡大が見込まれる右派のポピュリズム政党「ドイツのための選択肢（ＡｆＤ）」だ。同党は難民危機に対するドイツ国内の不満に訴えかけるだけでなく、ＥＣＢ批判を展開して急速に支持を伸ばしている。２０１６年４月にはドイツのショイブレ財務相までもが、ＥＣＢの低金利政策に異論を挟み、「ＡｆＤ台頭の責任の一端はドラギ総裁にもある」と異例の批判をした。ドイツとＥＣＢとの確執は今後の金融政策運営にも影を落としかねない。

4　出口戦略への不安

このように債務危機の封じ込めに成功し、デフレ転落を瀬戸際で食い止めているＥＣＢだが、今後はさらに難しい政策運営を余儀なくされそうだ。ＥＣＢの量的緩和策は当初、２０１５年３月から２０１６年９月までの19ヵ月間の予定で開始されたが、２０１５年12月に6ヵ月間延長され、現在の終了期限は２０１７年3月までに設定されている。ただ、英国民投票の動揺が欧州景気を下押しする可能性があり、量的緩和の終了期限までに中期的な物価安定が見通せるような状況になっているとは考え難い。また、欧州委員会は2016年7月、スペインとポルトガルが財政規律違反の是正努力が不十分と認定し、追加の財政再建策の提出を求めた。こうした潜在的な債務不安を抱えている国の国債利回りですら低位で安定しているのは、ECBによる国債購入が安心材料となっているからに他ならない。物価安定を確保するとともに、債務不安を封じ込める観点からも、量的緩和策の更なる延長は避けられない。

ECBの量的緩和策は、1銘柄・1発行体当たりのECBによる国債の保有比率の上限を33％に設定している。ギリシャの債務交換での混乱を受け、2013年以降にユーロ圏内で発行された国債には全て、債券保有者の多数決で債務再編を可能にする「集団行動条項」が付けられている。ECBが33％以上の国債を保有すると、この集団行動条項を阻止することが可能になる。財政ファイナンスを禁じられたECBは常に債務再編を拒否することが予想されるため、当該債券の価格は歪められる。こうした事態を回避するため、ECBは33％以上の国債を保有しないように自らルールを設定した。だが、このままのペースで国債購入を続けると、来年央にはドイツ国債などが33％ルールに抵触する恐れがある。そのため、買い入れ期間を延長するに当たっては、集団行動条項のない国債の1銘柄・1発行体当たりの保有比率を50％程度に引き上げたり、国債以外の債券を購入対象に加えたり、資本金構成比による各国国債の購入割合に変更を加えるなど、何らかの買い入れ条件の変更が必要となる。こうした措置は法的・技術的には可能だが、ドイツなどから反対の声が上がることは避けられない。ま

●図表5　ドイツ国債の発行残高に占めるECBの買入れ割合

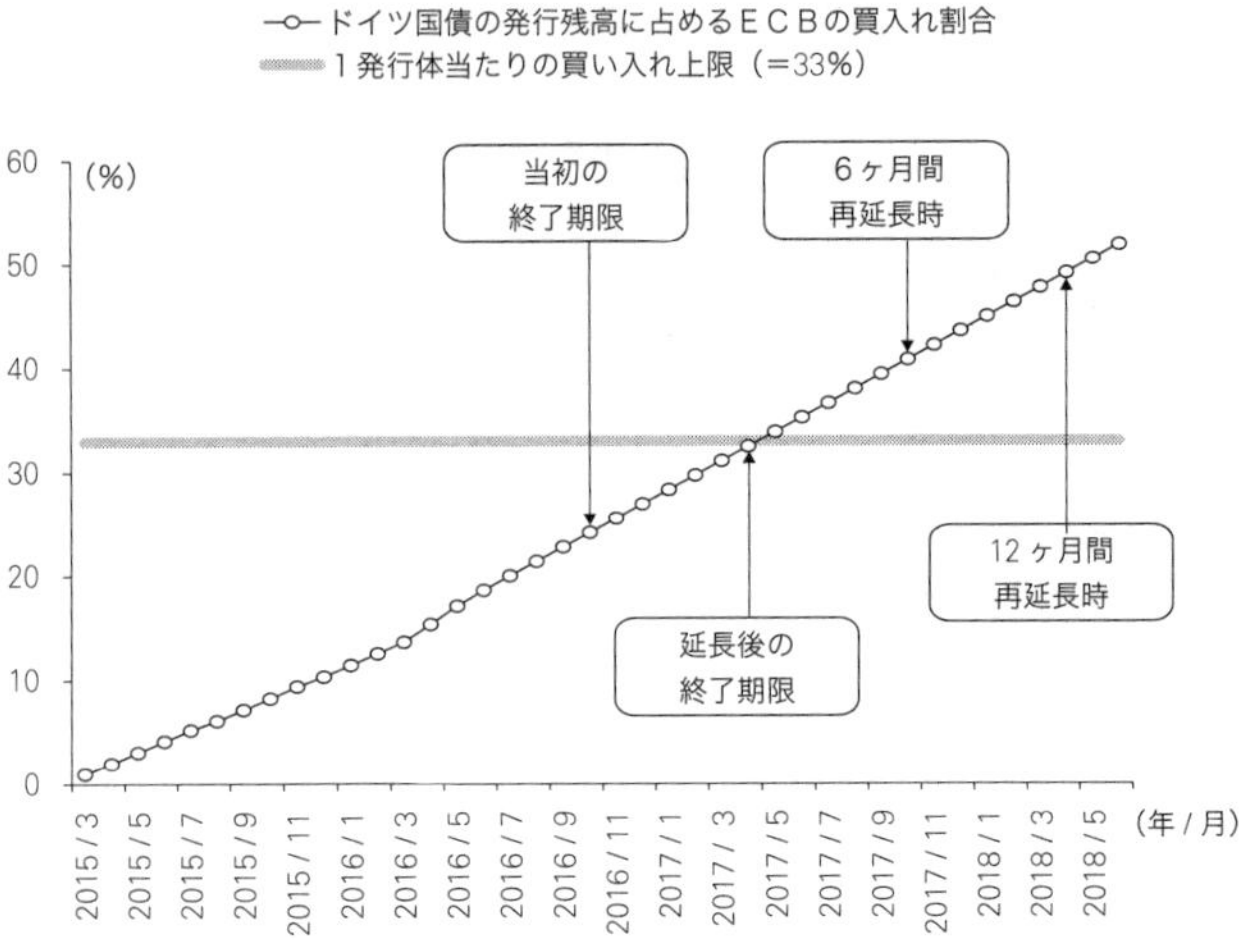

出所:欧州中央銀行資料より第一生命経済研究所が作成

た、ＥＣＢの量的緩和の購入対象には、マイナス金利の国債も含まれるが、預金ファシリティ金利（現在は▲０・４％）未満の国債は対象から除外されている。大規模な国債購入を続けていけば、一段と金利低下が進む国債が増え、短い年限の国債から順に買い入れ可能な国債がなくなっていき、国債市場の流動性が阻害される恐れがある。

　さらに、その先を展望すると、デフレ懸念が払拭され、債務危機再燃への不安が後退する頃を見計らって、ＥＣＢはこれまでの大規模な金融緩和の「出口戦略」に着手する必要が出てくる。ＦＲＢに倣って、量的緩和による資産購入額を徐々に減額するテーパリングを開始し、市場の反応を見極めながら新規の買い入れを停止し、さらには満期を迎えた証券の再投資を停止する手順となろう。さらに、何れかの段階で政策金利の引き上げを開始することになる。だが、欧州景気の足取りは鈍く、様々な構造調整圧力も残存するとみられ、緩和政策からの脱却には相当な時間を要する。その間に景気は再び下降局面に転じることもあれば、新たな危機が欧州を襲う可能性もある。出口もままならない状況で新たな危機に直面すれば、ＥＣＢが十分な緩和余地を確保しているかは疑わしい。

また、金融市場から絶大な信頼を誇るドラギ総裁は２０１９年11月に任期を迎える。ドラギ体制での緩和策強化に不満を持つドイツは、ドラギ総裁の後継総裁にドイツ出身者の擁立を目指す可能性がある。単一通貨ユーロを発足させるに当たって、ＥＣＢの本店所在地をフランクフルトに置く代わりに、総裁ポストを手放したとされるドイツにとって、ドイツ出身の総裁誕生は悲願でもある。ただ、そのことはＥＣＢの柔軟な政策運営が失われることを意味するかもしれない。ＥＣＢはこれまで時にＥＵや各国政府に代わって数々の危機を救ってきたが、試練の時を迎えている。

参考文献

河村小百合（２０１５）『欧州中央銀行の金融政策』きんざい

第 10 章

銀行同盟で金融危機は回避できるか

明治大学政治経済学部教授
勝 悦子（かつ・えつこ）

慶應義塾大学経済学部卒業。株式会社日本総合研究所、茨城大学などを経て現職。専門は国際金融論。著書に『新しい国際金融論――理論・歴史・現実』（有斐閣）など多数。通貨制度と金融政策、国際金融規制など「通貨と金融」を中心に分析。財務省関税・外国為替審議会委員などを歴任。2008年4月から2016年3月まで明治大学副学長（国際交流担当）。

CHAPTER 10

SUMMARY IN THIS CHAPTER

ＥＭＵを補強するため金融監督、銀行破綻処理、預金保険を一元化する銀行同盟が進んでいる。

しかし、制度収斂には時間がかかり、ＥＣＢのマイナス金利政策、イギリスのＥＵ離脱など欧州の銀行を取り巻く環境は厳しく、金融システム強化には時間がかかるだろう。

はじめに

市場統合、通貨統合と長い時間をかけて深化してきた欧州統合において、現在最も注目されているのが「銀行同盟」である。銀行同盟が導入される直接的きっかけは欧州債務危機だが、そもそもは2008年の世界金融危機で、多くの欧州の銀行が大きなダメージを受けたことに遡る。

銀行同盟は、プルーデンス規制のうち、主に事前規制である単一の監督規制フレームワーク、事後規制である単一の公的資金注入メカニズム、および単一の預金保険制度などからなる。ユーロ導入により域内の資金移動が活発化し金融市場の統合が一層進んだが、2008年の世界金融危機でそれまで流入していた資金が突然停止し(sudden stop)、安全資産を求めてリスク資産から一斉に逃げ出し、特に欧州小国の銀行で流動性危機と、サブプライム関連債券の暴落に伴う債務超過危機が同時に起きた。

さらに2010年にはギリシャで財政赤字の粉飾決済が表面化し、危機は欧州ソブリン危機へと転じた。「Sovereign – Bank – Nexus(債務危機と銀行危機の連鎖)」により金融機関はさらなるダメージを受け、信用収縮を通じて中期的に低成長を余儀なくされたのである。特に2012年にスペインのバンキアやルクセンブルクのデクシアなど大手銀行が破綻に至ったことは、銀行同盟創設の直接的背景となった。

欧州各国でばらばらだった金融行政を、ＥＣＢを中心として一元化しようという試みは非常に野心的なものである。しかし米国とは異なり、欧州の不良債権比率はこのところむしろ増大する傾向にあり、ドイツ銀行の苦境やイタリアでの銀行危機などが取りざたされるなど、課題は山積している。

本章では、銀行同盟の経緯と概要について概観し、その課題などについて検討する。ベイルインへの移行、ＥＣＢのマイナス金利の導入、ブレグジットなどによる影響、などについても検討を加える。

1　欧州金融危機の背景

⑴　単一通貨ユーロ導入に伴う矛盾と金融危機

欧州危機は、一般に国家債務危機と認識されているが、実態的には共通通貨ユーロ導入に伴う国際収支危機でもあった。２００８年に世界金融危機が起きる前、ギリシャやポルトガルなどの南欧諸国や、バルト三国の経常収支赤字はＧＤＰ比10％を大きく上回っており、対外純債務残高（ＮＩＩＰ）もＧＤＰ比１００％前後と巨額だった。

ユーロという単一通貨を共有していたユーロシステムでは、２００８年の危機まで特に潜在成長力の高い周辺国へ資金が流入し、それらの国では経常収支不均衡が急拡大し、対外債務が急増した。ギジェルモ＝カルボが1994年のテキーラ危機後にＮＢＥＲ（米経済研究所）のペーパーなどで指摘したが、それまで潤沢だった資金流入の「急停止（sudden stop）」により、資金が突如逆流して、新興国の通貨危機と金融危機が起きた。

欧州小国の場合もまさにこれと同じプロセスで国際収支危機が起きた。すなわち、リーマンショックを契機としてブームアンドバストとなったのである。資金の逆流が銀行の流動性危機を引き起こし、金融危機に繋がった。特に小国では経常収支赤字拡大とともに公的部門、民間部門の債務が増大したが、経常収支赤字拡大の背景としては以下が指摘できる。

第一に、名目ユーロ短期金利は域内で同じであるものの、インフレ率が相対的に高いスペイン、ポルトガル、ギリシャなどでは、実質金利が他国より低くなるため住宅バブルが形成され、内需が増大し貿易赤字が拡大した。

第二に、内需加熱で労働需給が逼迫し、賃金が急増した。ドイツなどでは労働市場改革を行い、生産性が増大したため価格競争力は維持されたが、南欧諸国などでは賃金の上昇が価格競争力の低下を招き、競争力のあるドイツと同じユーロ相場のもと、輸出の伸びが鈍化し経常収支赤字が急拡大することとなった。

第三に、共通通貨ユーロ導入のもとで、為替リスクがないため政府などの安易な対外借入れが助長されるなどのモラルハザードが生じ、海外資金が急激に流入して内需が増大したことである。ＥＭＵは、単一通貨、単一の金融政策の導入、ひとつの中央銀行をもたらし、それにより恩恵を蒙った小国も多かったが、これがむしろモラルハザードを助長した側面も見逃せない。

一方でユーロ導入と低金利のもとで、国境を越えた域内金融取引が活発化し、欧州の金融機関の、特にリスクプレミアムの高い欧州小国の国債への投資が急増し、問題国の巨額の国債を域内銀行が保有するようになった。２０１０年以降、財政危機が表面化し国債価格が暴落すると、欧州銀行の収益は悪化し、財政危機は金融危機に変質した。住宅バブルの崩壊も、銀行の収益を圧迫した。この間、「財政赤字（政府債務）の拡大－銀行システムの弱体化－低成長の持続」というトリレンマの悪循環が続くこととなった。

財政主権は各国が握り、また金融機関監督権限も各国に残ったままでは、ＥＭＵは真に機能しない。２０１１年12月には「シックスパック（Six-Pack）」[1]を発効させ、既存の「安定成長協定（Stability and Growth　Act）」を強化した。

そして２０１２年11月、ＥＭＵを補完するにはプルーデンス規制・監督の一元化が必要だという認識が高まり、「銀行同盟」が合意されるに至ったのである。

(2) 欧州銀行救済のための公的資金注入

ＥＵ統合で銀行間の域内競争が激化した欧州では、域内Ｍ＆Ａが相次ぎ、巨大な銀行が出現するとともに、クロスボーダー取引が急増した。競争の激化を背景に欧州大手銀行は、利鞘

●図表1　EU各国政府による公的資金注入（執行ベース）

（10億ユーロ）

	2008	2009	2010	2011	2012	2013	2014	総計
ベルギー	14.4	3.5	0.0	0.0	2.9	0.0	0.0	20.8
ブルガリア	0.0	0.0	0.0	0.0	0.0	0.0	0.0	0.0
チェコ	0.0	0.0	0.0	0.0	0.0	0.0	0.0	0.0
デンマーク	0.5	8.0	1.9	0.3	0.0	0.0	0.0	10.8
ドイツ	20.0	32.9	6.7	3.6	0.9	0.0	0.0	64.2
エストニア	0.0	0.0	0.0	0.0	0.0	0.0	0.0	0.0
アイルランド	0.0	11.0	35.3	16.5	0.0	0.0	0.0	62.8
ギリシャ	0.0	3.8	0.0	2.6	30.9	3.5	0.0	40.8
スペイン	0.0	1.3	9.5	8.5	40.4	2.1	0.0	61.9
フランス	13.2	9.3	0.0	0.0	2.6	0.0	0.0	25.0
クロアチア	0.0	0.0	0.0	0.0	0.0	0.0	0.0	0.0
イタリア	0.0	4.1	0.0	0.0	2.0	1.9	0.0	8.0
キプロス	0.0	0.0	0.0	0.0	1.8	0.0	1.5	3.3
ラトビア	0.0	0.4	0.1	0.0	0.0	0.0	0.0	0.5
リトアニア	0.0	0.0	0.0	0.0	0.0	0.2	0.0	0.3
ルクセンブルク	2.5	0.1	0.0	0.0	0.0	0.0	0.0	2.6
ハンガリー	0.0	0.2	0.0	0.0	0.0	0.0	0.0	0.2
マルタ	0.0	0.0	0.0	0.0	0.0	0.0	0.0	0.0
オランダ	14.0	0.0	4.8	0.0	0.0	4.2	0.0	23.0
オーストリア	0.9	5.9	0.6	0.0	2.0	1.8	0.8	11.8
ポーランド	0.0	0.0	0.0	0.0	0.0	0.0	0.0	0.0
ポルトガル	0.0	0.0	0.0	0.0	6.8	1.1	4.9	12.7
ルーマニア	0.0	0.0	0.0	0.0	0.0	0.0	0.0	0.0
スロベニア	0.0	0.0	0.0	0.3	0.5	2.4	0.4	3.6
スロバキア	0.0	0.0	0.0	0.0	0.0	0.0	0.0	0.0
フィンランド	0.0	0.0	0.0	0.0	0.0	0.0	0.0	0.0
スウェーデン	0.3	0.5	0.0	0.0	0.0	0.0	0.0	0.8
イギリス	49.4	9.7	34.6	3.2	0.0	3.3	0.0	100.1
総計	115.2	90.7	93.5	35.0	90.8	20.5	7.6	453.3

出所：欧州委員会　http://ec.europa.eu/competition/state_aid/scoreboard/financial_economic_crisis_aid_en.html

を求める商業銀行業務よりも、収益性の高いトレーディングや仕組債業務にシフトし、投資ヴィークル（SIV：海外でCPを発行しCDOを導入）を通じCDO取引も増した。リーマンショックを契機にCDO価格が暴落し、CP市場が崩壊すると、債務危機だけでなく、ドル資金調達が困難となる流動性危機に直面した。

EU各国は2008年リーマンショック後の銀行危機に対し、巨額の公的資金を注入した（図表1）。公的資金注入は2008年に集中しているが、2008年から2014年までの総額は設定ベースで約8000億ユーロ（約100兆円超）にのぼり、これは2014年のEUの名目GDPの約5・7％に相当する。このうち実際に執行されたのは4530億ユーロであったが、これに政府保証、減損などを含めた銀行救済費用は1兆9350億ユーロ（GDP比13・9％）の巨額支援となった（図表2）。日本の90年代の金融危機の際の公的資金投入額と比較しても相当の財政負担であったことが窺える。

一方ギリシャは国債償還を市場から調達できず破綻危機に陥ると、2010年年5月にEUを中心に7500億ユーロの緊急支援が行われた（IMF2500億ユーロ、EFSF4400億ユーロ、EFSM600億ユーロ）。ポルトガル、ギリシャ、アイルランド、スペインなどに対しても金融支援が実施されたが、2012年3月のギリシャ国債1000億ユーロの債務削減（ヘアカット）は、金融機関にとっても厳しいものとなった（最終減免率は53・5％）。

EFSF（欧州金融安定化基金）は2010年6月に設立され2013年6月までの時限的機

●図表2　EU28カ国の政府による銀行救済費用（10億ユーロ、%）

公的資金注入	453.3(3.2)
資産減損	188.5(1.4)
政府保証	1,188.1(8.5)
その他	105.0(0.8)
総計	1,934.9(13.9)

注:カッコ内はGDP比
出所:図表1と同じ。

関であったが、それに代わる機関として2012年10月に恒久的基金ESM（欧州安定メカニズム）が稼働した。2012年7月にEFSFはスペインの銀行の資本増強のため資金供与したが、その際には非常に厳しい金融監督・規制等の条件が課された上でESMに移管された。

欧州中央銀行（ECB）も、2011年12月と12年2月の2回にわたり、銀行に対して「バズーカ砲」と称される3年物資金供給オペ（LTRO）を実施するなど大量の流動性供給を行った（総額1兆ユーロ）。さらに国債買い入れプログラムも行い、これ以降国債金利は低下することになる（第6章）。

(3)　ターゲット2に見る流動性危機

この間ユーロゾーンの統一決済システム（TARGET2）における各国中央銀行決済残高の不均衡は劇的に拡大し、EU域内で流動性危機が生じたことが伺える。

TARGETとは、Trans-European Automated Real-Time Gross Settlement Express Transfer System（汎欧州自動即時決済システム）

●図表3　TARGET IIのインバランス（億ユーロ）

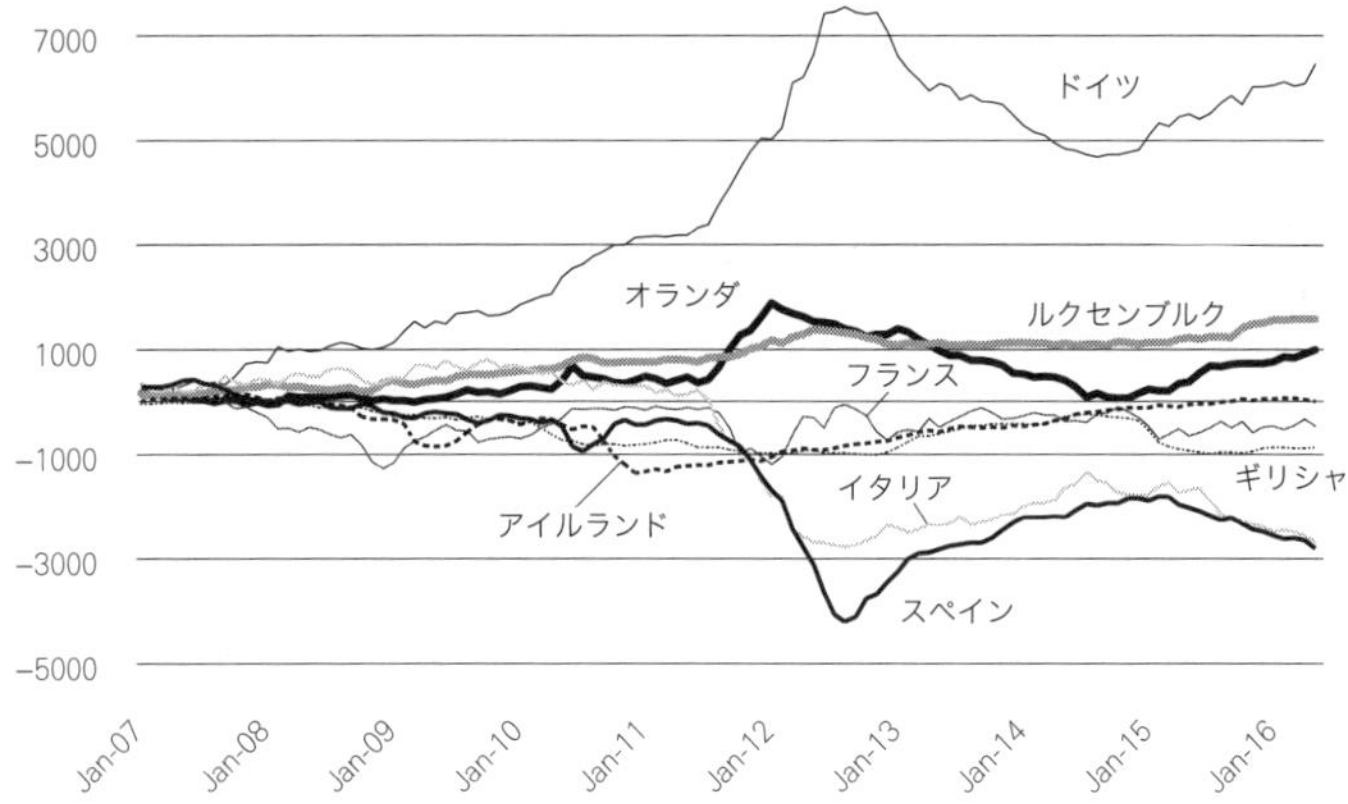

出所：ECBデータを基に筆者作成。

のことで、ユーロが導入された1999年に始動した。当初設定されたユーロ決済システムTARGETの第2世代進化系のものがTARGET2である。各国の中央銀行決済システムを、信用度の高い国債などの適格債券を担保として債権債務決済をシステムで繋ぐもので、ECB、および19のユーロ導入国に加え、デンマーク、ブルガリアなど5つの非ユーロ加盟国を含む25の中央銀行が参加している。1日当たりの平均取引額は約2兆ユーロで、ユーロ決済を円滑化するビジネスインフラである。

　ユーロ導入当初は、個々の中央銀行のTARGET2に対する債権債務残高に差異はほとんどなく、残高も小さかった。しかし2008年にリーマンショックが起きると、アイルランド、イタリア、スペイン、およびギリシャなどの中央銀行のＴＡＲＧＥＴ２に対する純債務が大きく増大する一方で、ドイツ・ブンデスバンク（ＮＣＢ）などの純債権が劇的に増大し、不均衡が拡大した(2)（図表3）。

債権国の民間銀行がスペイン等から資金を引き揚げる（スペイン等融資のロールオーバーをしない）と、オランダやドイツのＮＣＢ（各国中央銀行）のＴＡＲＧＥＴ２に対する債権が増える、という構造にあり、すなわち国境を跨いだ民間銀行間の債権債務が、ＴＡＲＧＥＴ２でＥＣＢと各国中央銀行間の債権債務に置き換わる。債権債務がＴＡＲＧＥＴ２を通じて自動的に置き換わることになるが、実態は域内での資本逃避、流動性危機であった。

2　銀行同盟に至った経緯

(1)　欧州銀行システムの特徴と脆弱性

欧州銀行システムの特徴は、間接金融に大きく依存していること、すなわち銀行セクターの資産規模が非常に大きいことである。ユーロ19か国の金融機関数は２０１３年末で６０５４（２００８年には６６９０）、総資産は約27兆ユーロ（同34兆ユーロ）で、ＧＤＰ比約３５０％に相当する。この比率は米国の約80％、日本の約１７０％に比べ、突出して高い。

ユーロ地域の銀行の総資産の65％は、ドイツ、フランス、イタリア、オーストリアの銀行が占めている。さらに、ルクセンブルク、マルタ、アイルランド、キプロスなどの金融立国では、銀行セクターの対GDP比が1000%を超える国もあるなど極端に大きい。EU新規加盟の旧東欧諸国の銀行の多くは外国銀行（主に欧州の銀行）の支店、子会社であり、外国銀行進出は銀行システムの強化に資すると当初はみられていたものの、実際には母国に資金が還流するなど流動性危機を助長することになった。

また極度の寡占状態にあることもその特徴で、グローバルシステムに影響を与える欧州の大銀行（Global Systemically Important Financial Institutions : G-SIFIs）15金融グループの総資産のシェアは全体の44%にのぼる。EU銀行指令で、域内銀行は基本的にユニバーサルバンキングであり、特に大銀行は保有リスクが多様である。さらに大陸欧州では、コーポレートガバナンスの構造において銀行の企業への影響力が大きい。

近年の特徴は、資金調達において預金よりもホールセール市場に依存する度合が増していたことである。国境を跨いだ金融取引が巨額で、かつホールセール市場に大きく依存していると、一国の銀行危機は瞬く間に他国に伝搬し、金融危機の負のマグニチュードは格段に大きくなる。このような欧州の銀行構造が、リーマンショック後金融システムが急激に弱体化した背景にあった。

(2) ランファルシープロセスと母国監督主義

1992年のEU市場統合の過程で、ユニバーサルバンキングを基盤とする欧州第二次銀行指令などに加え、ＥＵ域内における単一免許制度、自己資本比率規制、母国監督主義など、規制の標準化が進んでいた。

そもそも銀行の国境を跨ぐ活動が増大するのに呼応して、１９７５年のバーゼル銀行監督委員会で、バーゼルコンコルダットが締結された。これは外国支店のソルベンシーの監督は母国が、子会社についてはホスト国と母国が協力してあたるというもので、90年代の二度の改訂を経て母国の監督責任が重くなった。また、ＥＵの単一免許制度は、設置した国で取得した免許で他国でも金融サービスが提供できるというものだが、これにより監督の分権化が進むことになった。

欧州域内の監督の協調を後押ししたのが、２００１年2月のランファルシーレポートで示されたランファルシープロセス[(3)]である。同プロセスは、金融サービス産業の規制の域内標準化を進めるため、４つの段階で法制化を進めるものであった。

第一レベルで、欧州議会および欧州理事会が法律を採択する。第二レベルでは、分野ごとに規制当局が技術的側面を提言し、検討する。第三レベルでは、各国規制当局が他国の規制当局と調整を行う(レベル3委員会)。第四レベルで新規法制を決定する。

同プロセスを通じ、金融商品指令(ＭｉＦＩＤⅡ)を含む多くのＥＵ指令が採択されることになったが、同時にＥＵ各国の監督当局者が一同に会し監督の標準化がなされたため、単一の監督体制を敷く必要性があえて認識されなかったことにもなった。

もともとＥＵは監督体制が国によって大きく異なっており、また後年加盟した旧中央計画経済国などでは監督当局の能力が劣るなど、監督体制を統一するのは極めて難しい状況であった。２００８年のリーマンショックで欧州の銀行が大きくダメージを被ったが、これを防げなかったのは、このように各国がばらばらの監督体制であり、情報共有も進んでおらず、技術上の格差もあり、監督責任の所在が明確でなかったことによる。

(3) 欧州銀行監督機構（ＥＢＡ）の設置

かかる状況で２００９年２月に「ドラロジエール報告」[4]が公表された。当該報告書はこれらの欧州での監督体制の見直しを提言するもので、バローゾ欧州委員会委員長（当時）が専門家に諮問したものである。預金者保護、公的資金のあり方、企業統治、自己資本比率規制、リスク管理、クロスボーダー監督のあり方を含む、31の提言からなる。同報告は監督上の課題として、①ＥＵの監督体制にマクロ的な視点が欠けていたこと、②金融監督能力および連携に問題があったこと、③レベル３委員会に実効性がなかったこと、などを挙げた。

当該報告書に基づき、２０１１年１月１日に、それまでの欧州銀行監督者委員会（ＣＥＢＳ; Committee of European Banking Supervisors）に置き換わる形で、金融監督機構（ＥＳＦＳ; European System of Financial Supervision）が設置された。このうち銀行監督については欧州銀行監督機構（ＥＢＡ; European banking Authority）がロンドンに設立された。

ＥＢＡに加え、証券に関わる欧州証券市場監督機構（ＥＳＭＡ；European System of Markets Authority）、保険に関わる欧州保険年金監督機構（ＥＩＯＰＡ；European Insurance and Occupational Pensions Authority）も設置された。これらの業態別監督機構に加え、各国金融監督機関がミクロプルーデンス政策を推進する監督機構として機能することになった。

同じくドラロジエール報告に基づき、マクロプルーデンスの監督機構として欧州システミックリスク機関（ＥＳＲＢ；European Systemic Risk Board）が２０１０年12月16日に設置され、ミクロ、マクロ両面から欧州の金融監督構造が強化されることになった。(5) ＥＳＲＢの一般役員会のメンバーには欧州委員会、ＥＢＡ、ＥＩＯＰＡ、ＥＳＭＡなどの議長も含まれ、銀行、証券、保険が横断的に監督される。ＥＳＲＢの議長はドラギＥＣＢ総裁であり、ＥＣＢがマクロプルーデンス政策でも大きな権限を発揮する体制になった。

ＥＢＡのミッションは、シングルルールブックの策定に寄与すること、そして、ＣＲＤⅣ（自己資本比率指令）、自己資本規制（ＣＲＲ）、預金保険指令（ＤＧＳＤ）、金融商品指令（ＭｉＦＩＤⅡ）などＥＵ金融規制の標準化を進めることである。シングルルールブックは、ＥＵすべての国にＢＩＳのバーゼルⅢやバーゼルコアプリンシプルを含む信用秩序維持のための国際的なプルーデンスルールを法制化させるものである。

またＥＢＡは大手行に定期的にストレステストを行い、個別銀行の自己資本状況をチェックしている。ただし、２０１１年にＥＢＡが行ったストレステストではデクシアやバンキアなどの問題が見逃され、その後それらは破綻、あるいは公的資金注入に至ったことなどから、当時ＥＢＡへの批判も高まった。

3　銀行同盟の概要

⑴　3段階で銀行システムを強化

ＥＵ債務危機と銀行危機がさらに深刻化したため、２０１２年5月にバローゾ欧州委員会委員長は「銀行同盟」の構想を公表した。同年6月29日に開催されたＥＵ首脳会議でその設置が合意され、同年9月12日にＥＵ委員会が正式に提案、12月13〜14日のＥＵ理事会で承認された。

銀行同盟は、①ＥＵ全域での銀行規制の統一（「single rule book」の策定）、②ＥＣＢを中心とする単一のＥＵ銀行監督制度（ＳＳＭ）の構築、③銀行破綻処理のための共通メカニズム（ＳＲＭ）および破綻処理ファンド（ＳＲＦ）の設置、④ＥＵ全域の全銀行を対象とする一元的な預金保険制度（ＥＤＩＳ）の構築、などからなる（図表4）。基本的にユーロ導入国に適用されるが、ユーロを導入していない国でも加盟することが可能である。

銀行同盟は、以下のように3段階でプルーデンス政策を強化する。

第一に、危機の予防（Crisis Prevention）である。ユーロ圏の銀行の健全化のために、銀行の自己

●図表4　銀行同盟の3つの柱（3 pillars）

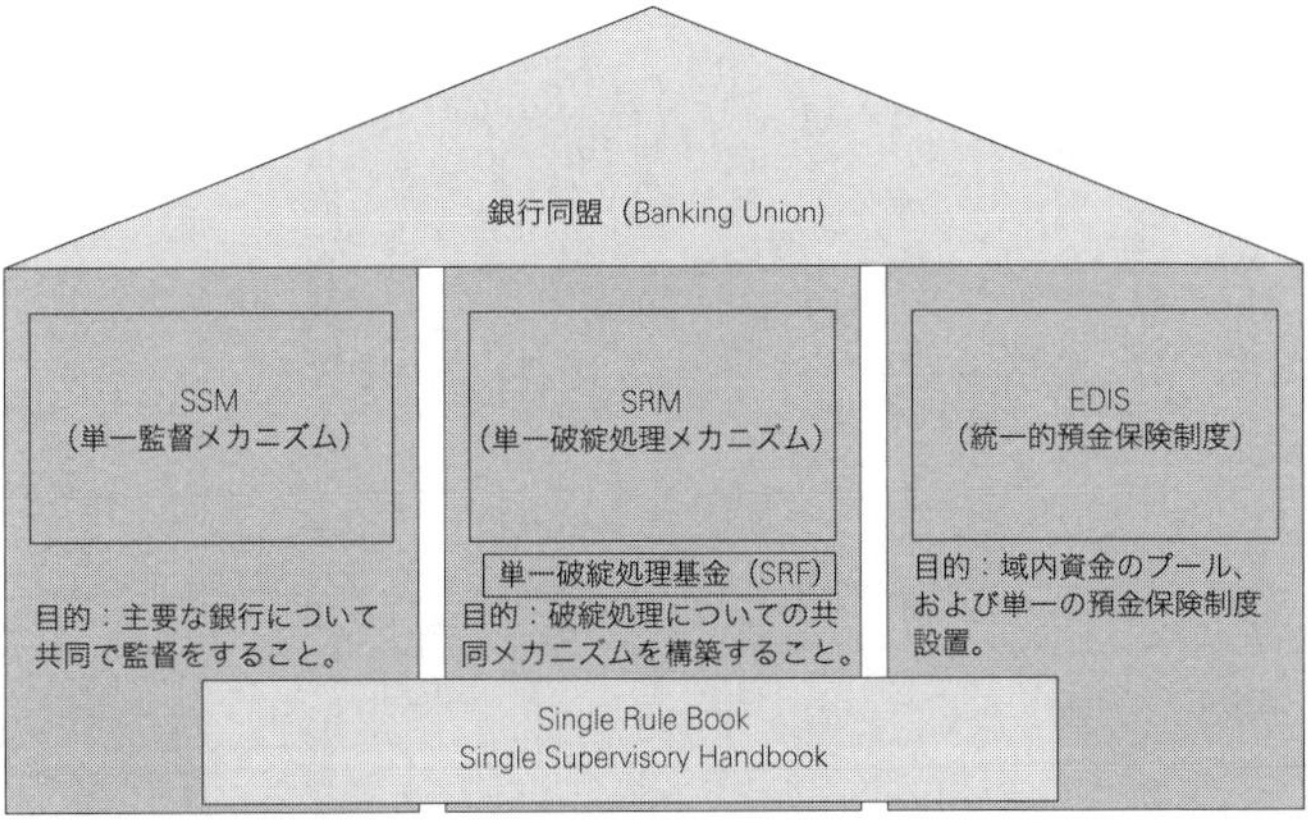

出所：ECB資料などを基に作成。

資本比率については、CRDⅣで、バーゼルⅢで示される国際標準をEUの法体系に組み込んだ（2014年1月施行）。自己資本の質・量とともに拡充し、またEBA、ESMA、EOPAによるミクロプルーデンスやECBを中心とする強力な単一監督メカニズム（SSM）で銀行システムを強化する。

第二に、早期介入（Early Intervention）である。自己資本比率の低下など、銀行の破綻危機が顕在化する前に介入することで危機に陥ることを防ぐ。銀行が破綻の危機に直面した場合、ECB、単一破綻処理役員会（SRB；Single Resolution Board）、および当該国関係当局が連携して対応する。その際BRRD（銀行健全化指令）とSRM（単一破綻処理メカニズム）を基盤として早期に対応できる体制とする。

第三に、危機の事後対応（Crisis Management）

である。前述したように２００８年以降ＥＵの銀行破綻に対して各国政府は納税者の巨額資金をつぎ込んだ。新たな枠組みではベイルインを基本とし、財政には負担をかけないことが原則となる。

(2) ＥＣＢ内に設置された単一銀行監督メカニズム（ＳＳＭ）

２０１４年11月には単一銀行監督メカニズム（ＳＳＭ: Single Supervisory Mechanism）が稼働した。これは①ＥＢＡの機能の強化、および②ＥＣＢの監督機能、に懸る２つの規定からなる。(6) ＳＳＭは加盟国の全金融機関を監督する責務を負うが、以下の３つの主要な目的がある。第一に、欧州銀行システムの安定性を確保すること、第二に金融統合を促進すること、第三に域内で同質の監督を行うこと、(7) である。

ＳＳＭはユーロシステム加盟国のすべての金融機関（約４７００）を監督する義務を負うが、これらを効率的に監督するため、ＥＣＢと各国監督機関（ＮＣＡ）との間で機能的に分担する。ＥＣＢとＮＣＡが共同で監督する約１２００の金融機関のうちの１２９行（２０１６年3月末現在）の「重要な」金融機関グループ（ユーロ地域の金融機関の総資産の85％を占める）については、ＥＣＢが直接監督し、残りの約３５００の金融機関をＮＣＡが直接監督する。

「重要な」金融機関とは、以下の規準のどれかを満たしたものである。①総資産が３００億ユーロ超、あるいは当該国ＧＤＰの20％を超えるもの。②当該国の３つの最も重要な金融機関のひとつであること。③ＥＳＭから直接支援を受けた金融機関であること。④総資産が50億ユーロ超で他国へのクロスボーダー債権債務残高が総資産の20％を超えること。

各国金融当局はＥＣＢに権限を移譲し、ＥＣＢと各国金融当局は連携して共通ルールのもとで統一の監督を行う。ユーロ圏のシステム上重要な金融機関については、許認可、ストレステスト、早期介入などについてＥＣＢが最終責任を担う。監督理事会（Supervisory Board）はＥＣＢ内に設置され、監督政策の意思決定は、ＥＣＢの政策理事会（金融政策を決定する委員会）が行う。もっとも、金融政策を担う政策理事会が金融監督についても責任を負うことについては、利益相反が生まれるのではないかといった批判も大きい(8)。

(3) 単一破綻処理メカニズム（ＳＲＭ）

破綻処理において日米と異なるのは、主権国家が複数あることによる意思決定の複雑さ、情報共有の不足、破綻処理基金の分断などである。２０１３年7月10日、欧州委員会は、銀行の単一監督メカニズムを補完するための単一破綻処理メカニズム（ＳＲＭ: Single Resolution Mechanism）の具体的な規定を公表し、２０１４年8月19日に施行、２０１５年1月に単一破綻処理役員会（ＳＲＢ）と各国破綻処理担当当局との間で連携協定が結ばれた。正式な稼働はＳＳＭよりも遅い２０１６年1月1日からとなった。

ＳＲＭは欧州銀行破綻処理指令（ＢＲＲＤ）に基づいて破綻処理を行う。国を跨いでの破綻処理を素早く行うには、単一破綻処理役員会（ＳＲＢ）は相当強力な布陣となる必要があるが、役員会には常設メンバーに加え、欧州委員会、欧州理事会、ＥＣＢおよび各国金融当局が含まれる。また、破綻処理を円滑に行うため、銀行同盟に加盟する国すべての銀行が拠出する単一破綻処理基金（ＳＲＦ: Single Resolution Fund）が２０１６年1月1日に設置された。基金は２０２４年まで8年かけて総額５５０億ユーロ積みたてられる。

ＳＲＭでは以下のようなプロセスで、効果的かつ速やかに、銀行破綻処理が進められる。加盟国の銀行を破綻処理する必要がある場合、まずＳＳＭが警告を行う。次に当該銀行の本店、支店、あるいは子会社が所在する各国当局を含む単一破綻処理役員会（ＳＲＢ）が、ＳＳＭおよび欧州委員会と協力して準備を進める。どのようなスキームで行うか、いつ行うか、またどのようなフレームワークで行うか、ＳＲＦを使うのかなどはＳＲＢが決定する。最終的な処理スキームの可否は欧州委員会、場合によっては欧州理事会が24時間以内に決定する。

処理スキームの執行は母国当局が行なう。ＳＲＢが母国当局の執行を監視し、母国当局が従わない場合はＳＲＢが直接問題銀行に命令を下す。単一破綻処理基金（ＳＲＦ）はＳＲＢの管理のもとで組成され、破綻処理資金が不十分である場合は主に預金保険制度から資金調達される。ＳＲＦはＳＲＢのもとで組成されるが、問題銀行の負債総額の少なくとも8％をベイルインすることが、その利用条件となる。

破綻処理がなされる場合は、その手法として事業売却、ブリッジバンク（良い資産を一時的に委譲）、資産分離、ベイルインなど様々な方法が考慮される。

(5) 統一的預金保険制度（EDIS）の設置

現在、最も実現が遅れているのが、統一的預金保険制度（EDIS: European Deposit Insurance System）である。すでに各国の預金保険スキーム（DGS）は2014年に改訂された預金保険スキーム指令（DGSD）のもとで統一化される方向にあるものの、その形態は各国ばらばらである。これを一元化し、資金をプールすることがEDISの狙いである。

「真のEMUに向けて」と題するいわゆるFive Presdents' Report[9]によると（European Commission, 2014）、取付けの回避という意味で、銀行預金の保護は、危機管理において非常に重要であるが、預金保険機関が各国独自のものである現状、仮に前述した銀行破綻処理指令（BRRD）[10]に基づいてベイルイン政策がとられると、各国の預金保険基金がまず引き出されることになり、基金の財政に影響を与える。しかし、共通預金保険スキームがあれば、預金保険への信頼が増して取付けも収まり、早急な復元が可能である。このように危機が素早く伝搬するEUにおいては、危機管理においてより信頼のある巨額の預金保険が必要不可欠だという考え方に基づく。

EDISが機能するには、まずすべてのEU加盟国が、銀行破綻処理指令（BRRD）を国内法に置き換えなければならない。さらに各国の預金保険をひとつにプールする必要がある。しかし、その必要性については、特に預金保険残高の大きいドイツなど北部の国の反対が強い。

(6) ベイルアウトからベイルインへ

リーマンショック後、欧米では銀行、保険、証券会社、ヘッジファンド等の破綻が相次ぎ、前述したように巨額の公的資金が注入されることになったが、これは各国の財政を急激に悪化させ、世界経済に多大な悪影響が出た。

2008年11月にワシントンでG20が開催され、翌2009年9月のピッツバーグG20サミットでは世界経済安定のため金融規制強化で一致した。続く2010年11月のソウルG20サミットで金融安定化理事会（FSB）は、「納税者に金融機関の再生・破綻処理のための負担を負わせることなく、金融機関の株主や一般債権者に損失を吸収させるような枠組みを導入するための法改正を各国が行うべきである」との声明を公表した。すなわちベイルインの推奨である。

「ベイルアウト」とは、公的資金注入により国が金融機関を救済することである。これに対し「ベイルイン」では、株主、一般債権者、預金者が破綻処理費用を負担する。

EUにおいても、2016年1月1日に発足した金融機関破綻処理メカニズム（SRM）において、SRFを利用する際には少なくとも負債の8％はベイルインを行なうことが基本となった。ベイルインが実際に遂行される場合、まず株主や転換社債等の劣後債等の債権者、非付保預金の預金者が損失を被る（除外されるものとしては、付保預金、7日未満のインターバンク債権などシステミックリスクの大きいもの）。一方10万ユーロまでの付保預金は、7営業日以内にすべて払い戻される。破綻処理は銀行業界が資金を負担し、前述した銀行破綻処理基金等の資金が不十分である場合でも、事後的に銀行業界が拠出する。

4　欧州銀行の不良債権の推移と今後の展望

以上検討してきたように、銀行同盟は道半ばであり完成するにはまだまだ時間がかかるだろう。一方ＥＵの不良債権比率の上昇は止まっておらず（図表5）、アメリカがリーマンショック後素早く公的資金を注入し、２００９年をピークに大きく比率を下げたのとは対照的な姿である。

２０１４年末の欧州の不良債権残高（ＮＰＬ）は２００９年の水準の2倍にあたる1兆ユーロを突破した（ＧＤＰ比9％超）。国別でみると、特にキプロス、ギリシャ、イタリア、ポルトガルなどで再び増加している。特に大銀行よりも中小銀行の不良債権の増大が目立っており、信用収縮がさらに景気に悪影響を与えることが懸念される。

特に銀行融資に依存している国で不良債権比率が高い傾向にあり、ＮＰＬの水準が高いと、

●図表5　ユーロシステム主要国の不良債権比率の推移（%）

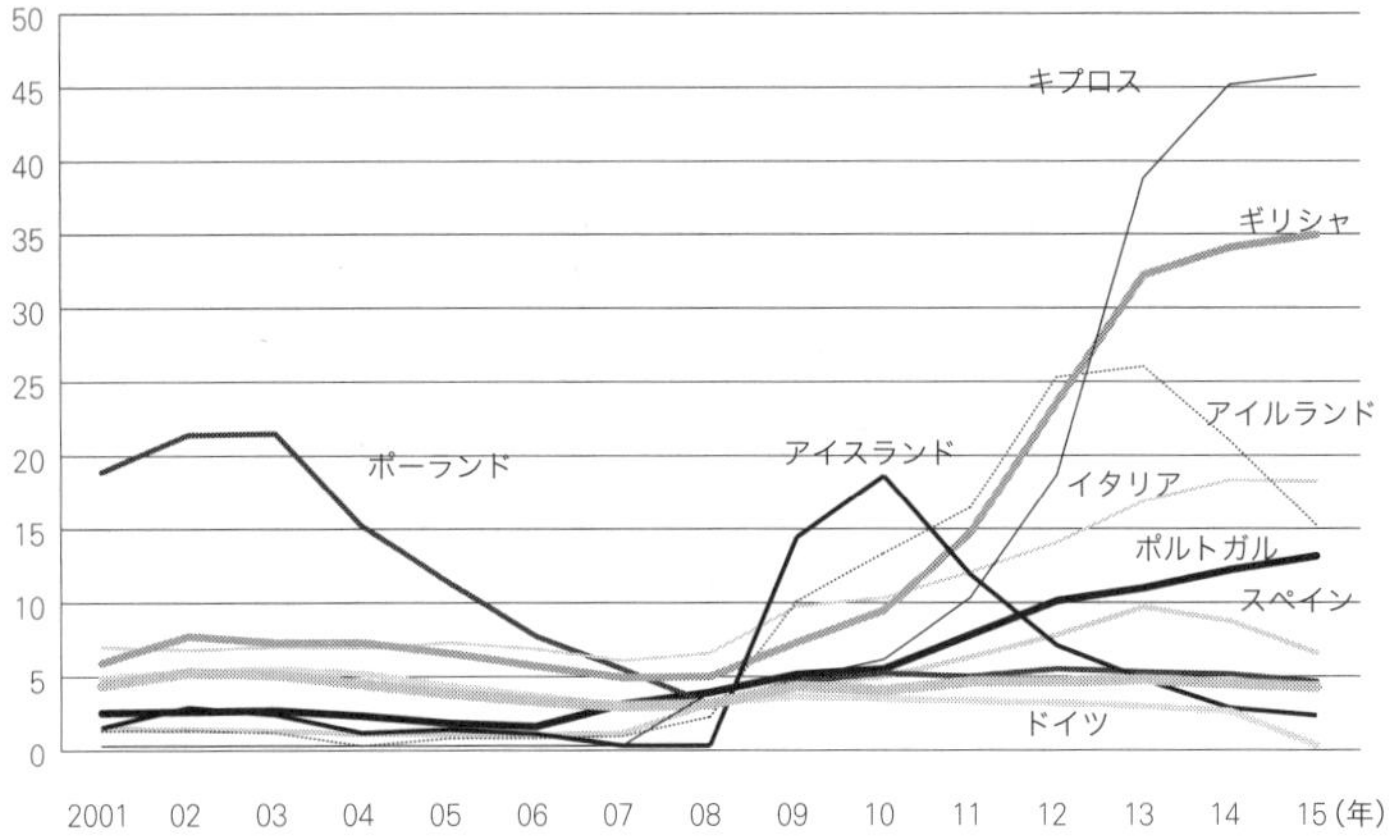

出所：World data development databaseを基に筆者作成。

収益性の低下、ファンディングコストの増大をもたらし、信用収縮のもとで景気停滞を長期化させる懸念がある。また、特に銀行に依存する中小企業金融を停滞させる。

欧州の銀行は償却のスピードがアメリカなどに比べて遅く、景気停滞をさらに長期化させている。国により担保貸出などの融資慣行や会計制度が異なっていることなどが、引当比率の水準を異なるものとしている。銀行同盟の一環として、破産法や銀行破綻処理手続きの統合を進めているものの、これも時間がかかる見通しである。

また、金融政策においてＥＣＢが２０１４年にマイナス金利に踏み切ったことは、銀行の収益性を大きく低下させる方向に働いている。ＥＵでは日本と異なり準備預金に占めるマイナス金利対象の準備部分が多く、金融機関の収益性に大きな重荷となっている。

なかでも深刻なのがイタリアである。イタリア最古の銀行ＢＭＰＳ（モンテパスキ）銀行は、不良債権比率が40％を超え、株価の急落も目立つ。ＢＭＰＳにはすでに複数回公的資金が注入されているが、２０１６年７月終わりに92億ユーロの不良債権の売却と50億ユーロの増資からなる再建計画が公表された。しかし新株引受けがまとまるかなど、未だ不透明である。

一方、ＥＢＡは２０１６年７月29日にＥＵおよびＥＥＡの国の51の銀行（全総資産の70％）のストレステストの結果を公表した。これによれば最も厳しいシナリオでは同行が最も深刻な資本不足に陥るとされた。最近では、イタリアのウニクレーディト、ドイツのドイツ銀行、英国バークレーズ、ＲＢＳ、スイスのクレディスイスなどの欧州銀行株価は大きく値を下げており、特に６月23日の英国のＥＵ離脱（Ｂｒｅｘｉｔ）でリスクオフとなったことでさらに厳しい状況に置かれている。

欧州の金融機関は、エネルギー価格低迷、ロシアへの経済制裁、新興国の景気停滞、中国の景気低迷、ＥＣＢのマイナス金利、ＬＩＢＯＲ等不正取引による巨額の罰則金支払いなど、多くの課題がのしかかっている。２０１６年に実施されたＦＲＢによる外国銀行のストレステストでもドイツ銀行とスペインのサンタンデールの米国法人２行だけが不合格となるなど、信認も低下している。さらに、ベイルイン制度が本年から導入されたことにより、イタリアなどでは預金取付けも起きており、流動性リスクなどにも見舞われている。

ドイツ最大の銀行グループであるドイツ銀行は、保有デリバティブ取引が世界全体の想定元本の15％を占めるなど、大きな集中リスクを抱えている。ＩＭＦ（２０１６）によれば、ドイツ銀行は他の巨大銀行（ＳＩＦＩ）との債権債務関係が緊密であり、破綻に至った場合には世界の金融システムに大きな影響を与える懸念も高まっている。

単一監督制度、破綻処理、預金保険を含む銀行同盟が完成形となるにはさらに長い時間がかかるだろう。各国の制度がそもそも異なり、また預金保険の規模も大きく異なる状況で、これを統合していくことは各国の利害対立もあり、簡単ではない。ブレグジットにより、金融規制の標準化に技術的にも政治的にも大きな力を有していたイギリスが脱退することもマイナス材料である。もともとＥＢＡの所在地はロンドンだが、これも将来的には大陸欧州の都市に移行せざるを得ないだろう。物理的な面だけでなく、成熟した国際金融センターであるロンドンがＥＵから離脱すれば、進んでいたＥＵ資本市場統合も頓挫する懸念もある。

もっとも英国がＥＵから離脱しても、金融サービスにおいて英国が重要であることには変わりはない。両者が新たな協力体制を築き、引続き銀行同盟を進めていくことが肝要である。

注

（1）経済ガバナンス強化のための 5つの規則と1つの指令からなる協定。財政基準及びマクロ経済の条件を満たさない場合は、過剰財政赤字措置（Excessive Deficit Procedure：ＥＤＰ）と過剰不均衡措置（Excessive Imbalance Procedure：ＥＩＰ）が発動される。

（2）当時、ギリシャのユーロからの離脱などがあれば、ブンデスバンクに巨額の貸し倒れが発生するなどが懸念された。しかし、ブンデスバンクはユーロシステムの一組織であり、ドイツの債権はあくまでＥＣＢに対するものなので、危機国あるいは南欧銀行が破綻してもＥＣＢが損失を被る。またＥＣＢが仮に破綻しても、ドイツは出資分（27％）の負担にとどまる。むしろドイツの民間銀行はリスクから遮断され、リスクはすべてＥＣＢが負う、というベネフィットが享受できる。

（3）アレクサンドル・ランファルシー（Alexandre Lamfalussy）は、ハンガリー生まれのベルギー人エコノミスト。欧州中央銀行の前身であるＥＭＩ（European Monetary Institute）の理事長を務めた。彼が座長を務めたＥＵの諮問機関がランファルシー委員会で、２００１年2月に最終レポート（Final report of Wise men on securities markets regulation）を公表し（いわゆるランファルシーレポート）、そこで提唱されたプロセスが、ランファルシープロセスと言われる。

（4）２００９年2月25日付報告書で、原題は*High level group on financial supervision report in the EU*。元ＩＭＦ専務理事のDe Larosière（元仏蔵相）が座長で、元各国中央銀行、ＢＩＳの専門家などがメンバーとなった諮問委員会が作成。欧州委員長バローゾがリーマンショック直後に招集し、世界金融危機の分析とそれに対するＥＵの規制等との課題を洗い出したもの。http://ec.europa.eu/internal_market/finances/docs/de_larosiere_report_en.pdf

（５）Regulation (EU) no.1092/2010

（６）Regulation ECB/2014/17（16 April 2014）参照。

（７）ＥＣＢ（２０１４）10ページ。

（８）Bundesbank (2015)

（９）5presidentとは、ユンケル欧州委員会委員長、トゥスクＥＵ理事会議長、ドラギ欧州中央銀行総裁、シュルツ欧州議会議長、ディセルブロムユーログループ議長の５名からなる。

（10）ＢＲＲＤでは、10万ユーロまでが保護され、２０１４年の改定では、払い戻しが20営業日から7営業日に短縮された。

主要参考文献

Bundesbank（2016),“Completing the Banking and Capital Markets Union-Where do we stand?” *Deutsche Bundesbank Eurosystem*

EBA（2016), *The European Banking Authority*

European Commission（2014), *Completing Europe's Economic and Monetary Union*

European Commission（2015), “Single Resolution mechanism to come into effect for the Banking

Union", press release on 31 december.
European Parliament（2016）, "Non-performing loans in the Banking Union: stocktaking and challenges", *Directorate-general for internal policies*, March 18
IMF（2016）, "Globally Important German Financial System is Resilient", *IMF Survey*
IMF European Department（2013）, *A Banking Union for the Euro Area*
IMF European Department（2014）, *A Strategy for Resolving Europe's Problem Loans*
井上武（２０１４）「欧州における銀行同盟の進展」『野村資本市場クォータリー』Spring
松下千秋（２０１１）「ＥＵの金融監督体制の改革」『外務省調査月報』２０１１／No.２

第 3 部

世界のなかのEU

第 11 章

中東危機の影

―― EUと中東

日本経済新聞社コラムニスト
脇 祐三（わき・ゆうぞう）

1976年一橋大学経済学部卒、日本経済新聞社入社。カイロ・アメリカン大学留学、バーレーン特派員、ウィーン特派員、欧州総局編集委員（在ロンドン、欧州・中東担当）、論説委員兼編集委員、アジア部長、国際部長、論説副委員長などを経て現職。著書に『欧州の憂鬱』（共著）、『中東　大変貌の序曲』、『中東激変』（いずれも日本経済新聞出版社）など。

CHAPTER 11

SUMMARY IN THIS CHAPTER

中東情勢の流動化が、
難民とテロの拡散を通じて欧州の政治を揺さぶる。
危機の連鎖に直面するEUはシリアの内戦終結を望むが、
中東と欧州の接点であるトルコの政治の混迷が
難民問題や過激派への対応を難しくしている。

1　変動の背景に若年失業とSNS

イスラム社会の出生率は高い。1970年に約1億2000万人だった中東・北アフリカのアラブ連盟加盟地域の人口が、2015年にはその3倍の3億6000万人を超えた。30歳未満が人口の6割以上を占める。少子高齢化の日本とは対照的な「多子若齢社会」だ。社会に出て職を求める15～24歳世代の人口が、退職の時期を迎える55～64歳世代の3倍を超える。

国際労働機関（ILO）が推計した2016年の中東・アラブ諸国の若年失業率は30・6％、北アフリカは29・3％で、この地域が世界で最も高い。主要な雇用の受け皿である役所や国営企業は満杯状態で、新たな雇用の機会が限られる一方、民間部門の成長は遅れ気味だ。高学歴化が進んでいるのに、大学を出ても職が見付からない状況が、不安定な政治情勢につながる。

アラブ諸国では、かつて高揚した民族主義が風化し、社会主義も影響力を失った。イスラムが唯一、強い影響力を持つイデオロギーとして残った。「社会が公正でないのは、政治や社会制度がイスラムの教えに従っていないからだ」というロジックは、不満を抱きがちな若者に訴求力がある。大学に進学する比較的めぐまれた若者も含めて、定職がなく社会に統合されていない若者が多数いる状況は、過激派を生む温床になりやすい。

欧州では、ユーロ圏の失業率が10％台前半まで低下した。だが、若年層の失業率はだいたいその2倍で、イスラム教徒に限るとさらに高い。15年11月のパリ、16年3月のブリュッセルの連続テロで、実行犯グループの拠点になったブリュッセルの移民街では、イスラム教徒の若者のおよそ4割が職に就いていない。欧州の移民社会でも、自分の育った社会に居場所がないと感じる若者が増えている。

イスラム諸国から移民として渡ってきた親の世代と比べると、欧州で生まれ育った2世の世代の宗教意識はもともと希薄だ。しかし、西欧社会に同化しているわけではないし、自分が生まれた欧州の国への帰属意識も乏しい。1980年代以降、中東でも欧州の移民社会でも宗教意識の覚醒が進んだ。自発的にベールをかぶる女性の比率も高まった。米国の宗教学者レザー・アスランは「グローバル化の中で民族や国籍の違いの意味が薄れ、宗教が最も強い帰属意識のよりどころになった」と指摘している。

一方、2001年9月11日の米国での同時テロを契機に、欧州諸国でもイスラム嫌悪の空気が強まった。宗教の違いに基づく雇用の差別は、建前としては存在しないが、実際にはイスラム教徒は就職の際に不利だ。裕福な家庭に育った若者も含めて、イスラム教徒が疎外感や屈辱感、被害者意識を共有するような状況が、欧州で広がっている。

高学歴の若者が自発的に中東に渡航して、過激派組織「イスラム国」（IS）などに加わり、実戦経験を積んで帰国する例は後を絶たない。その一方で、欧州の社会に溶け込めない若者が、過激な言説にあおられてテロリスト予備軍になる状況も続く。これが欧州でホームグロウン型のテロが拡散する基本的な構図だ。

中東・北アフリカでは、1990年代から国境を越える衛星テレビが社会に浸透し始め、さらにインターネットの普及によって、国単位の情報統制は無意味になってきた。多くの若者が携帯電話やスマートフォンを持つようになった影響も大きい。政府の統制下にある新聞の部数よりも、フェイスブックやツイッターなどSNSの加入者数のほうが、アラブ諸国で多くなったところで、「アラブの春」が起きた。

ISなど過激派の主要な活動の場も、バーチャル空間だ。ミサイル攻撃や空爆によって過激派の地上の拠点を破壊することはできても、軍事行動でSNSの交信を止めることはできない。過激派のネットワークは国境を越えて広がり、過激派とつながるさまざまなバーチャル・コミュニティーが世界に存在するようになった。

イスラムの解釈の幅は広い。かつては、自分の暮らすコミュニティーの中で、ふだん通うモスクの聖職者や家父長の意見が、若者のイスラム的な価値基準や行動の是非の判断に影響力を持った。今の若者はインターネット空間にあふれる言説の中から、自分の気分に合った主張をフォローする傾向が強い。家族も気がつかない間に若者がSNSを通じて過激な言説のフォロワーになる。現実の社会に居場所がないと感じる若者が、過激派のシンパや予備軍が集まるバーチャル・コミュニティーで「仲間」を見出し、どこかの時点でスイッチが入ると、自ら過激な行動に走るというパターンが目立つ。

2　米国のタガが外れた中東

「9・11」の米同時テロの後、当時の米国のブッシュ政権はイラクのサダム・フセイン政権の打倒にまで突き進んだ。米国の財政状態が悪化し、米国内の厭戦気分が強まった後、2009年に発足したオバマ政権は、ブッシュ前政権の中東への過剰介入を否定するところから出発した。「シェール革命」によってエネルギー自給率が高まると、米国内で中東への戦略的関与を求める声も弱まりがちだ。善しあしは別として、外から中東にタガをはめようとしてきた米国が、オバマ政権下では明確な中東戦略を持たないまま、情勢変化の後追いに終始するようになった。

米国主導のグローバルなガバナンスが弱まった結果、中東では米国の同盟国であるサウジアラビア、トルコなどの地域大国が、それぞれ内政の延長や域内の覇権争いの思惑から、ばらばらに動く傾向を強めた。2011年に「アラブの春」で流動化した中東・北アフリカの政治秩序は、その後さらに流動的になった。

米国がイラク戦争でフセイン政権を倒した後、イラクにアラブで初めてイスラム教シーア派が主導する政権が生まれた。シリアでは、シーア派に近い少数派のアラウィ派が主導するアサド政権が、イランと同盟関係を続けてきた。レバノンでは、イランの革命防衛隊と結びつきの強いシーア派の民兵組織ヒズボラが、政党としても勢力を拡大している。

イランからイラク、シリア、レバノンと地続きでシーア派の勢力圏が広がり、ペルシャ湾から地中海に至る「シーア派の弧」ができたように見える。スンニ派のサウジなどは、この政治地図の変化をイランの影響力拡大とみなし、「アラブの春」を勢力巻き返しの好機ととらえた。2011年春に始まったシリアの内戦は、サウジ、カタール、トルコといったスンニ派の周辺国が反体制勢力を支援する一方、レバノンのヒズボラなどがアサド政権に加勢し、かなり早い段階から宗派対立と重なり合う国際紛争に変質した。

「アラブの春」が始まった後、米国とサウジは2011年の半ばに「イランおよびイランに追随する勢力が中東地域で影響力を拡大するのを抑える」ことが共通の戦略的利益だと再確認した。ところが、オバマ大統領は2期目に入った後、過去にとらわれない外交に傾斜し、イランとの関係でも歩み寄りを優先した。2015年に核開発問題をめぐる主要国とイランの合意が成立し、16年1月には国際的な対イラン経済制裁のかなりの部分が解除された。これによって、1979年のイラン革命以来、イラン封じ込めが中心だった中東をめぐる世界の地政学の前提も変わった。

サウジ政府は米国を公然と非難するのは避けたが、サウジでは「安全保障に関する利害が米国と一致しなくなった。米国が動かないなら、自ら動くべきだ」という論調が目立つようになった。2015年1月にサルマン国王が即位した後、サウジは外交で自己主張を強めた。外交姿勢の変化は、国王の若い息子であるムハンマド・ビン・サルマン副皇太子への権力の集中とも並行している。

国防相でもあるムハンマド副皇太子は、まずシーア派勢力が首都を占拠した隣国イエメンへの軍事介入を主導。15年12月には、スンニ派諸国による「イスラム軍事同盟」の結成を提唱した。そして16年1月にサウジ政府はイランとの外交関係を断絶した。

サウジもイランとの直接衝突は避けるが、イランを利することには反対する。中東情勢全体を左右する焦点は、サウジとイランの代理戦争の様相が強いシリア内戦の行方である。シリアの情勢では、もう一つの地域大国トルコも、重要なカギを握る。

3 難民で中東をめぐる地政学が変化

2011年の春にシリアでアサド政権打倒運動が始まり、それが内戦へと発展したときに、トルコのエルドアン政権は「アサド政権も早晩、倒れる」と判断した。中東での影響力拡大を狙うトルコはシリアの反体制勢力に肩入れし、アサド政権を倒す必要悪としてイスラム過激派の戦闘員がトルコ・シリア国境を出入りすることも事実上、容認してきた。

しかし、エルドアン政権の思惑に反して、内戦でアサド政権は倒れなかった。権力の空白状態になったシリアの内陸地方では、クルド人勢力がなし崩し的に自治を始めた。さらに、イラクから過激派が流入して広い地域を支配下に置き、2014年に「イスラム国」（IS）を名乗るようになった。シリアの内戦は、政権とスンニ派の反体制勢力の戦いから、政権、反体制派、ＩＳ、クルドという、より複雑な戦いに変わった。

シリアのクルド人の政治組織は、トルコで非合法テロ組織とみなされているクルディスタン労働者党（ＰＫＫ）の姉妹組織であり、トルコはこれもテロ組織とみなす。シリアでトルコ国境沿いの地域の多くはクルド人組織が押さえたが、トルコは隣接するシリア北部にクルド人が実効支配する巨大な回廊ができることを極度に警戒し、ＩＳ排除よりもクルド人の勢力拡大を抑えることを優先してきた。

一方、ＩＳ攻撃に重点を置く米国は、ＩＳの支配する地域に隣接して住むクルド人勢力との連携を進めた。トルコのエルドアン政権は、北大西洋条約機構（ＮＡＴＯ）の同盟国である米国が「トルコの敵と協力している」と非難する。

シリア内戦をめぐる国際関係が大きく変化したのは、２０１５年の秋だ。きっかけは、15年夏に急増した欧州への難民の到来と、11月にパリで起きた連続テロだった。ドイツのメルケル首相は同年９月に「アサドもロシアもイランも含めた協議が必要」と語るようになり、フランスのオランド大統領は11月のパリのテロの後、「われわれに対する直接的な脅威はアサド政権ではなく、過激派である」と強調した。

難民流出の元であり、ＩＳなど過激派の温床にもなっているシリアの内戦を、とにかく早く終わらせたいと、ＥＵは考えるようになった。米政府もアサド退陣の必要性を繰り返す一方で、「1日とか1ヵ月で去れと言っているわけではない」(ケリー国務長官)と、含みを持たせるようになった。こうした変化を見て、ロシアが15年9月末からシリアに軍事介入した。

ロシアの戦略的な目標は、冷戦後に低下した中東および国際社会での政治的な影響力を回復することだ。アサド政権を支援するのは、そのための当面の手段である。ロシアの外交にプラスと判断すれば、プーチン大統領はどこかの時点でアサド大統領に引導を渡すという見方も根強い。

ロシアが軍事介入してから、シリアの戦況は政権側優位に変わり、反体制勢力は窮地に追い込まれた。16年2月下旬、ラブロフ・ロシア外相とケリー米国務長官の合意に基づいて、政権側と過激派以外の反体制勢力は暫定停戦に入り、3月半ばにジュネーブでの和平協議が再開した。その後、停戦違反についての非難の応酬で和平協議は中断したが、ロシアがシリアをめぐる外交を主導し、米国もこれに追随する流れは続く。ウクライナ危機をめぐって対ロシア制裁を続けるEUも、シリア危機の打開ではロシアの役割に期待する。

15年11月13日にパリで連続テロが起きると、フランスはシリア沖に空母を派遣し、艦載機によるISの拠点への空爆を始めた。オランド大統領はモスクワを訪問してプーチン・ロシア大統領と会談、対ISで仏ロの軍事連携を進めようと動いた。その局面で起きたのが、同月24日のトルコによるロシア軍機撃墜事件だ。ロシア軍機によるトルコの領空侵犯の有無で、両国の主張の隔たりは大きかったが、NATO加盟国であるトルコの領空をロシア軍機が侵犯し

●図表1　主要な脅威は何かの比率（%）

	IS	気候変動	不安定な世界経済	イラク・シリアからの難民
スペイン	93	89	84	42
フランス	91	73	73	45
イタリア	87	72	71	65
ギリシャ	73	84	95	69
ドイツ	85	65	39	31
英国	79	58	48	52
オランダ	71	56	48	36
スウェーデン	69	64	35	24
ポーランド	73	54	64	73
ハンガリー	70	66	56	69

出所：米国のPew Research Centerが2016年春に実施したGlobal Attitudes Surveyによる。

たとトルコが強くアピールし、同じNATO加盟国であるフランスがロシアと軍事面で連携するのを阻もうとしたという見方は根強い。

撃墜されたロシア軍機から脱出し、パラシュートでシリア領内に降下しようとした乗員を、トルコが支援しトルコ人も加わった反体制勢力が殺害したことにも、ロシアは激怒した。ロシアはトルコへの経済制裁を発動し、プーチン大統領がエルドアン大統領を「テロの共犯者」と呼ぶなど、対立は急速に深まった。

4　トルコに頼るEUのジレンマ

米国の調査機関、ピュー・リサーチ・センターが2016年春に実施した世論調査によると、「何があなたの国にとって主要な脅威か」という問いに、ほとんどの欧州諸国では過激派「イスラム国」（IS）

●図表2　トルコと欧州主要国の人口比較（CIAによる2015年央推計）

	人口（万人）	中央年齢（歳）
トルコ	7941	30.1
ドイツ	8085	46.5
フランス	6655	41.1
英国	6408	40.4
イタリア	6185	44.8
スペイン	4814	42.0

出所：米中央情報局（CIA）のWorld Factbookによる。

という答えが最も多かった。そして、海を渡る難民の来着が多いイタリア、ギリシャや、イスラム教徒の移民が歴史的に少ないポーランド、ハンガリーといった東欧の国では、難民を脅威と感じる比率が高い。

ＥＵは２０１５年９月の内相理事会で、合計16万人の難民を分担して受け入れる措置を賛成多数で決めた。しかし、ハンガリー、スロバキアなど東欧諸国は、多数のイスラム教徒を受け入れる社会的な環境が整っていないといった理由で、分担受け入れに反対した。ハンガリーが非合法の難民の流入に国境を閉ざしたのに続いて、マケドニアなどバルカン諸国も相次いで入国規制を厳格にした。その結果、財政危機の続くギリシャに、地中海を渡ってきた大量の難民が滞留する、新たなギリシャ危機が懸念されるようになった。

このため、ＥＵはトルコが欧州への難民流出を抑えてくれるよう、トルコの協力に頼り始めた。16年3月18日のＥＵ・トルコ首脳会議で、(1)トルコからギリシャに密航した新たな難民全員と、難民認定の申請が却下された人たちをトルコに送り返す、⑵トルコに送還されるシリア難民の数に見合う形で、トルコにいるシリア難民の一部をＥＵが正規の手続きで受け入れる、⑶15年11月の共同行動計画でＥＵがトルコに約束した30億ユーロの資金援助に加え、２０１８年末までに30億ユーロを追加拠出する——合意が成立した。

トルコの協力を得る見返りとしてＥＵ側は、トルコのＥＵ加盟交渉を加速して次の段階の協議開始の準備を進めるとともに、トルコ国民がＥＵ（シェンゲン地域）に渡航する際のビザ免除を前倒しで実施する方針を示した。

ところが、実際にビザを免除するには、ＥＵ側が設けた基準をトルコが満たす必要がある。焦点になったのは、トルコ政府がメディア統制などの根拠としている「反テロ法」だ。ＥＵ側は同法を修正するよう求めたが、エルドアン大統領は拒否し、板挟みになった3月合意の立役者、ダウトオール首相は16年5月に辞任した。

トルコのＥＵ加盟交渉を加速するというＥＵ側の約束が、ＥＵ諸国の政治に及ぼした影響も無視できない。英国では6月23日の国民投票の前に、ＥＵ離脱派が「人口約８０００万人のトルコから人が押し寄せ、移民の流入が制御不能になる」「国民投票は、トルコ人が自由に英国に入るのに賛成か反対かの選択だ」と叫ぶようになった。キャメロン英首相（当時）は「トルコのＥＵ加盟が近づいたわけではないし、英国は拒否権も持っている」と反論したが、トルコの問題は国民投票でＥＵ離脱という結果になった要因の1つだろう。

トルコではダウトオール首相が辞任した後、外交政策の急旋回が始まった。ダウトオール氏が掲げた近隣諸国との対立のない「ゼロプロブレム外交」が破綻し、シリアの政権との敵対関係、イスラエルやエジプトとの関係冷え込みに加えて、ロシアとも深刻な対立に陥り、「ゼロフレンド」と皮肉られる状態になったことが背景だ。エルドアン大統領はイスラエルとの関係修復に着手し、撃墜事件についてプーチン大統領に謝罪してロシアとの関係修復にも動いたが、反テロ法などをめぐるEUとの隔たりは埋まらなかった。

トルコ外交が微妙な局面にある中で、16年7月15日にトルコ軍の一部が反乱を起こした。クーデターの企ては粗雑さが目立ち、参謀総長など軍の主流派は政権側に付いたので、反乱はおよそ半日で鎮圧された。

トルコでは1990年代まで、軍の幹部が多数を占める国家安全保障会議が、内閣の上位にある国の最高意思決定機関だった。この政治体制をEUは、シビリアン・コントロール（文民による軍の統制）の欠如と批判した。このため、21世紀に入ってトルコは同会議を文民多数に変え、EU加盟交渉と並行して同会議の権限を縮小した。さらに、2010年代になると、軍の幹部の人事権も政権側が握るようになった。

内政への軍の影響力をほぼ排除してから、エルドアン政権は強権色を一段と強め、かつて連携していた宗教運動指導者ギュレン師との対立が表面化した。トルコ政府は2015年にギュレン師が主導する運動を「テロ組織」と規定し、反テロ法を根拠にギュレン運動への締め付けを強めていた。

　エルドアン政権は、軍の一部反乱の最中からギュレン師がクーデター計画の黒幕だと断じ、鎮圧後にすぐギュレン系人脈を一掃しようと動いた。事件後2週間で政府機関や軍、警察、検察、大学などから排除された人は6万人を超え、粛清の嵐はギュレン系以外の政権批判勢力にも広がった。市民を殺傷した反乱勢力を極刑に処すべきだという声を背景に、EU基準に合わせて2002年に廃止した死刑の復活を求める動きも起きた。

　クーデター未遂事件を非難し、選挙で選ばれた政権を支持すると強調した欧米諸国も、エルドアン政権の行きすぎに懸念を強めた。人権の尊重を求めるEU諸国は「エルドアン大統領に白紙委任状を渡したわけではない」（エロー仏外相）と批判し、ビザなし渡航の実現はさらに遠のいた。死刑復活の動きも懸念材料になった。トルコのEU加盟交渉の加速は見込みにくく、難民問題でのEU・トルコ合意の履行も宙に浮いた格好だ。トルコ政府は「EUとの関係は重要だが、それがすべてではない」と説明している。

　米国とトルコの関係も難しくなった。トルコ政府はギュレン師が住む米国に、同師の身柄の引き渡しを求めた。だが、米政府はギュレン師がクーデター事件に関与した明白な証拠が必要だとしている。クルド人勢力との連携をめぐる対立に加えて、ギュレン師の身柄の問題で新たな対立が深まると、ISとの戦いでの国際的な協力関係に暗雲が増す。

5　EUは地中海を越えず

この章の最後に、冷戦後のEU拡大の動きの中で、中東・北アフリカ諸国がどう位置づけられてきたかを振り返ってみよう。

冷戦終結後のEUの最大の課題は東西欧州の一体化だったが、EUは一方で中東・北アフリカ諸国との協力関係も強化しようとした。1994年10月、モロッコのカサブランカで開いた経済協力会議で、当時のドロール欧州委員長は「われわれは30カ国をはるかに超える国が参加し、8億人規模の人口を擁する世界最大の経済圏の実現をめざす」と力説した。

ドロール発言の下敷きになったのは、欧州委員会の欧州・地中海パートナーシップ構想だ。「バルセロナ・プロセス」とも呼ばれるこの構想は、当時のEUと東欧諸国、EU非加盟の地中海諸国を、1つの自由貿易圏にする構想だった。自由貿易の対象となる「地中海諸国」は、モロッコ、アルジェリア、チュニジア、リビア、エジプト、イスラエル、ヨルダン、レバノン、シリア、トルコ、キプロス、マルタの12ヵ国。そのうち、国際的な制裁下にあったリビアを当面の交渉相手から外す一方、地中海に面していないヨルダンを最初からパートナーに加えた。

その背景には、93年のイスラエルとパレスチナ解放機構（PLO）の和解、94年のヨルダン・イスラエル和平条約締結を踏まえ、中東和平を後押しする狙いもあった。ただし、EUは中東・北アフリカ諸国が将来、EUに加盟する可能性を事実上、排除した。各国が自由貿易を含むE

Uとの連合協定を結び、これを足がかりにして経済構造改革と投資環境の整備を進め、直接投資を誘致して国内の雇用機会を創出すれば、各国からEU諸国への移民の流出も抑制される――。これが、EU側の基本的な発想だ。

1990年代から2000年代にかけて、東欧諸国や旧ソ連のバルト3国がEUに加盟し、ドイツに近い地域にEUの重心が移った。これに対してフランスやスペインなどが推進したのが、地中海を重視してEUの重心を南のほうに移す戦略だった。キプロス、マルタのEU加盟は、こうした政治力学に伴って実現した。

地中海パートナーシップの延長線上で、2008年にフランスのサルコジ大統領(当時)は「地中海連合」の創設を主導した。この連合に加わった国の地図を、古代のローマ帝国と属州の地図に重ね合わせる人もいる。サルコジ大統領は当初、EU加盟の南欧諸国と地中海岸の中東・北アフリカ諸国だけによる地域協力の枠組み創設を意図したが、ドイツが他のEU諸国をオブザーバー参加にとどめることに反対したため、地中海連合の枠組みも修正された経緯があった。

トルコは地中海連合への参加をEU加盟の代替としないという保証を求めたうえで、この枠組みに参加した。しかし、1987年に当時の欧州共同体(EC)に加盟申請したトルコのEU加盟プロセスは、ほとんど前進しなかった。96年にEU・トルコ関税同盟が成立、2005年10月にようやく加盟交渉が始まったが、EU側が設定する35の政策分野のうち、交渉開始

●図表3　地中海連合の参加国

2008年7月に発足した地中海連合の参加国　EU加盟国　EU非加盟国　斜線はオブザーバ国
■クロアチアは2013年にEU加盟

から10年間で協議に入ったのは15分野にとどまり、共通ルール導入の協議を終えたのは「科学研究」分野だけだ。

トルコのEU加盟交渉は、なぜ進まないのか。トルコの国土の大半は、首都アンカラも含めてアジア側にある。トルコの人口はドイツを追い抜こうとしており、キリスト教の国の集まりであるEUで最大の人口を抱える国が、イスラム教徒がほとんどのトルコになりかねない。トルコの法制は人権保護などの面で、EUの基準を満たしていない。すでにEUに加盟したギリシャ系のキプロス政府と、キプロス北部の帰属をめぐって対立関係にある……。

こうした要因が、かねて指摘されてきたが、最大の焦点はEUに加盟した場合の、トルコからＥＵ各国への労働力の移動だ。キャメロン前英首相は、イスラムの国だが西欧型の民主制度を導入したトルコの加盟はＥＵの戦略として重要とかつて語っていたのに、16年6月の英国の国民投票の前にはトルコの加盟はあり得ないと示唆するようになった。

選挙とは無関係なＥＵという主体の戦略としては是としても、国民の選挙にさらされるＥＵ諸国の政権は票が逃げるテーマであるトルコの加盟を推進しようとはしない。一方でトルコの政権もＥＵ加盟は実現困難とわかりつつ、ＥＵ加盟という国家目標とＥＵからの外圧を自らに都合よく利用してきた。この虚構と実態の隔たりが、現在の難民問題への対応にも影響を及ぼしている。

第12章

ウクライナ危機とEU

第一生命経済研究所主席エコノミスト
田中 理（たなか・おさむ）

1997年慶應義塾大学法学部卒。2005年青山学院大学修士（経済学）。2007年米バージニア大学修士（経済学）。2008年同修士（統計学）。株式会社日本総合研究所、モルガン・スタンレー証券（現モルガン・スタンレーMUFG証券）などで日米欧のマクロ経済・金融市場を調査。その間、社団法人日本経済研究センターに出向。海外大学院留学を経て、2009年11月に第一生命経済研究所に入社。2012年1月より現職。2015年より多摩大学非常勤講師（ヨーロッパ経済論担当）。主に欧州各国の経済・政治情勢、金融政策、金融市場に関する調査業務を担当。

CHAPTER 12

SUMMARY IN THIS CHAPTER

ウクライナの欧州接近は、ロシアによるクリミア編入や
ウクライナ東部での「凍結された紛争」を招いた。
欧米諸国とロシアが相互に経済制裁を科すなど緊張が高まったが、
全面的な経済戦争や米ロ代理戦争といった
最悪の事態は回避されている。
これは冷戦終結後に欧米諸国とロシアが
経済関係を強化したことが、
危機の防波堤となったためだ。

1　ウクライナの政変とクリミア編入

ロシアと欧州に挟まれたウクライナは、1991年のソビエト連邦崩壊で独立した後も、ロシアとの関係を維持するか、欧州に接近するかの間で長年揺れ動いてきた。2004年の「オレンジ革命」では、親ロシア派のヤヌコヴィッチ首相が大統領選に勝利したものの、選挙に不正があったとする市民の抗議運動が広がり、やり直し投票で親欧州派のユーシェンコ大統領が誕生した。だが、ユーシェンコ大統領と革命の立役者であったティモシェンコ首相が内部対立を繰り返すなど、その後の政局は混迷を深め、2010年には親ロシア派のヤヌコヴィッチ大統領が誕生した。そして、同大統領がロシアと欧州の双方から有利な条件を引き出そうと画策したことが、2013年末から2014年初頭にかけての「ウクライナの政変」につながっていった。同大統領はロシアとの協議が不調に終わった後、将来のEU加盟の準備作業とされる「連合協定」の締結に向けて準備を進めていた。だが、ロシア側からの経済支援の提案に乗り、2013年11月に連合協定の締結交渉を唐突に凍結し、ロシアとの経済関係を強化する方針を表明した。これを受け、親欧州派の市民や過激な民族主義者等による抗議デモが先鋭化し、大統領の退陣を要求して治安部隊と激しい衝突を繰り返した。2014年2月20日には首都キエフの独立広場で多数の死傷者を出す流血の惨事が発生した。翌日、大統領と野党党首の会談が持たれ、大統領選挙の前倒しや挙国一致内閣の樹立で合意した。不正蓄財に手を染めていたヤヌコヴィッチ大統領はその夜キエフを脱出し、最終的にロシアに亡命した。最高会議（同国の議会）は大統領や閣僚を次々と解任し、親欧州派のトゥルチノフ大統領代行とヤツエニュク首相の下、欧州接近路線に再び舵を切った。

こうした政変による混乱の寸隙を縫って、ウクライナ南部のクリミア自治共和国とセバストポリ特別市では、ロシアの後ろ盾を得た武装集団が議会や行政機関を次々と占拠。ロシアへの編入の是非を問う住民投票を実施し、3月17日にウクライナからの一方的な独立を宣言した。ウクライナの暫定政府はこれを認めなかったが、ロシアはクリミアとセバストポリの独立を承認し、翌18日、ロシア連邦への編入を定めた条約に調印した。これはソ連解体後に核兵器の放棄と引き換えにウクライナの安全を保障した1994年の「ブタペスト覚書」の義務違反に当たる。国際社会はウクライナの主権や領土の一体性を侵すクリミアのロシア編入を厳しく非難。欧米各国や日本はロシアに対する経済制裁を開始したほか、ロシアの主要8ヵ国首脳会議（G8）への参加資格を剝奪した。だが、クリミア情勢を巡る国連の安保理決議案はロシアの拒否権行使で否決され、クリミアとセバストポリがウクライナへ返還される可能性はゼロに等しい。

クリミア自治共和国とセバストポリ市は、ウクライナの南端、黒海に突き出したクリミア半島に位置する。風光明媚な避暑地として知られ、英国のチャーチル首相、米国のルーズベルト大統領、ソ連のスターリン共産党書記長の間で第二次大戦の戦後処理が話し合われたヤル

●図表1　クリミアのウクライナへの返還についてどう思うか？

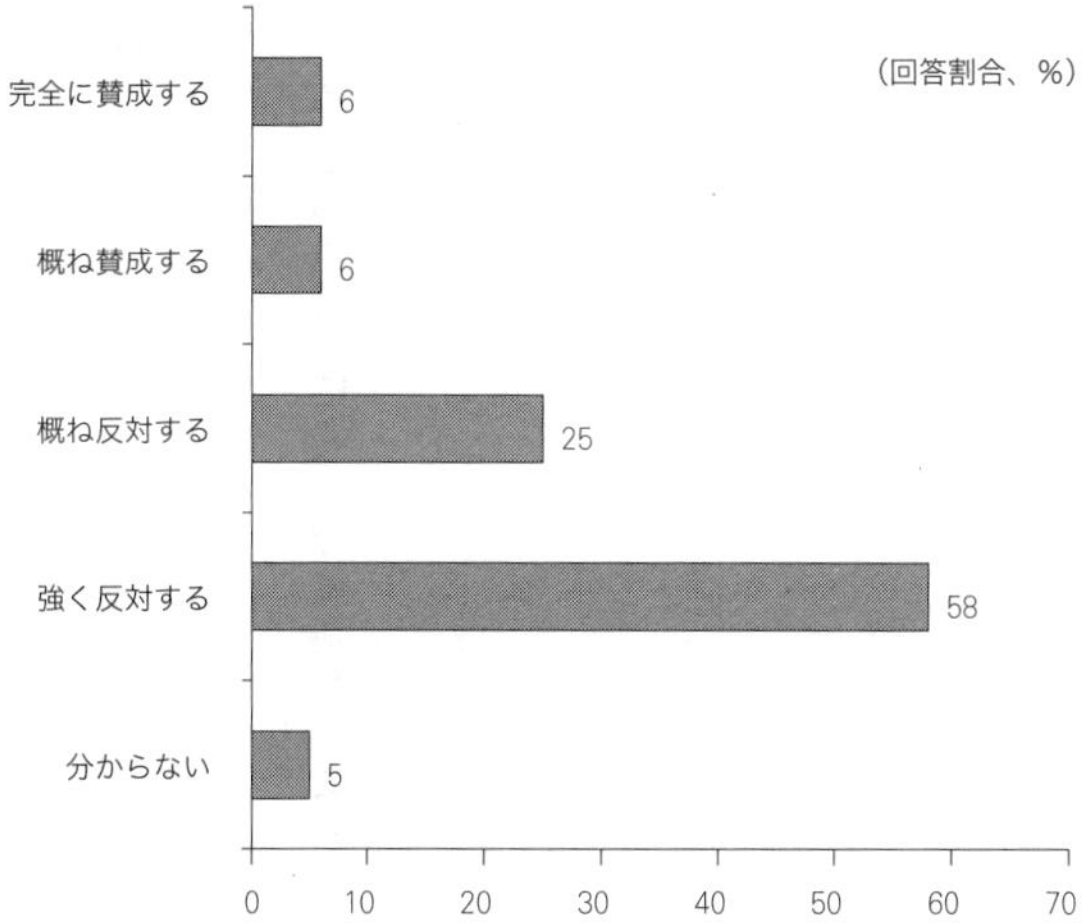

注:2016年３月25-28日にロシア全土で無作為抽出された18歳以上の1,600名を対象
出所:Levada Center資料より第一生命経済研究所が作成

タ会談が行なわれたのもこの地だ。また、19世紀半ばにナイチンゲールが看護婦として従軍したのは、主にクリミア半島を舞台にフランスやオスマン帝国とロシア等が争ったクリミア戦争だった。ソ連時代にクリミアはロシアに帰属していたが、当時の最高指導者フルシチョフ共産党第一書記の発案で、1954年にウクライナに帰属換えとなった。そのため、クリミアにはロシア系住民やロシア語を母語とする住民が多く、ウクライナの中で自治共和国という特別な地位が認められてきた。こうした歴史的な経緯もあり、ロシアでは従来からクリミアを同国の一部と考える国民が多い。セバストポリ特別市にはウクライナの独立後も両国

間の取り決めによりロシアの黒海艦隊が駐留し、艦隊の駐留費用と引き換えにロシアからの天然ガスの輸入価格が割り引かれていた。ウクライナの欧州接近が進めば、黒海や地中海方面の軍事的な要衝を失う恐れがあったことも、国際社会の批判を他所にロシアがクリミア編入を決断する一因となった模様だ。

2　「第二の冷戦」に向けた緊張が高まる

クリミア編入後、ウクライナの混乱は一層深まった。ロシアとの国境に近いウクライナ東部のドネツク州やルハンスク（ロシア語表記ではルガンスク）州では、２０１４年春、親ロシア派の武装勢力が相次いで行政機関を占拠し、「ドネツク人民共和国」と「ルガンスク人民共和国」の樹立を宣言した。両地域を実効支配した武装勢力はウクライナ政府軍と各地で激しい軍事衝突を繰り広げた。ロシアのプーチン大統領からの延期要請もあったが、２０１４年5月に両共和国の支配地域で住民投票が強行され、クリミア同様に一方的な独立とロシアへの編入を求めた。このため、ロシア系住民の保護を理由に、ロシアがウクライナ東部に軍事侵攻するのではないかとの緊張が高まった。ロシアは両共和国の編入や表立った軍事行動は控えたが、親ロシア派の武装勢力に対して水面下での軍事支援や物資提供を行なっていたとされる。

同年5月25日にウクライナの大統領選挙が行なわれ、親欧州派だがロシアとの関係改善も重視するポロシェンコ大統領が就任した。同年6月下旬に東部戦線の一時停戦を宣言し、ロシアもこれに同調したが、武装勢力の抵抗が続いたため、ウクライナ政府軍は東部での掃討作戦を再開した。同年7月17日には、ウクライナ東部の親ロシア派支配地域の上空を通過していたマレーシア航空機が撃墜される事件が発生し、乗客283人と客室乗務員15人が犠牲となった（オランダ人乗客の犠牲者が192人で最多）。ウクライナの軍用機と誤認した親ロシア派の武装勢力が、ロシアから提供を受けた地対空ミサイルを用いて民間機を誤って撃墜したとされる。この事件をきっかけに、欧米諸国はロシアや親ロシア派の武装勢力に対する態度を一段と厳しくし、経済制裁を強化した。

同年8月中下旬にかけてロシア側の動きが再び活発化する。人道支援物資を載せたとされるロシアの白いトラックの縦隊が、ウクライナ側の了承なしに越境し、親ロシア派の支配地域に続々と向かった。また、この頃にはロシア軍が度々ウクライナとの国境を越えて侵入し、親ロシア派の武装勢力の勢力圏拡大を支援したとされる。当時、ウクライナ政府軍は掃討作戦を開始した当初の劣勢を挽回し、武装勢力から重要拠点を奪還していたが、ロシアによる水面下での軍事支援が活発化した後、親ロシア派が再び勢力を盛り返した。こうした一連の動きには本格的な和平交渉に入る前に、支配地域を拡大し、有利な停戦条件を引き出す狙いがあったとされる。この頃、親ロシア派武装勢力のリーダーが相次いで交代したことも、停戦協議に向けた布石だったと目されている。

●図表2　ウクライナの州別にみたロシア語を母語とする住民の割合

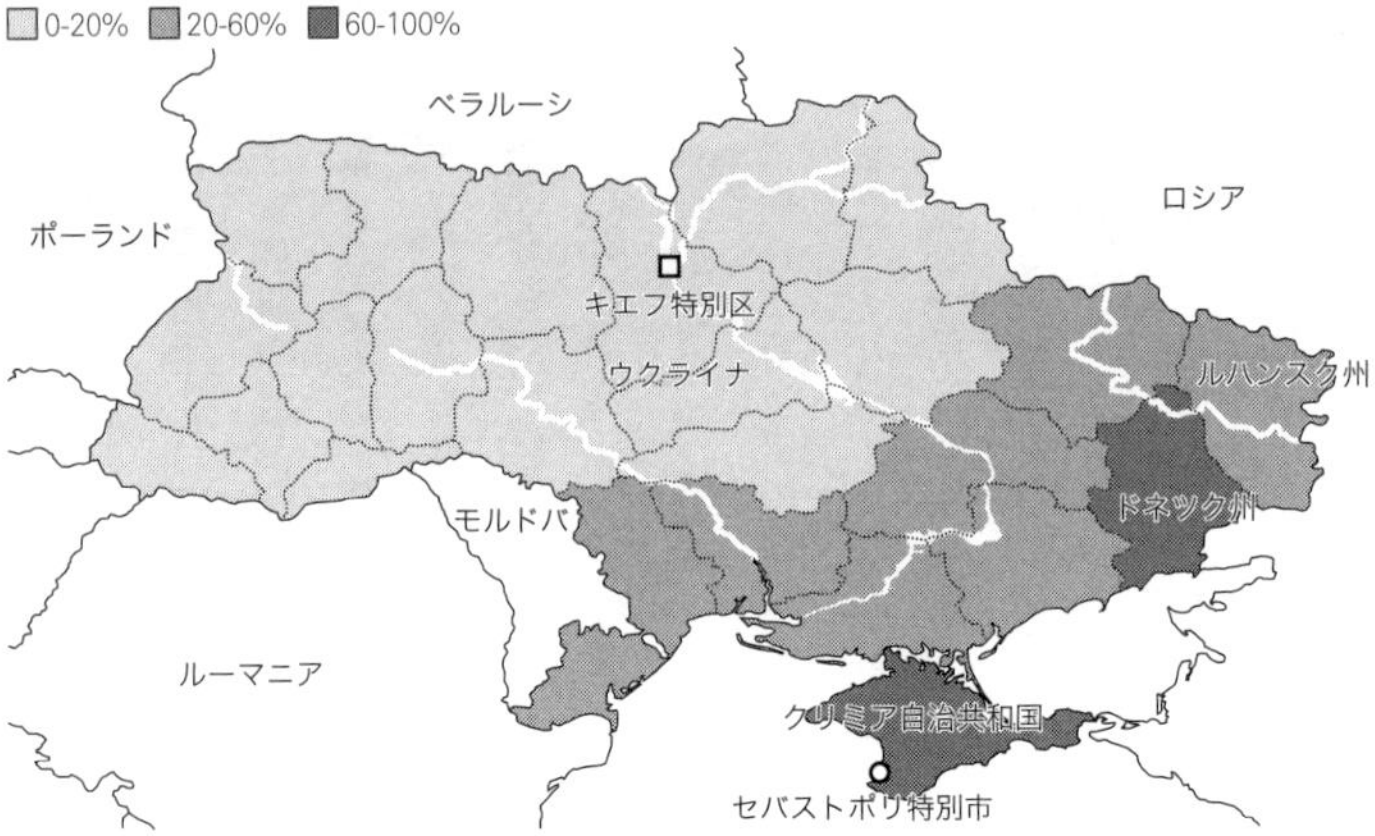

出所:ウクライナ政府資料より第一生命経済研究所が作成

同年9月5日、ウクライナのポロシェンコ大統領と親ロシア派の代表等はベラルーシの首都ミンスクで会談し、双方の武器使用の禁止、重火器の撤去、緩衝地域の創設、捕虜交換、親ロシア派の支配地域に「特別な地位」（一定の自治やロシア語の利用など）を認めるなどの停戦に合意した（ミンスク合意）。だが、停戦合意後も東部での軍事衝突が散発的に継続したうえ、親ロシア派の支配地域では同年11月、ミンスク合意に反する形で独自の選挙が行なわれたことで、ウクライナ側の態度が再び硬化した。これに先駆けて同年10月に行なわれたウクライナの最高議会選挙では対ロシア強硬派が勝利した。これを受け、ウクライナの政府や議会では、ウクライナの北大西洋条約機構（NATO）への加盟や、米国政府にウクライナ政府軍への武器供与を求める声が高まった。年が明けると東部での軍事衝突が再び激しさを増し、ミンスク合意は有名無実化した。2015年2月11日にウクライナ、ロシア、ドイツ、フランスの4首脳が再びミンスクに集まり、16時間に及ぶ協議の末、新たな停戦の枠組みで合意した（ミンスクII合意）。新たな合意後、大規模な戦闘は起きていないが、多くの合意事項が履行されないまま塩漬けとなっている。その後もロシアはウクライナや欧米諸国への牽制を続けている。ロシア政府は2016年8月、ウクライナ軍の特殊部隊がクリミア半島でテロを計画したと発表し、クリミア半島やウクライナとの国境線で部隊の増強を進めている。

3　ウクライナ東部は「凍結された紛争」へ

ウクライナの国歌には「コサックの末裔」というフレーズがある。コサックとは15〜16世紀頃にウクライナ中南部の草原地帯に住み着いた軍人の共同体で、ポーランド・リトアニア共和国の臣下にありながら一定の自治を有していた。17世紀に入ると共和国から独立してコサック国家を創設したが、程なく隣国のポーランドやロシアに分割統治された。その際の国境線となったのが、現在のウクライナの首都キエフを流れるドニエプル川で、川を挟んで東側がロシアの支配下に、西側がポーランド・リトアニアの支配下に入った。18世紀に入ると、ロシア帝国、プロイセン帝国、オーストリア帝国によってポーランド・リトアニア共和国の領土が分割され、ウクライナの東部がロシアの領土に、西部がオーストリアの領土となった。こうした長年の歴史的な経緯や地理的な近接性もあり、ウクライナでは現在も東部にロシア系住民やロシア語を母語とする住民が多く、西部にウクライナ系住民やウクライナ語を母語とする住民が多い。ウクライナ西部は肥沃な土地に恵まれ、小麦や大麦などの栽培が盛んで、かつては「欧州の穀倉庫」と呼ばれたが、農業以外に有力な産業がなく、経済的には余り豊かでない。対するウクライナ東部は、旧ソ連を代表する豊かな重工業地帯で、なかでも親ロシア派が支配するドネツクとルハンスクの一帯は「ドンバス地方」と呼ばれ、石炭産業が有名だ。また、東部地域はソ連時代に宇宙産業や軍需産業が盛んで、今もロシア向けに輸出している。

ロシアがクリミアに次ぎ、ドネツクやルハンスクの編入に踏み切らなかったのは、クリミアがロシア国民の間で歴史的にもロシアの一部との認識が広く浸透し、住民の多数派がロシア系住民だったのに対し、ドンバス地方は歴史的にも経済的にもロシアとの関係こそ深いものの、人種構成の上ではあくまでロシア系住民は少数派だったことを考えると納得がいく。また、クリミアにはセバストポリという軍事的な要衝があったことも大きい。そして何より、クリミア編入後の国際社会からの厳しい批判と孤立に直面し、さらなる編入がもたらす政治的・経済的・安全保障上のダメージの大きさを考えるだけの冷静さがプーチン大統領にはあったのだろう。その意味で、冷戦終了後に欧米諸国とロシアが様々な関係を強化してきたことが今回のウクライナ危機では抑止力として働いた。クリミア編入後、ロシアでは国家ナショナリズムが高揚し、プーチン大統領の支持率は歴史的な高水準に達している。ロシア系住民を救うとのクリミア同様の大義名分を考えると、ウクライナ東部の親ロシア派勢力を見捨てることはできない。さりとて欧米諸国との更なる関係悪化は避けたい。欧米諸国の出方を窺いながら、どの程度までの干渉が可能かを計算した結果が、親ロシア派支配地域への物資輸送や戦局をバランスさせるための水面下での軍事支援だったのだろう。欧米諸国は経済制裁で対処したが、エネルギー供給の多くをロシアに依存している欧州は、全面的な経済制裁に踏み込むことを思い留まった。

ウクライナは旧ソ連の中でロシアに次ぐ経済・人口規模を誇るロシアの弟分的な存在であったばかりか、首都キエフを中心に9～13世紀に栄えたキエフ大公国はロシア、ウクライナ、ベラルーシのスラブ系の三ヵ国にとって共通の祖国とされる。そのウクライナの欧州接近を許すことは、ソ連復活を願うプーチン大統領にとって憂慮すべき事態だったと言える。クリミア編入後、ウクライナは旧ソ連諸国の経済共同体である「独立国家共同体（CIS）」からの脱退の意向を表明した。2015年5月にロシア、ベラルーシ、カザフスタンの3ヵ国が署名した「ユーラシア連合」はEUに倣った旧ソ連諸国の関税同盟を目指しているが、将来のEU加盟に傾くウクライナ、モルドバ、ジョージアの同連合への参加は自然消滅した。

NATOの東方拡大もプーチン大統領の決断を後押しした。冷戦終了後、1999年にチェコ、ハンガリー、ポーランドの旧共産諸国がNATOに加盟したのを皮切りに、2004年に

●図表3　ウクライナ東南部の人種・母語構成（2001年国勢調査）

	人種構成		母語	
	ウクライナ系（%）	ロシア系（%）	ウクライナ語（%）	ロシア語（%）
ウクライナ全土	77.8	17.3	67.5	29.6
キエフ特別市	82.2	13.1	92.3	7.2
クリミア自治共和国	24.3	58.3	10.1	77.0
セバストポリ特別市	22.4	71.6	−	−
ルハンスク州	58.0	39.0	30.0	68.8
ドネツク州	56.9	38.2	24.1	74.9

注：網掛けはロシア系/ロシア語が上回っている行政区
出所：ウクライナ政府統計局資料より第一生命経済研究所が作成

はバルト三国、ブルガリア、ルーマニア、スロベニア、スロバキア、2009年にはクロアチアとアルバニアが新たな加盟国となった。その結果、NATOはかつてのソ連の国境線にまで達している。これはロシアからすれば、「NATOによるロシア包囲網」と映る。ウクライナが欧州に接近し、EUばかりかNATOにまで加盟する事態となれば、ロシアはNATO加盟国と国境線を接することになる。NATOとの緩衝地帯を失うことをロシアは何よりも恐れている。他方、ロシアによるクリミア編入とウクライナ東部への介入は、今もロシアの影に脅えるポーランドやバルト諸国を不安に陥れている。NATOはこれらの国で部隊の増設に動いている。そのことがロシアをさらに刺激する。ウクライナへの干渉には、ロシアとして譲れない勢力圏があることを欧米諸国に誇示するとともに、紛争の火種を残しておくことで将来のウクライナのNATO加盟を牽制する動きと解釈することができる。こうした状況は、ウクライナの隣国モルドバの

「沿ドニエストル」や、ロシアの南側に位置するジョージアの「南オセチア」や「アブハジア」といった他の旧ソ連諸国でも見られる。表立った紛争や内戦が終了した後も、政府の実効支配が及ばない地域を作る状態を指し、「凍結された紛争」などと呼ばれる。

4　天然ガス紛争再び

ウクライナ危機では、欧米諸国がロシアへの経済制裁を強化したり、ロシアが報復制裁を科すことで経済戦争に発展し、ロシアとの貿易取引や金融決済が全面的に停止することが不安視された。そうした場合、なかでも影響が大きいとみられたのが、貿易・金融取引でロシアとの関係が深く、エネルギー供給源の多くをロシアに依存する欧州諸国だった。輸出総額に占めるロシア向けのシェアは、バルト三国やフィンランドで10〜20％前後に達するほか、ポーランドやハンガリーなど中東欧諸国で軒並み3〜5％前後、欧州の中核国ではそれほど高くないものの、ドイツとイタリアでは3％前後に及ぶ。例えばドイツにとってロシアは11番目の輸出相手国（欧州域内を除けば、米国、中国に次いで3番目）、7番目の輸入国（欧州を除けば中国に次いで2番目）で、決して無視できる存在ではない。

さらに欧州諸国は天然ガス輸入の30％強をロシアに依存している。フィンランドで100％、スロバキアで90％強、ギリシャ、ポーランド、ハンガリーで80％前後、オーストリア、チェコで60%強をロシアからの輸入が占める。ガス備蓄や調達先の分散などにより、ロシアからの天然ガス輸入が停止しても、すぐさま市民生活や企業活動に深刻な影響が出る訳ではない。だが、ボトルネックが深刻になれば、ガス価格の上昇を通じて影響は世界中に広がる恐れがある。また、制裁強化と異なる理由で、欧州への天然ガス供給が滞ることも懸念された。ウクライナにはロシアから欧州に向けて天然ガスのパイプラインが通っている。ウクライナ東部の戦闘激化により、万が一、パイプラインが破壊される事態となれば、欧州向けのガス供給が遮断される恐れがある。

ロシアとウクライナは過去にも天然ガス取引を巡って度々衝突を繰り返してきた。2009年初頭には、料金未納を理由にロシアがウクライナ向けのガス供給を停止したところ、ウクライナが同国のパイプラインを通る欧州向けガスの〝抜き取り〟で対抗したとされる。その結果、冬場の需要期に欧州向けのガス供給が一時全面的に停止する事態に陥り、欧州各国に動揺が広がった。バルト海を経由してロシアとドイツを結ぶ「ノルドストリーム」など、ウクライナを経由しない天然ガスのパイプラインが建設された背景には、こうした過去の経緯がある。今回のウクライナ危機時も、ロシアはセバストポリの軍港の租借を理由に適用してきたウクライナ向けガス価格の割引を廃止し、料金滞納を理由にガス価格を引き上げた。ロシア側はウクライナが料金滞納を続ければ、ウクライナ向けのガス供給を停止する可能性があると警告した。その場合、天然ガス供給を100%ロシアに依存するウクライナは窮地に

●図表4　欧州主要国の天然ガスの輸入元割合（2012年）

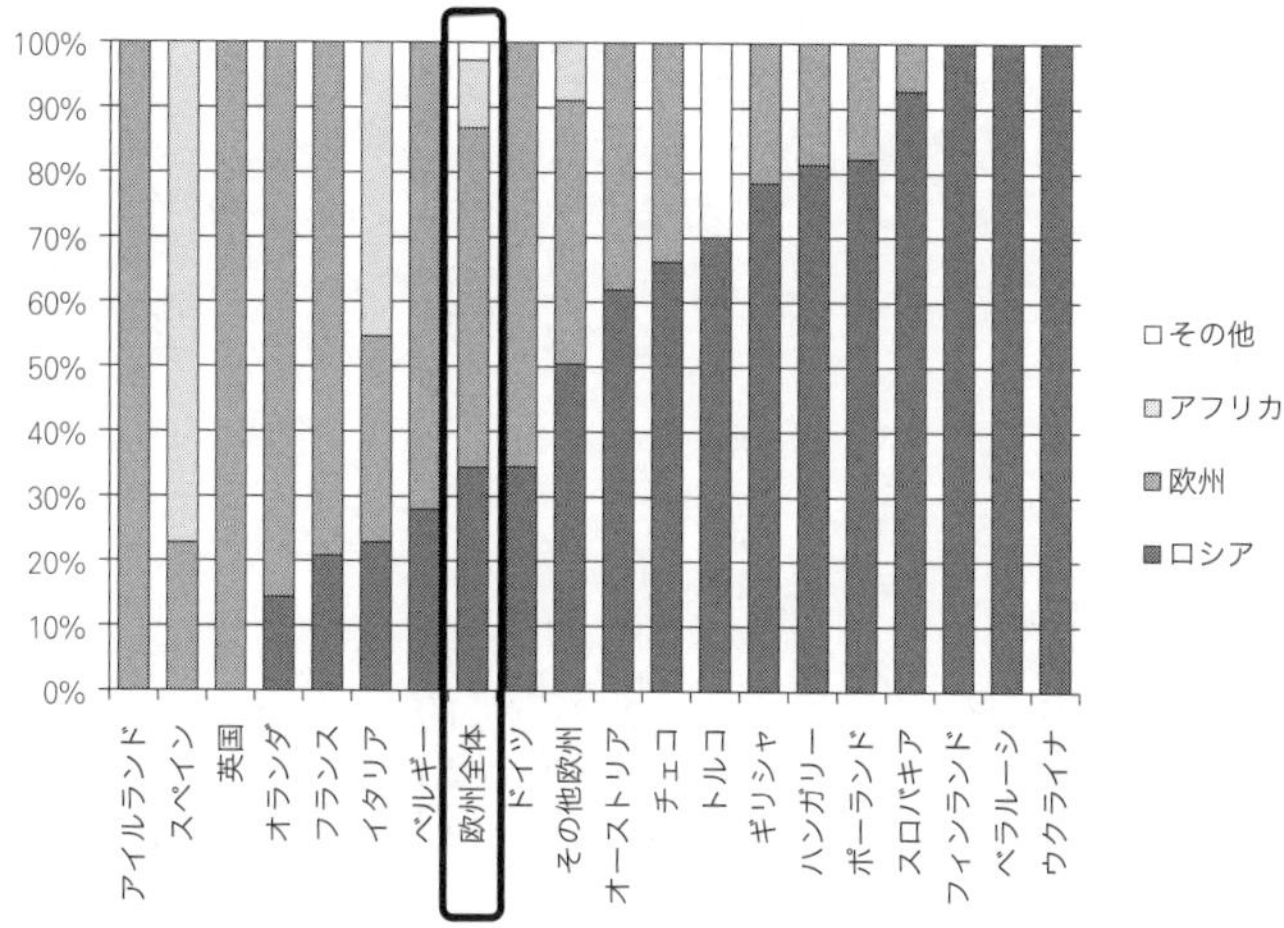

注：LNGの輸入額は含めず
出所：BP資料より第一生命経済研究所が作成

陥る。停止された自国向け天然ガスの代わりに、再び欧州向け天然ガスの〝抜き取り〟に手を染めれば、欧州向けのガス供給が滞る恐れがあった。

天然ガス以外にも、ロシアは原油、プラチナ、ダイヤモンド、ニッケル、パナジウムなどで軒並み世界生産の10％以上のシェアを誇る資源大国だ。小麦や大麦などの穀物類、丸太や製材などの木材分野でも世界有数の輸出国である。万が一、欧米諸国が全面禁輸に踏み切れば、商品市況全般に上昇圧力が及ぶことは避けられない。クリミア編入からウクライナ東部地域での緊張が激化した2014年前半にかけては、原油価格が100ドル/バレルを超えていた時期と重なる。天然ガスや原油などの資源価格が高騰すれば、エネルギー消費量が多い米国や、燃料の輸入依存度が高い日本にも影響が及ぶことは避けられない。ウクライナ危機による商品市況高騰が資源輸入国に与える経済的な打撃は、原油価格が大幅に下落した現在よりも、かなり切迫感のあるリスクイベントだった。

5　ウクライナ危機にみるＥＵの吸引力

ウクライナ政府はクリミア編入や親ロシア派武装勢力との対立激化後も欧州接近の動きを加速している。ポロシェンコ大統領は２０２０年のＥＵ加盟を目標に準備を進める方針を表明している。クリミア編入直後の２０１４年3月には、ウクライナ政変のきっかけともなった連合協定の政治部分に署名し、同協定の経済部分についてはウクライナ大統領選挙の結果を待ったうえで、モルドバとジョージアの旧ソ連諸国とともに同年6月に署名した。加盟希望国がＥＵとの間で結ぶ連合協定は、政治、経済、司法、人権など様々な分野でＥＵの加盟基準に沿った改革に取り組むことと引き換えに、対ＥＵ貿易での関税の部分的な撤廃や技術的な支援を受けられるもので、将来のＥＵ加盟に向けた準備作業として位置づけられる。ロシアには、ウクライナとＥＵとの間で自由貿易協定が発効すれば、競争力のあるＥＵ製品がウクライナ経由でロシア市場に流入するとの懸念がある。ロシア側からの延期要請もあり、２０１５

年末まで協定の発効が見合わされていたが、2016年1月に仮発効している。正式な発効には全てのEU加盟国とウクライナの批准手続きが必要になるが、2016年4月にマレーシア航空機撃墜事件で最大の犠牲者を出したオランダの国民投票で否決され、現在オランダ政府の対応を待っている。連合協定の発効からEU加盟までには長い時間が掛かり、ウクライナのEU加盟は今のところ見通せない。2013年7月に最も新しくEUに加盟したクロアチアは、連合協定の発効に先駆けて2003年2月に加盟申請し、その後2005年2月に連合協定が発効したが、加盟条約に署名したのは2011年12月だった。

2016年6月の英国の国民投票でEUからの離脱票が賛成票を上回り、欧州は元より世界中に衝撃が走った。英国に次いでEU離脱を選択する国が現れるのではとの「離脱ドミノ」への不安が広がっているものの、ウクライナ危機は欧州接近を目指す国が今も後を絶たないことを示している。発足当初ドイツ、フランス、イタリア、ベルギー、オランダ、ルクセンブルクの6ヵ国で始まった欧州統合の歩みは、1973年に独自路線を歩んでいた英国、アイルランド、デンマークが加わり、1980年代には軍事・独裁政権からの民主化を目指したギリシャ、スペイン、ポルトガルが、1995年には中立主義を採っていたスウェーデン、オーストリア、フィンランドが加わった。2000年代に入ると、社会主義体制を敷いてきた中東欧諸国が相次いで民主主義・市場経済体制に移行したことで、新規加盟国が飛躍的に拡大した。2004年にポーランドやチェコなど中東欧の8ヵ国とキプロスとマルタが、2007年に

●図表5　EU加盟国・加盟候補国・潜在的な加盟候補国

■EU加盟国　■加盟候補国　□潜在的な加盟候補国
出所：欧州委員会資料より第一生命経済研究所が作成

はブルガリアとルーマニアが、2013年にはクロアチアが新たに加わり、現在の加盟国は28ヵ国まで拡大した。加盟候補国としては、アルバニア、マケドニア旧ユーゴスラビア、モンテネグロ、セルビアのバルカン半島諸国、そして8000万人余りの人口を抱えるトルコが控える。潜在的な加盟候補国として、ボスニア・ヘルツェゴビナやコソボ。そして今回将来の加盟候補国に名乗りを上げたのが、ウクライナ、モルドバ、ジョージアの旧ソ連諸国である。

6　代理戦争を防いだEUの理念

欧米諸国はクリミア編入に関与した

個人を対象に資産凍結と渡航禁止を開始したが、その後、制裁対象のリストをプーチン大統領の側近等に広げたほか、ロシアの銀行が発行したカードでの決済を禁止した。さらにウクライナ東部の親ロシア派武装勢力にロシアが影響力を行使しているとの見方から、米国は2014年7月にロシアの銀行、エネルギー、軍事関連企業に資産凍結の対象を拡大し、米国の金融市場で一定期間を超える資金調達を禁止するなど、特定産業向けの制裁を開始した。ロシアと経済的な結び付きが強い欧州は、当初制裁強化に消極姿勢を見せていたが、マレーシア航空機撃墜事件を受け、米国に追随して特定産業向けの制裁に踏み切った。ロシアの国営銀行が一定期間を超える資金調達をEU市場で行なうことを禁止したほか、エネルギー企業への深海や北極での石油探査や生産、シェールオイルに関する技術協力の禁止、ロシア企業による欧州への武器輸出を禁止、軍用転換可能な技術のロシアへの輸出禁止などの制裁を開始した。その後は欧米ともに、個人や企業向けに制裁の対象範囲を拡大し、制裁の適用期間を延長している。対するロシアは、欧米政府高官の渡航禁止や資産差し押さえ、欧米産の食料品の輸入禁止措置、欧米やウクライナの航空会社に対するロシア上空の飛行禁止、衛生基準違反を理由にした米国資本のファーストフード店への営業停止命令などの報復措置を導入した。こうした措置は双方に一定の打撃となったものの、エネルギー供給の遮断や経済活動の全面的な停止につながる制裁は意図的に回避された。

今回の危機を通じて安全保障上の観点で最も懸念されたことは、ウクライナ政府と親ロシア派の武装勢力の争いが米国とロシアの代理戦争に発展する危険性だった。東部戦線の膠着とロシアによる水面下での軍事支援の拡大を受け、ウクライナでは日増しに欧米諸国からの軍事協力を求める声が高まっていき、これに呼応する形で、米国政府内にもウクライナへの軍事支援を検討する機運が広がりつつあった。こうした緊張が高まるなか、ウクライナとロシアの調停役として存在感を発揮したのが欧州だった。米ロ双方が軍事支援を増強する代理戦争に発展すれば、欧州の地が再び戦場になりかねない、そうした危機感が欧州のリーダー達を駆り立てた。なかでも旧東ドイツ出身でロシア語に堪能なドイツのメルケル首相は、かつてソ連の国家保安委員会（KGB）の職員として東ドイツに赴任し、流暢なドイツ語を操るロシアのプーチン大統領と、ロシア語とドイツ語の両方で会話ができる関係にある。過去の大戦での過ちに対する自制も働き、これまで外交や安全保障面での消極姿勢が目立ったドイツが今回の危機では大きな役割を果たした。ウクライナ危機は冷戦終了後の国際政治に様々な問題を投げ掛けたが、ギリギリのところで本格的な経済戦争や米ロ代理戦争が回避されたのは、相互依存関係を強化することで全面衝突を回避する欧州統合の現実的な側面と、二度と欧州の地で大戦を引き起こさないという欧州統合の掲げる理想の双方が発揮されたからに他ならない。

参考文献

佐藤親賢（２０１６）『プーチンとG8の終焉』岩波新書
下斗米伸夫（２０１４）『プーチンはアジアを目指す――激変する国際政治』ＮＨＫ出版
服部倫卓（２０１１）『ウクライナ・ベラルーシ・モルドバ経済図説』東洋書店
ミシュラン・フランク（２０１４）「ウクライナ危機をめぐって――歴史の教訓」明治大学国際総合研究所・ＥＵ研究会報告資料２０１４年４月25日
本村眞澄（２００９）「繰り返されたロシア・ウクライナ天然ガス紛争」『石油・天然ガスレビュー』２００９年３月号

第 13 章

EUと中国

――重層的な関係に向けて

明治大学特任教授・日本経済研究センター特任研究員
林 秀毅（はやし・ひでき）

東京大学法学部卒、日本興業銀行入行。ルクセンブルグ興銀、国際金融情報センター、みずほ証券などを経て現職。国際大学特別招聘教授、慶應義塾大学特任教授を兼務。現在の研究テーマは、欧州の政治経済、欧州とアジアにおける地域統合の比較。共著に『ＥＵを知るための63章』（明石書店）、『ＥＵの証券市場』（日本証券経済研究所）、『ユーロと日本経済』（東洋経済新報社）他。日本経済新聞「十字路」、中部経済新聞「視点」、北海道新聞「寒風温風」に定期寄稿。

CHAPTER 13

SUMMARY IN THIS CHAPTER

ＥＵ・中国関係はこれまで、
貿易を中心とした経済面で発展してきた。
このような関係発展の歴史を振り返った上で、
今後、両者の関係が一段と多面的・重層的になっていくことを展望する。

はじめに

ＥＵ・中国関係は、１９７０年代以降、段階的に発展してきた。

そこで関係強化の動機となったのは、主に貿易を通じて経済関係を強化することが、ＥＵでは欧州統合の発展、中国では自国の高度成長を進める上で有利であるということにあり、この点で両者の利害は一致していた。一方、政治面では、ＥＵは人権尊重を最重要視するため、１９８９年の天安門事件の際には、中国を厳しく非難し、様々な制裁措置を発動した。しかしその後は序々に、政治と経済を切り離し、経済の関係強化に注力する姿勢に転じた。この経済関係中心の関係は今や変化せざるを得ない。この点が本章の問題意識である。

ここで先ず、ＥＵの中国に対する外交姿勢に、時代を超えて共通するといえる特徴である「二重基準」（ダブルスタンダード）という点について述べたい。

本来ＥＵは、人権の擁護を重要な価値観と考え、中国に対してもチベットの少数民族の処遇などについてはこの考え方に基づいた主張をする一方で、直接的には中国との経済関係を強化する実利に最重点を置いてきた。この背景には、欧州は中国と距離的に離れているため、地政学的な利害が少ないこともあった。

一方、欧州各国は、高成長を続ける中国との貿易・投資両面にわたる経済関係の強化について、日本・米国と比較して出遅れたため、これに追いつこうとするキャッチアップ戦略を取った。

これに対し、中国側の対欧州の戦略を歴史的にみると、その特徴は、中国内の政治体制の変化を反映して、振れの大きいことにある。1978年に改革開放政策に転じた後、中国は欧州を貿易・投資の重要な相手国として位置付けてきた。

このようなEU・中国双方の姿勢は、最近、どのように変わっているだろうか。2016年5月、伊勢志摩で開催された主要国首脳会議（G7）で、安倍首相はホストとして、中国の南シナ海進出にどう対応するかについて議論することを提案した。元々、先進国の間で経済政策の協調を図るため始まったG7で、政治外交問題が正面から取り上げられたのは異例のことだ。

これに対し注目されたのは、欧州各国の対応だった。中国寄りの姿勢を示すと思われた欧州の首脳から、中国に対して厳しい姿勢で臨む発言が続いたと伝えられる。

習近平政権が国内の人権問題に政治外交面で強硬な姿勢を強めると、両者の関係もまた、経済を政治と切り離すことが徐々に困難になり、両者の関係は再構築を迫られているといえるだろう。

今後についても、EUは、英国のEU離脱決定を受け、新たな制度構築のあり方を模索している。一方、中国はこれまでの高度成長期を経て、2016年初以降は国内経済が急減速しつつあり、世界的な懸念が高まっている。

以下、第1節から第3節では、EU・中国関係の歴史的な展開について、順を追って概観する。次に、このような関係の発展に影響した双方の事情について、EU側の事情、即ち欧州統合とユーロ危機の推移について、中国側の事情、即ち改革開放政策への転換とその後の高度成長の進展について述べる。以下の各節は、EU・中国関係に影響を与えたEU・中国双方の政治経済情勢を記述しているという意味で、お互いに密接に関連している。

先ず、EU（1992年以前はEC）と中国の関係について、いくつかの時期に区分するところから始めよう。EU・中国関係の時代区分については、いくつかの考え方がある。たとえば政治学の立場から田中俊郎教授は、EU・中国間の外交関係の文書や各種会議体が発足した機会といった「制度化」の機会をとらえて時期を区分する考え方を示している（田中2014）。

本章では、制度的な事実の集積については、これらの文献に多くを負いつつも、EU・中国双方の政治・経済動向の変化に応じ、そのような制度を支えるEU・中国関係の基本的特徴がどのように変化したかという実質的な側面に注目して、3つの時期に区分した上で検討したい（図表1）。第1期は、1975年のEC・中国の外交関係樹立から、1989年の天安門事件までである（関係創設期）。第2期は、1989年から2001年の中国のWTO加盟までである（関係回復期）。第3期は、2001年から、2013年にEU-中国定期首脳会議で合意された「EU-中国戦略計画2020」である（関係発展期）。

最後に、EU・中国関係について、現状の問題点を検討したうえで、今後あるべき展開のシナリオを提示したい。しかし、2016年6月に欧州委員会により「新対中戦略の要素」が採択されたわずか2日後に、英国が国民投票でEU離脱を決定したことは、近年、アジア投

●図表1　欧州・中国関係の発展と双方の状況変化

戦後-1970年代	1970年台-1980年代	1990年代	2000年代	2010年代前半	2010年代後半
	第1期 ←→	第2期 ←→	第3期 ←→		第4期 ←→
	外交関係の樹立 ↓ 「貿易協定」調印	「環境対話」等、各種対話の開始（ASEMの創設）	経済（貿易・投資）中心に関係強化	「EU中国戦略計画2020」採択	より広範な政策分野の協力へ
欧州石炭鉄鋼共同体（ECSC）設立 ↓ 関税同盟の完成 ↓ 単一通商政策へ	石油ショック対応の失敗 ↓ ユーロペシミズムの時代	単一市場統合 ↓ 単一通貨ユーロの誕生	域内経済の低迷 ↓ ユーロ危機の発生・波及・拡大	ギリシャのデフォルトリスク現実化 ↓ 英国国民投票による離脱決定	↗ EUは新たな制度設計の局面へ ↘ ＥＵの機能不全が一層顕著に
社会主義国として独立 ↓ 文化大革命による経済停滞	改革開放路線の開始 ↓ 天安門事件発生	海外からの直接投資が増加 ↓ 経済は高度成長軌道へ	WTO加盟 ↓ 高度成長の加速	習近平氏の「一帯一路」政策 ↓ アジアインフラ投資銀行（AIIB）創設	↗ 構造改革後、安定成長へ ↘ 不動産バブル崩壊の経済への悪影響が深刻化

出所：筆者作成

資インフラ銀行（ＡＩＩＢ）などに見られるように、英国を通じてＥＵ全体との関係強化を図ろうとしていた中国にとって打撃となった。この点が、ＥＵ主要各国及びＥＵ全体との関係に影響をもたらす可能性について、最後に展望したい。

1　ＥＵ・中国関係の創設期

１９７５年５月、ＥＣと中国の外交関係が樹立された。この背景はいうまでもなく、米国が中国を承認したことであり、欧州にとっては政治的に米国に追随した政策だった。

その3年後に当たる１９７８年５月、ＥＣと中国は「貿易協定」に調印した。これは期限を5年と定めた上に、お互いに特恵関係を与えるものではない、という意味で限定的な内容だった。しかし中国はＥＣとの貿易に好意的に配慮し、一層の市場開放と貿易・通商の交流推進を目指すことが規定された。この協定の合意は、中国が大きく改革開放路線に舵を切るタイミングと軌を一にしていた。その年の12月に開催された中国共産党第11期大会において、改革開放を推進する鄧小平が実権を掌握した。中国から見れば、この新たな路線を進めるにあたり、ＥＣは貿易相手として有力なだけでなく、自国にとって産業や科学に有益な技術をもたらす先進的な地域でもあるという期待があったろう。

実際にその後、１９８５年５月には、この「貿易協定」が拡充され「経済協力協定」が調印された。これによって従来からの貿易の促進に加え、各産業分野で幅広い経済協力を行うことが定められた。さらに「経済協力協定」は、幅広い領域をカバーしていることから、今日でも、EUと中国の経済協力の根拠規範であるとされている。

以上のような実績を基に、1988年10月には、ECの在中大使館に相当する「欧州委員会代表部」が設置された。

しかし1989年6月に天安門事件が発生したことで、事態は大きく変化した。ECにとって人権は最重要な価値観だ。中国当局により暴力的な鎮圧が行われたことに対し、ECは激しく抗議する宣言を発表し、当面の関係凍結、武器の禁輸、閣僚・ハイレベルの接触禁止など、厳しい制裁措置に踏み切った。

2　天安門事件後の関係回復

EU・中国関係の第2期は、1989年の天安門事件から2001年の中国のWTO加盟までである。

天安門事件によるEC・中国関係の悪化は、意外なことに、短期間で修復の方向に向かった。それは何故か。理由は欧州側にあった。まさにこの時期、冷戦が終わり、1989年11月にはドイツ・ベルリンの壁が崩壊した。この大きな動きを受け、EC理事会は、1990年10月22

日、中国との関係を段階的に正常化することを発表した。その結果として、残された制裁措置は武器の禁輸のみとなった。一方、1992年6月には、両者の対話の新たなチャネルとして、「環境対話」などが始まった。

さらに、以上のような政治的な動機に加えて、EUと中国の関係が接近する理由に、経済的な動機がある。

EUは経済的な動機を抱くに至った大きな理由として、アジア地域が急激な高成長を達成するようになったことがある。このアジアの高成長については、1994年、世界銀行が「アジアの奇跡」と題したレポートを発表したことに象徴される。

EUは、高い経済成長が期待されるアジアの途上国との貿易・投資などの経済的関係の構築が、米国や日本などと比較して遅れているという意識を強めた。EC委員会は1994年7月、「新たなアジア戦略へ向けて」と題する政策文書を欧州理事会に提出した。

以上のような流れを受け、1996年3月、欧州アジア会合(Asia-Europe Meeting : ASEM)が創設され、第1回首脳会議がバンコクで開催された。ASEMは、欧州とアジアの首脳レベルで、二年に一度、広く政治、安全保障、経済、通貨、通商など幅広い分野でインフォーマルな会合を行うものである。日本及び中国もメンバーとして参加している。このように比較的緩やかな会議体だったが、ASEM設立翌年の1997年、東南アジアでアジア通貨危機が発生したことで、ASEMが欧州・アジア間の議論の場として重要な意味を持つことになったのである。

以上のようなアジア全体との枠組み作りに加え、ＥＣ委員会は、中国に対する個別の関係作りにも着手し、１９９５年７月に「中国‐ＥＵ関係の長期的政策」と題する最初の政策文書を作成した。同時に、ＥＵは中国と「人権問題に関する特別対話」と題する対話の枠組みを開始し、経済と人権の両面から、中国との対話を進める形を進めた。

その後、１９９８年３月、ＥＵ委員会は、「中国との包括的なパートナーシップ構築」と題する政策文書を理事会に提出し、ＥＵと中国が広範な分野で協力関係を深めていくことを志向した。

その上で、１９９８年３月、第２回ＡＳＥＭ首脳会合の際に、第１回のＥＵ・中国首脳会合が開催され、中国の朱鎔基総理、議長国である英国のブレア首相、ＥＵ委員会のサンテール委員長が会談した。ＥＵ‐中国首脳会合はその後、定例化され、毎年１回のペースで開催されている。

この頃、中国にとって最重要の政策課題は、ＷＴＯ加盟問題だった。ＥＵは中国がＷＴＯ加盟の条件を満たせるよう強力な支援を行った。この点が、その後、ＥＵと中国の関係を発展させる大きなカギとなった。

具体的には、ＥＵは１９９７年から２００１年まで、自ら資金を拠出し、中国内で「ＥＵ・中国高等教育プログラム（EU-China Higher Education Programme）」を実施し、このような活動を通じて、中国がＷＴＯ加盟後に信頼されかつ責任ある貿易パートナーとなることを支援した。

さらに2000年5月、EUは北京で、中国のWTO加盟を支持する協定に調印した。さらに7月には、中国の朱鎔基総理が、総理として初めて、ブラッセルを訪問した。以上のようなEUの支援を得て、中国は最終的に、2001年12月、WTOに加盟したのである。

3 WTO加盟から戦略的パートナーシップへ

2001年、中国のWTO加盟が実現したことを受け、EU・中国関係は多様化・重層化しながら発展した。例えば、両者の意見交換の場についても、従来からの政治対話・人権対話に加えて、新しい情報社会のあり方を議論する場などが設けられるという幅の広がりを見せた。同時に、政治的な指導者による定期的なサミットだけでなく、閣僚級ないし政務局長級の意見交換がたびたび行われた。

このような関係の発展を受け、2003年9月、EU委員会は、「成熟したパートナーシップ：EU・中国関係における相互の利益とチャレンジ」と題する文書を採択し、これとほぼ同時期、中国としては初の「対EU文書」を発表した。

さらに以上の延長線上で、同年10月、北京で第6回EU・中国首脳会合が行われ、両者が「戦略的パートナーシップ」の重要な関係にあることが確認された。その具体的な表れとしては、衛星打ち上げにおける協力、産業対話・知財対話の推進などである。

●図表2　ＥＵの主要貿易相手国

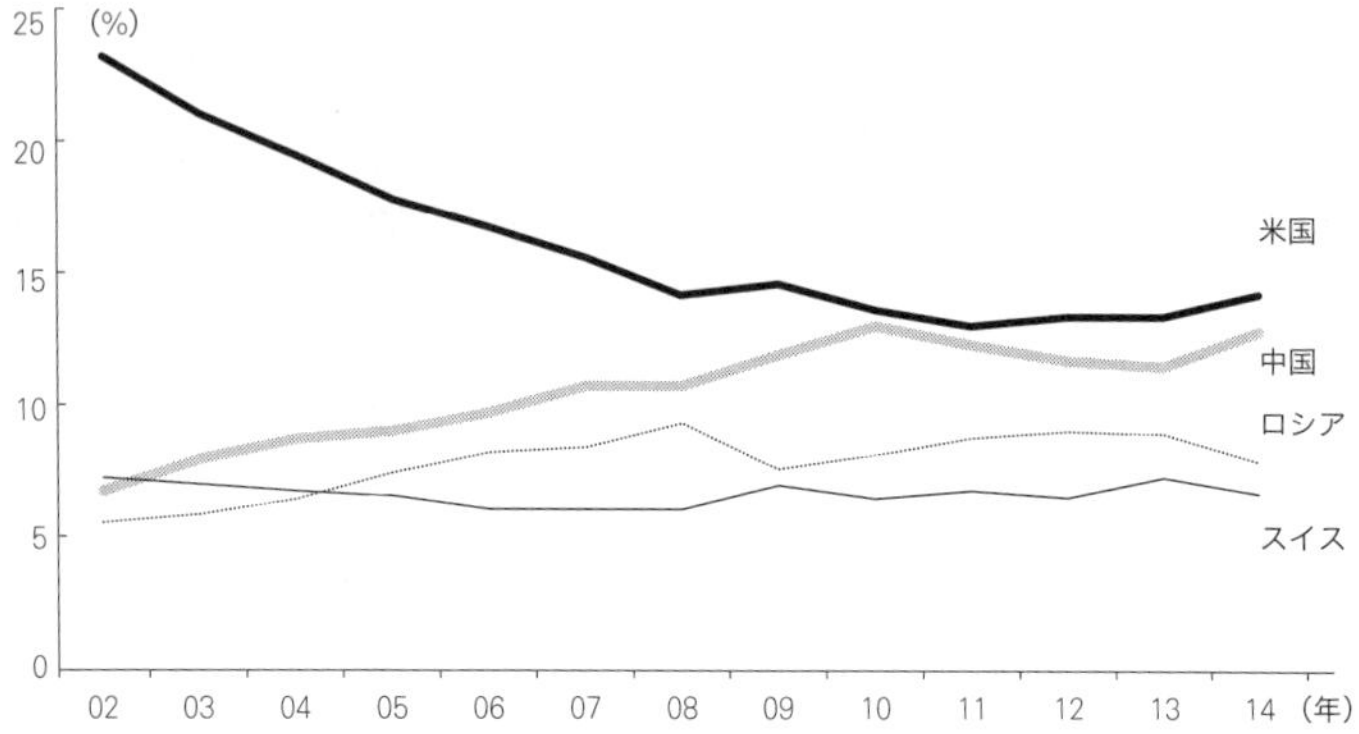

注：EUの対外貿易に占める貿易総額の割合（%）
出所：駐日欧州連合代表部

２００４年には、プロディＥＵ委員会委員長の訪中、温家宝中国首相のＥＵ委員会訪問など人的交流が相次いだ。２００５年12月の第１回ＥＵ・中国戦略対話など、新たな対話の枠組みも作られた。さらに２００８年４月には、バローゾＥＵ委員会委員長が９名の委員を連れ、総勢10名の大規模なミッションで訪中し、第１回のハイレベル経済通商戦略対話を行った。この時期、ＥＵにとって中国の貿易相手国としての地位は、一貫して上昇した（図表２）。

その後、２００９年秋、欧州でユーロ危機が表面化した後、中国は問題を抱えた欧州各国に対し、支援を行う姿勢を見せた。いわば苦境に陥った欧州各国に対し、〝貸しを作る〟行動に出たとみることもできる。２０１０年10月、温家宝首相はギリシャを、胡錦濤国家主席は、フランスとポルトガルを訪問した。

２０１３年3月、中国では、習近平国家主席、李克強首相による新体制がスタートした。その後、同年11月21日に、第16回ＥＵ・中国首脳会合が開催された。そこでは、２００３年に決定された前出の「ＥＵ-中国包括的戦略的パートナーシップ」の10周年を祝うと同時に、次の10年に向けた「ＥＵ-中国戦略計画２０２０」が採択された。

同計画は、「ハイレベル戦略対話」・「ハイレベル経済通商対話」・「ハイレベルな人と人との交流対話」という三本の柱から構成されている。最も重要な論点は、第二の柱に含まれる包括的なＥＵ・中国投資協定の締結であり、この首脳会議において交渉開始が宣言された。その後、２０１４年1月から２０１５年12月にかけてＥＵ・中国間で8回の会合が開催されたものの、２０１６年夏の時点では、投資協定は依然交渉中である。

ＥＵ・中国投資協定は、双方の投資保護、市場アクセス、投資促進策などを規定している。同時に、将来のＥＵ・中国間の自由貿易協定（ＦＴＡ）の締結を目指すとも考えられる点に留意すべきだろう。

一方、習近平就任後、２０１３年の秋頃から「一帯一路」構想と呼ばれる壮大な計画を明らかにしている。これは「陸と海のシルクロード」構想とも言われ、中国と陸続きのユーラシアの国々、及び中国からインド洋を経て地中海へつながる海路にある国々との関係を強化しようとするものだ。そして陸路・海路の行きつく先には、欧州がある。地政学的な側面も強いが、先ずは経済的な関係が念頭に置かれ、後述するアジアインフラ投資銀行（ＡＩＩＢ）を設立する

●図表3　アジアインフラ投資銀行（AIIB）の創設メンバー国

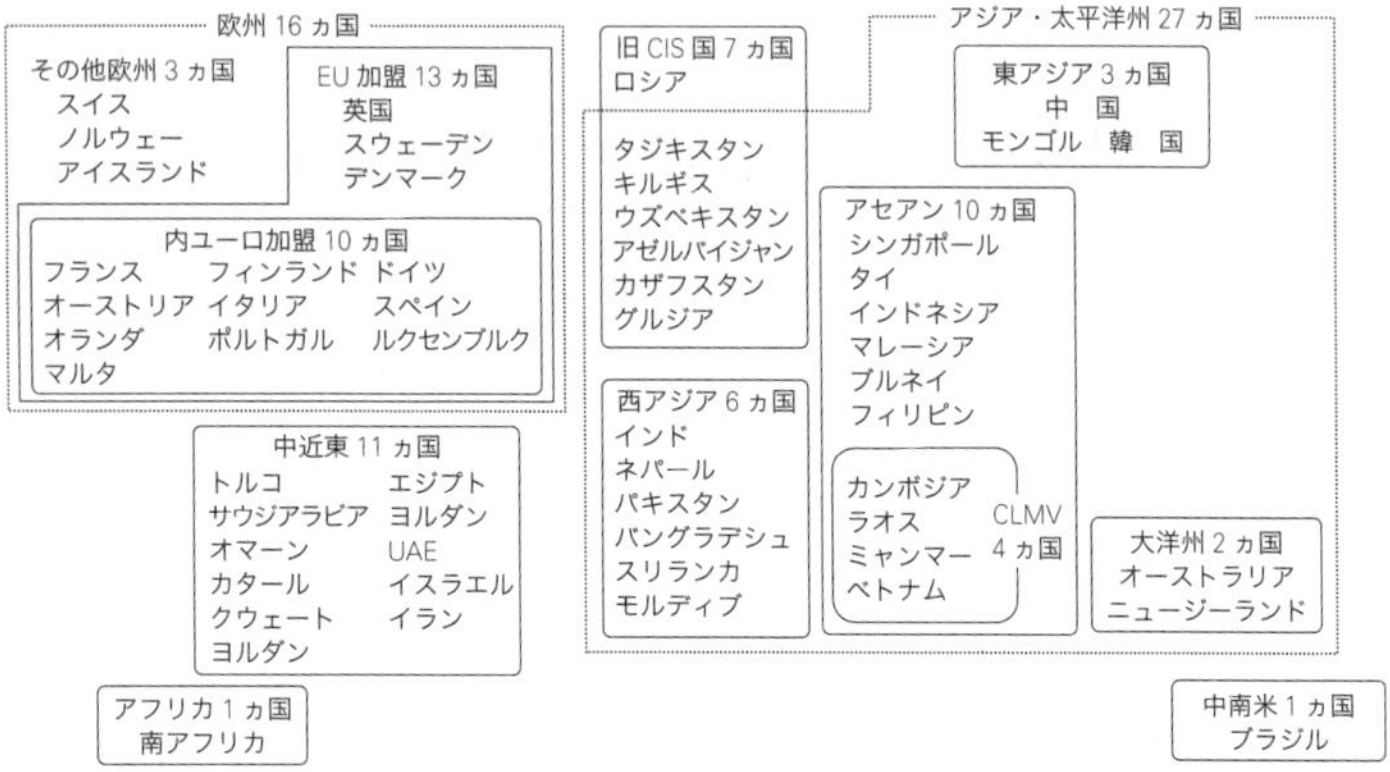

注：旧CIS国はロシア以外はアジアに含めた。
出所：中華人民共和国財政資料に基づき筆者作成。

構想がほぼ同時期に明らかにされた（図表3）。

今後の政策課題と欧州各国・中国間の関係変化

それでは現在、ＥＵ・中国間にはどのような課題・懸案があるだろうか。同時に、ＥＵ主要国と中国との個々の関係はどのような方向に展開していくだろうか。

以下、政策課題と欧州各国・中国間の関係変化という二つの観点から検討したい。

先ず、ＥＵ・中国間の貿易について、ＥＵは中国にとって最大の貿易相手であり、中国はＥＵにとって米国に次ぐ第二の貿易相手国である。しかし中国と欧州を含む先進国との間では、従来から貿易面の紛争が絶えなかった。

中国が２００６年に、自国が生産するレアアース、モリブデン、タングステンの３品目に高額の輸出税を課した。さらに２０１０年からは、輸出数量自体にも制限を加えた。これに対し、EU・日・米はWTOの協定違反であるとして、2012年、WTOに提訴した。議論を経て2014年には中国の敗訴が確定した。

さらに2012年、欧州委員会は、中国製の太陽光パネルについて、不当廉売の疑いで、アンチダンピング調査を開始した。2011年当時、中国の同製品の約8割以上を海外に輸出し、さらにこの内約7割が欧州向けだったとされる。2013年、EU委員会は、この調査に基づいて、48%という相殺関税を課すことを決定した。この一連の措置に対抗するかのように、同じ時期、中国は欧州産ワインのダンピング調査に入ることを発表したが、その1か月後にはEUとの合意が成立した。

環境問題について、EUは従来から世界の基準を先導する立場にあり、1995年の京都議定書採択に当たっても同じ先進国である日本との協力により、大きな役割を果たした。経済発展を急ぐ中国の環境政策は遅れていたが、EUは中国との間で1992年、「環境対話」を開始した。しかし2009年末、コペンハーゲンで開催された国連の気候変動枠組み条約締結国会議(COP15)において、途上国グループが先進国側が主張した規制内容に反発し、閣僚級会議をボイコットした際に、主導的役割を果したのが中国だった。さらに、その後、先進国グループと途上国グループとの妥協が成立した際、米国と中国が中心的役割を果たしたことも、環境問題で先導的な立場を自負するEUにとってはショックだったとされる。

最後に人権問題はEU・中国の間で、一貫した懸案となっている。既述の通り、1989年の天安門事件発生により両者の関係は一時悪化した。

その後、1995年、中国とEUは、「人権問題に関する特別対話」を高級事務レベルで交互に年2回開催することとし、そこでは、EU側の人権尊重に対する強い態度が示されてきた。2008年の中国政府によるチベット・ラサにおける暴動鎮圧の際も、EU各国の首脳が、北京オリンピックの開会席出席をボイコットする事態に至った。しかし全体として、議論はそれほど進捗しておらず、以上のように、EU・中国間の懸案事項は貿易面を中心に多岐に亘っている。さらに貿易と人権との関係では、EUが中国との経済関係を維持するため、人権問題への言及に配慮し、「特別対話」などの枠組みで主張を継続するにとどめている、という面がうかがわれる。

以上のような経緯から、EU・中国関係がこう着状態に陥ることがある中で、欧州の主要国はより自由に、中国に対し経済外交を進めてきた（図表4）。

ドイツがその代表格であり、メルケル首相の中国訪問は、2016年6月まで9回に上る。フォルクスワーゲン社・シーメンス社など、中国に深く根付いたドイツ企業も多い。メルケル首相自身がチベット問題や、最近では南シナ海における「法の支配」に言及することはあるが、経済面への影響を配慮しながらバランスを取っているようにうかがえる。産業の高度化を急ぐ中国にとっても、技術力の高いドイツ企業との関係強化にはメリットがある。

ドイツと対照的に、フランスは伝統的に人権問題へのこだわりが強く、2000年代には

●図表4　中国に対する商品の輸出の割合

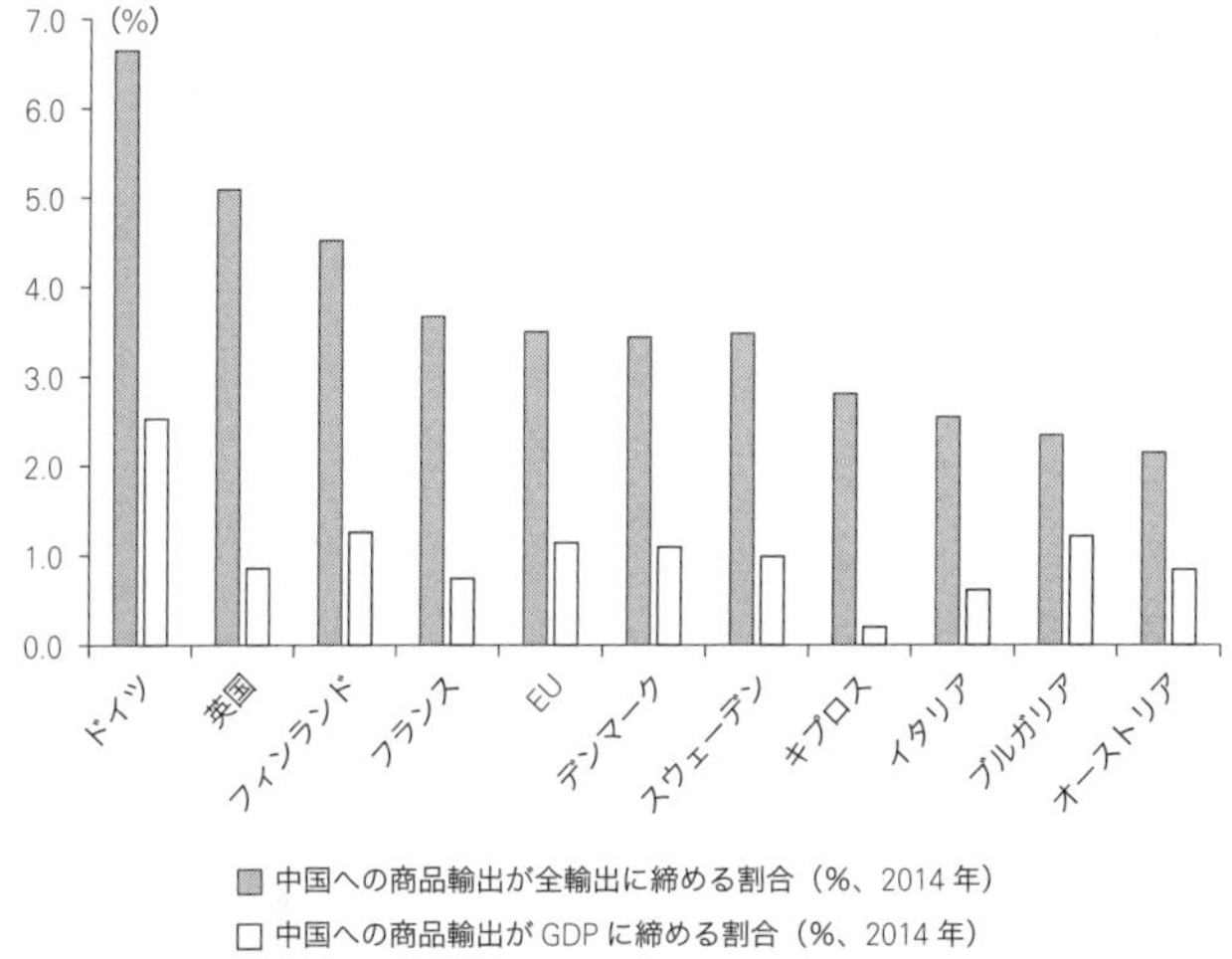

出所：ユーロスタット・ジェトロ

関係の冷却した状態が続いた次期もあった。しかし２００９年に「中仏共同声明」の発表後、ドイツと同様に経済重視の関係を維持しようとしているようだ。

　最後に、英国は、金融業が自国の主力産業であるため、近年、中国人民元ビジネスなどの取り込みを狙い、中国との関係強化を図ってきた。その延長線上で、２０１４年春、中国のＡＩＩＢ計画に対し、英国は欧州で初めて、参加を表明した。米国が不参加であるにもかかわらず、英国が参加を決めたことが、その後、フランス・ドイツ・イタリアなど欧州主要国が相次いでＡＩＩＢへの参加を表明したことにつながった。その後、２０１５年秋に、習近平が訪英した際には、当時のキャメロン首相との間で中国製の原子力発電施設を納入することで合意した。

しかし、このような英中の蜜月関係は、2016年6月の英国国民投票によるEU脱退決定以降、どのように変化するだろうか。中国からすれば、英国との関係強化は、ロンドンという金融センターを利用することだけでなく、既述のAIIB加盟時の経緯にみられるように、欧州各国との関係強化への足掛かりと捉えていた面がある。英国がEUを離脱した場合には、金融センターを含む「欧州への窓口」としての英国の利点が薄れる可能性がある。英国のEU離脱がより現実的なシナリオとなって具体化した時に、中国が英国に代え、ドイツなど大陸諸国との一層の関係強化を図るかどうかという点が注目される。

＊本章は、歴史的記述を中心に、田中俊郎教授の下記報告に多くを負っている。この場で同教授に改めて謝辞を示したい。

参考文献

田中俊郎「EU・中国関係史：EUの対中認識・政策」（2014年9月26日、明治大学国際研究所・EU研究会報告）

第 14 章

日欧経済連携の可能性
——EUのグローバル戦略

日本貿易振興機構(JETRO)顧問
塚本 弘(つかもと・ひろし)

1968年京都大学法学部卒、同年経済産業省入省。1992年JETROニューヨーク所長、1994年大臣官房審議官(地球環境問題担当)、2002年JETRO副理事長。2007年から2014年日欧産業協力センター事務局長。

CHAPTER 14

SUMMARY IN THIS CHAPTER

メガＦＴＡが今後世界に拡がっていくか、否か、
今年から来年は、極めて重要な時期。
日ＥＵ経済連携協定の交渉は、最終段階。
望ましいシナリオは、メガＦＴＡが進み、
世界全体の活力が高まるとともに、
それぞれの国が自国内で
より公平な富の配分を行なうという
「効率と公正」の両立である。

1　メガFTAの時代

世界の貿易投資交渉の潮流が、変わってきた。２００１年から、加盟１６１ヵ国で、交渉を進めてきたドーハラウンドは、２０１５年12月のナイロビでのＷＴＯ閣僚会議でも、合意に到らなかった。一言で言うと、あまりに加盟国が多いこともあり、途上国と先進国の利害の対立が広い分野に渡り、まとまりがつかない状況に陥ってしまった。他方、ＴＰＰ（環太平洋パートナーシップ協定）は、２０１５年10月５日、アトランタでの閣僚会議で、当初２日間の予定が、延長に次ぐ延長を重ね、６日目になってしまったが、何とか大筋合意に達した。２０１６年２月４日には、ニュージーランドで調印式が行われ、今後は、参加12ヵ国がそれぞれ協定批准手続きに入ることになった。日本の国会での批准は、秋以降に持ち越しになり、米国では、大統領選挙の争点の一つになったこともあり、先行きについては、予断を許さない状況である。特に、共和党大統領候補のトランプ氏は、アメリカ製造業に致命的打撃をもたらすとして、ＴＰＰを明確に否定している。しかしながら、２０１５年７月に米国議会はＴＰＰ交渉について大統領に貿易促進権限（ＴＰＡ）を付与しており、これに基づく交渉が大筋合意に至ったことは、他のメガＦＴＡにも、大きなインパクトを与えている。すなわち、今後大きな発展が期待されるアジア太平洋地域で、ＴＰＰの参加国のみが貿易投資の自由化のメリットを享受することは、自国企業にとって不利益になることもあり、日ＥＵ経済連携協定、ＴＴＩＰ（環大

●図表1　メガFTA

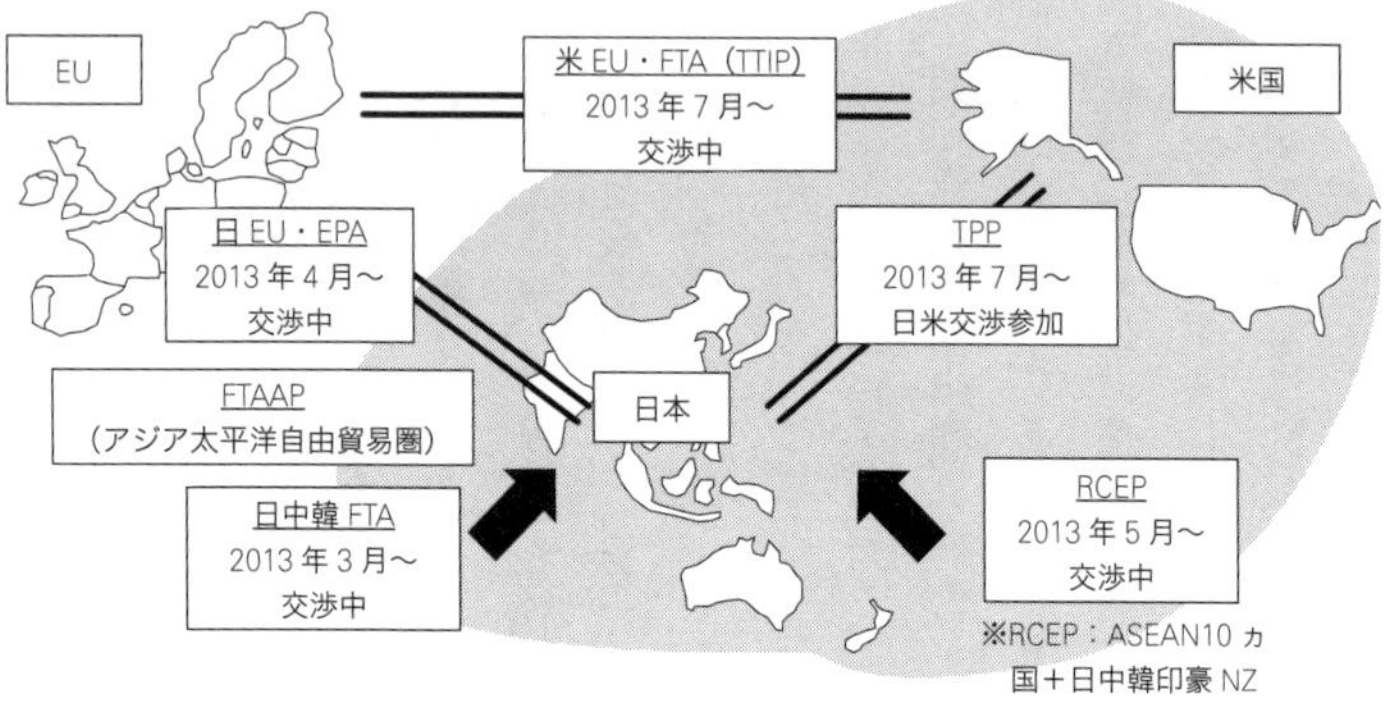

注:EUは日EU・EPAの他、米EU・ETA(TTIP)についても交渉中。アジア太平洋地域では、日中韓FTA、RCEP(※)、TPP等のイニシアチブが進行。先進国間でも高いレベルのEPA/FTAの締結が進むことで、世界全体の貿易投資に関するルールづくりが進む。

出所:経済産業省作成

西洋貿易投資連携協定)、RCEP(東アジア地域包括的経済連携協定)、FTAAP(アジア太平洋自由貿易圏)などのメガFTAについて、各国は、今まで以上に真剣に取り組み始めている。

2　日EU FTA/EPA交渉の経緯

日EUの政府間交渉は、2013年4月の交渉開始以来、既に16回も会合が重ねられた。2016年5月のブラッセルでの日欧首脳会議では、「2016年の出来る限り早期の大筋合意を実現するよう、交渉担当者に交渉の加速化を指示することで一致」となった。交渉は、今や最終段階に入ったといえよう。交渉の主なポイントは、関税(日本側は、EUの自動車10%、電気機械14%の高関税撤廃、欧州側は、日本の農畜産物の関税撤廃)、市場アクセス(欧州側は、日本の鉄道などの調達市場への参加)、地理的表示の保護の強化などである。

(1) 民間レベルの交渉

最初に、日欧間で、経済統合の可能性を検討すべきという提案は、2007年6月ベルリンにおける「日EUビジネスラウンドテーブル」の場で、欧州側から、出された。その結果、日EU間の経済関係を深化させるための経済統合協定(EIA economic integration agreement)の可能性を検討するためのタスクフォースを設立することが提言された。これを受けて、日本側では、JETROが事務局となり、9回の議論を重ね、中間報告が2008年2月に公表された。欧州側は、欧州産業経営連盟(BUSINESS EUROPE)が議論を主導した。2008年7月には、「日EUタスクフォース合同報告書」が取りまとめられ、7月4日の日EUビジネスラウンドテーブル年次会議に報告された。合同報告書作成の際、日本側は関税を含む4本柱「世界最高のイノベイティブ社会の共同構築」「新次元の環境調和社会の共同構築」「安全な社会インフラの共同構築」「相互の貿易投資環境の改善」を提案したのに対し、EU側は非関税障壁について規制改革が進行しないことに強い関心を抱いていることが確認された。また、関税については双方が異なる見解を持つことが確認された。

さらに、2010年4月のビジネスラウンドテーブルでは、「日欧間の貿易投資の野心的な拡大を促進するための適切な条件が満たされたと日EU両政府が合意次第、早急にバランスの取れた双方に有益な二国間協定の交渉を両政府は開始すべきである」との提言が出された。

(2) 政府レベルの交渉

民間レベルでのこうした提言を受けて、2010年7月、両国政府間では、日EU経済連携協定の共同検討作業を開始した。2011年5月にこれが終了し、同月の定期首脳会議では、経済連携協定の大枠を決めるスコーピングの実施に合意した。約1年間で、このスコーピングは実質的に終了し、欧州委員会は、2012年11月に、加盟各国から交渉権限を取得した。2013年3月の日EU首脳電話会議で交渉開始が合意されたことを受けて、第1回交渉会合は、2013年4月に行われた。交渉会合は、大体3、4ヵ月ごとに開催され、第16回の交渉会合は、2016年4月に行われた。今後、2016年内の合意に向けて、秋以降、大詰めの交渉が行われるだろう。2016年6月の英国のEU離脱の国民投票によって、英国とEUの間では、今後厳しい交渉が予想されるが、日EUの交渉については、むしろ互いに市場機会を拡大すべきとの思惑から、より真剣に交渉に取り組むことが期待される。ただ、最終的にそれが批准に至るまでは、相当の紆余曲折が懸念される。なぜならば、後に見るように、カナダEUのFTA交渉の今後の批准手続きで、当初の一括批准の予定が覆されて、各国ごとの批准が必要とされるため、全加盟国の承認を得るのは、容易ではないと考えられるからである。

これまでの交渉の内容は、非公表だが、物品貿易、サービス貿易、知的財産権、非関税措置、政府調達、投資等の各分野について、幅広く議論が行われ、今や、「マチュア（成熟度の高い）状況にある」（交渉担当の政府高官の話）とされている。

こうした政府間の交渉と平行して、日ＥＵの産業界の間でも様々の対話が進められており、２０１５年３月には、日本経団連が、「日ＥＵ規制協力に関する提言」を発表し、規制・制度の整合性・透明性の確保、規格・基準の調和・相互承認などを推進すべきとしている。さらに、ＥＵ側が大きな関心を示している鉄道分野で、これまで３回の官民対話が行われ、双方でかなりの進展があったと評価されている。

3　ＥＵのこれまでの域外諸国とのＦＴＡ締結状況

日ＥＵＦＴＡに先行した二つのＦＴＡを見ると、主要項目について、どのような合意が可能か参考になりうる。自動車関税については、ＥＵの関税率が10％（米国は、2・5％）と高いにもかかわらず、撤廃期間は、3年から7年とされている。（ＴＰＰでは、何と25年という長い期間で撤廃するとされている。）さらに、安全基準については、ＥＵ基準またはＵＮＥＣＥ規則（国連欧州経済委員会規則）との適合性を重視している。

(1) EUカナダFTA(CETA包括的経済貿易協定)

2009年に交渉を開始し、2013年10月に大筋合意。2014年8月に協定書細目合意。2016年2月法的レビュー終了。2016年10月開催予定のEUカナダ首脳会議に合わせて署名を行う見込み。その後、批准手続きに入るが、当初は加盟国ごとの議会の批准は不要とされていたが、英国のEU離脱の影響もあり、自国の判断が尊重されるべきとの各国の意見が強くなり、最終的に全ての加盟国の議会の批准を求めることとなろう。

主な内容

関税　完成車関税(EU10%、カナダ6%)は段階的に7年で撤廃(なお、TPPでは、米国は乗用車の関税2・5%を15年目から削減開始、20年目で半減、22年目で0・5まで削減、25年目で撤廃)

IT関連製品　即時撤廃

農産品　関税割当品目の枠を拡大。EUからカナダ(牛肉5万トン、豚肉7・5万トン等)。カナダからEU(高級チーズ17万トン、工業チーズ1700トン等)

非関税障壁　相互認証を進め、技術基準や適合評価方法の違い(ラベリングを含む)によるコストを低減。自動車基準は、カナダはEUの自動車基準リストのうち17を同等と認識し、双方で更なる基準調和に向けた作業を約束。

政府調達　カナダは連邦政府のみならず地方政府も開放。EUも主要政府機関、加盟国政府機関、域内数千の自治体等をカナダに開放。

(2) 韓EUFTA

2007年に交渉を開始し、2009年10月に仮署名を経て、2011年7月に暫定発効。2016年7月で5年目を迎えた。この5年間で、両国間の貿易額は拡大し、特に、EUは、車などの輸出のおかげで、これまでの貿易赤字から、2011年以降は、貿易黒字となっている。

主な内容

関税　EU乗用車 関税10%に関し、小型車(1500cc以下)5年で撤廃、中大型車(1500cc超)3年で撤廃

EU家電製品 関税14%を5年で撤廃

非関税障壁　韓国は自動車安全基準について、(1)EU基準もしくはUNECE規則に適合する製品は国内基準に適合するものとして受け入れるとともに(26基準から36基準に拡大)、(2)韓国の29の国内基準を発効後5年以内に改定し、UNECE規則に調和させること

韓国は輸入販売される電子・電機機器について、段階的に供給者適合宣言(SDoC)の導入を図ること

4　ＴＴＩＰ（環大西洋貿易投資パートナーシップ協定）の行方

ＥＵと米国の交渉は、２０１３年7月に第1回交渉を開始し、２０１６年4月下旬に第13回交渉まで行われたが、まだ、交渉は長引きそうだ。３つの分野、すなわち、市場アクセス（関税を含む）、規制協力、ルールについて、交渉が進められている。関税については、これまでの交渉報告書によると、対象項目の97%はある程度の時期に関税撤廃が見込まれるが、３%に当たる農産品、繊維、自動車などは、センシティブ品目に当たるとされている。この米国と欧州の交渉の注目すべき点は、基準の統一、あるいは制度間の調和を目指している点である。今やグローバル企業は世界中で活動しており、国によって、規制が異なると極めて煩雑かつコストもかかる。これをできるだけ共通のものにしようということで、具体的には、医薬品、医療機器、自動車など特定9品目について、規制協力を協議している。ルールの分野では、幅広い問題（貿易と持続可能な開発、税関と貿易円滑化、知的財産権、国有企業と補助金、紛争処理メカニズム、など）について、国際的なルールや基準の策定を狙うものである。以上のような広範かつ野心的な内容のものであることに加え、遺伝子組み換え作物（ＧＭＯ）、投資家対国家の紛争解決（ＩＳＤＳ）などに一部加盟国からの反対もあり、まだまだ決着まで時間がかかりそうだ。

5 今後の展望

グローバル時代の中で、世界的大企業はもとより、各国の中小企業も、世界の市場を目指している。その際、関税や様々の規制が障害とならないよう自由な市場を開放する枠組みが、FTA、EPAである。特に、TPP（環太平洋パートナーシップ協定）、日EU経済連携協定、TTIP（環大西洋貿易投資パートナーシップ協定）、RCEP（東アジア地域包括的経済連携協定）などのメガFTAのもたらすインパクトは大きい。このようなメガFTAが今後世界に拡がっていくか、否か、今年から来年は、極めて重要な時期であるといえよう。特にグローバル化の流れに反対する2つの動きが懸念される。英国のEU離脱の国民投票は、貧富の差の拡大、移民の増大による雇用機会の喪失などの深刻な状況にもかかわらず、英国民のために、何ら適切な対策が講じられていないことに対する国民の拒否の意思表示といえよう。トランプ氏も、TPPは破棄し、アメリカ人やアメリカ国内企業の利害を優先すべきと主張している。グローバル化についてのこうした反対を考える場合、重要なことは「ヒト、モノ、カネのグローバル化を一括して議論するのではなく、それぞれの問題について正確な議論をすることである。モノ、すなわち貿易の自由化については、多くのメリットがあり、TPPなども推進すべきである。しかし、今グローバル化議論の中心になるヒトの移動の是非を論じる時には、貿易自由化論とは違う論点が関わってくる」（伊藤元重学習院大学教授、2016年8月24日付日本経済新聞「経済教室」)。簡単に移動ができないヒトの場合、例えば移民の増加という状況で、多くの人がグローバル化のマイナス面に不満を持ち、最終的に多数決で結論がだされた場合民主主義という制度は、結局は、国という単位の中で、ものごとを決める仕組みなので、これを尊重するしかないとも言える。もう一つのメガFTA交渉の重要な要素は、国益である。発言権の強い産業の声を無視できない。その意味で、自由貿易の旗手だった英国を欠くことになる今後の日EU経済連携協定の大詰めの交渉に当たっては、ドイツ、フランスの自動車産業の力が強くなることも懸念される。何れにせよ、今後重要なことは、各国で、貧富の格差が高まり、国民の不満が高まっていることに対し、政治家が如何に真剣に向き合うかであろう。メイ英国首相は、就任演説で、「国民の多くは激しい不公平に苦しんでおり、私の率いる政権は、一握りの特権階級でなく、国民の利益によって動かされるものとなる」と述べた。望ましいシナリオは、メガFTAを通じ、グローバル化の下で、世界全体の活力を高めるとともに、それぞれの国が、自国内の人々に、より公平な配分を行なうという「効率と公正」を両立させることであろう。

参考文献

渡邊頼純(監修)・外務省経済局EPA交渉チーム(著)(2007)『解説FTA・EPA交渉』日本経済評論社

山下一仁(2016)『TPPが日本農業を強くする』日本経済新聞出版社

第 15 章

第4次産業革命を先導

明治大学国際総合研究所（MIGA）客員研究員
廣澤孝夫（ひろさわ・たかお）

1969年京都大学法学部卒。1969 ～ 98年通商産業省。情報政策、石油政策、知財政策、地域政策など担当。1983 ～ 86年 JETROブラッセル所長として日EC関係担当。2003 ～ 2011年スズキ（株）専務取締役ほか。2011 ～ 2015年（一財）企業活力研究所理事長。先進国型ものづくりのあり方についての研究会においてインダストリー 4.0 などIoTへの本格的な取り組みを提言。

CHAPTER 15

SUMMARY IN THIS CHAPTER

メルケル首相は、「インダストリー4・0」を旗印に、
ドイツ国民と世界に向かって、
第4次産業革命を先導することを宣言した。
その進捗状況と諸課題を報告するとともに、
アメリカ、日本などとの連携のあり方を模索する。

1　ドイツが先導する「インダストリー4・0」

ドイツは、「インダストリー4・0」に、メルケル首相を先頭に産官学労が一致団結し、文字通り国を挙げて取り組んでいる。製造業と情報技術を融合、発展させ、第4次産業革命を先導しようという野心的な試みである。

「インダストリー4・0」は、2011年11月にドイツ政府が策定した「ハイテク戦略2020行動計画」の中で、「10の未来プロジェクト」の一つとして、「インダストリー4・0プロジェクト」を採択したことに始まる。ドイツだけでなくEU及び各国では、2000年頃から経済社会全般にわたって「デジタル革命」を推進してきたが、「インダストリー4・0」は、ドイツらしく、その製造業特化版として旗揚げしたといえるだろう。

「インダストリー4・0」が生まれた背景

ドイツで「インダストリー4・0」が生まれた背景として、様々の要因を指摘できる。

①東西ドイツの統合、EUの拡大といったヨーロッパの動向に加え、世界経済のグローバル化の進展の中で、先進国から周辺の途上国への製造業の流出が目立ってきた。強固と目されてきたドイツの製造業も、世界市場で今後とも国際競争力を維持し、存立し続けるためには、高い賃金コストでも太刀打ちできる生産性の高い産業に変貌させることが不

可欠となってきた。

②情報通信技術、特にインターネットの発展・普及や、アメリカで進展著しいIoT、ビッグデータやクラウドコンピューティング、AIなどを目のあたりにして、製造業分野でも大変革が起こることは必至、このまま看過すると、アメリカIT企業に牛耳られる危惧を感じた。

③先進国市場を中心に消費者ニーズが多様化し、従来の少品種大量生産から多品種少量生産（変種変量生産）に、しかもコスト増なしに実現することが必要となってきた。（マス・カスタマイゼーション）

④ドイツ社会の少子高齢化の下で、若年労働者の不足、マイスターなど熟練技術者の後継者難に対処することが急がれた。

これらの諸要素は、驚くほど日本の置かれた状況に似ている。

そして、ドイツが出した答えが、「インダストリー4・0」だったのである。

第4次産業革命

「インダストリー4・0」は、「第4次産業革命」を意味する。

第1次産業革命	18世紀後半〜	蒸気機関による工場の機械化
第2次産業革命	20世紀初頭〜	電力の活用による大量生産

第3次産業革命	20世紀後半～（1970年～）	コンピュータによる自動化
第4次産業革命	21世紀	CPS（サイバー・フィジカル・システム）（IoT）による自律化

「第4次産業革命」という名称が世界的に定着したとはまだいえないとしても、ドイツ国内の産官学労関係者の結集を実現し、同時に世界の耳目を集めることに成功した見事な命名であった。

「インダストリー4・0」の提言と体制

「インダストリー4・0」の骨格は、2013年4月、インダストリー4・0ワーキンググループにより取りまとめられた「提言」に示されている。

このワーキンググループには、世界的ソフトウエア企業SAPの元社長でドイツ工学アカデミー会長のヘニング・カガーマン教授とボッシュ社のシーフリード・ダイアス博士を共同議長として、ドイツ各界の俊秀が集結している。

同じ2013年4月には、推進組織として、「インダストリー4・0プラットフォーム」が設立された。この国家的プロジェクトを推進するためには、これまでの業界単位を超えた連携・結束が必要との認識の下、プラットフォームの事務局は、BITKOM（ドイツIT・通信・ニューメディア連盟）、ＶＤＭＡ（ドイツ機械工業連盟）、ＺＶＥＩ（ドイツ電気電子工業連盟）の3団体が協力してあたっている。また、ドイツ工学アカデミー（ＡＣＡＴＥＣＨ）とも一体となった運営がおこなわれている。ドイツの代表的クラスター「It's OWL」とも連携している。

参加企業は、シーメンス、ＳＡＰ、ボッシュを核に、フォルクスワーゲン、ダイムラー、ＢＭＷ、ルフトハンザ、ドイツポスト、ＫＵＫＡ（ロボットメーカー）、中堅のトルンプ（レーザー加工機メーカー）等々広範で、ＡＢＢ、ＨＰなど多国籍企業も参加している。フラウンホーファー研究所、カールスルーエ技術研究所、ミュンヘン工科大学など主だった研究所、大学等は、こぞって参加している。

プラットフォームの実際の活動は、8つの優先分野について、専門家によるワーキンググループを設けて行われた。

2　「インダストリー4・0」の進展

「インダストリー4・0」のイメージ

ここで、「インダストリー4・0」とは何なのか、そのイメージを少し描いてみよう。

この壮大なプロジェクトを一言で言い表すことは困難であるが、敢えていえば、「スマート工場の実現」であり、その中核コンセプトが「ＣＰＳ」（サイバー・フィジカル・システム）である。デジタル上のサイバー空間と現実を連動させることにより、市場や受注の動向に自律的に対応するシステムを構築する。

より具体的には、

①製品の開発・生産工程管理をデジタル上で統合することにより、最適生産をシミュレーションし、現実の工場と同期させる。

②サプライチェーン管理（受発注から生産・物流まで）をデジタル上で統合することにより、マーケットニーズを柔軟に生産プロセスに反映させ、変種変量生産を可能とする。

③これらに必要なあらゆるデータを管理する共通プラットフォームを構築する。

④一つの工場にとどまらず、多数の工場や関係する他企業とも連結し、全体最適を目指す。

といったコンセプトである。

プラットフォームの体制変更

2015年4月、ハノーバーメッセ2015において「プラットフォーム」の体制変更が発表されている。経済エネルギー大臣と教育研究大臣が「プラットフォーム」の指揮をとるとともに、IGメタル（ドイツ金属産業労働組合）も参加し、政府主導のオールドイツとしての取り組みがより明確になった。これとともに、政策意識の中心が、中堅・中小企業に移ってきている。

また、同時に発表された「インダストリー4・0実践戦略」では、構想の実現に向けたロードマップと、必要な標準や規格等を整理するための共通化モデルとして、「RAMI4・0」が示されている。

新プラットフォームの活動

新プラットフォームの活動の中核となるワーキンググループは、次の5つに整理された。

WG1 リファランスアーキテクチャ、規格と標準化
WG2 研究とイノベーション
WG3 セキュリティとインターコネクティドシステム
WG4 法的枠組み
WG5 雇用、職業教育、生涯学習

新プラットフォームの下での実際の活動の重点は、理論的・概念的な段階から、実際の現場を前提にユースケースを収集検討し、テストベッドとしてユーザーに提供して試してもらうという現実的なアプローチに変化してきている。標準化についてもこれらの経験をベースに必要なものを進めるという考え方である。すでにドイツ国内には、200以上のユースケースやテストベッドが動いていると言われており、フランスでの同様の試みとの間でも情報の共有が図られている。さらに、後述のアメリカIICとの間でもテストベッドの共用について合

意されている。

中堅・中小企業に向けた動き

ドイツ経済エネルギー省は、2015年9月に発表した「中小企業4・0」(Mittelstand4.0)において、中小企業の意識喚起や技術実証試験、専門家による助言等を実施する「中小企業4・0コンピテンスセンター」を全国に設置し、さらにこれらを支援する「中小企業4・0エージェンシー」を設置することも明らかにしており、現在、コンピテンスセンターの設置が着々と進められている。当初、「インダストリー4・0」に対する中堅・中小企業の反応は、あまり芳しいものではなかったと言われており、ドイツ政府としても、ドイツ経済の強さの源泉ともいえるMittelstand(中堅・中小企業)への働きかけに傾注しているようだ。

3 「インダストリー4・0」をめぐる世界の動き

(1) アメリカ

ドイツの「インダストリー4・0」立ち上げの動きに呼応して、逆にアメリカ側でも、様々の動きが出てきている。その流れを整理すると、大きく2つに分けられる。

① インダストリアル・インターネット・コンソーシアム(IIC)

IICは、米国製造業の雄GEと米国IT産業のリーディング企業であるIBM、インテル、シスコシステムズ、AT&Tの計5社が中心となって、2014年4月に旗揚げした。その後加盟社数は毎月増え続け、すでに240社にのぼる一大勢力となっている。「インダストリー4・0」の主要メンバーであるシーメンスやボッシュ、SAPなども参加し、日本からも9社が参加するなど世界中から多くの企業が参加している。IIC自身も、アメリカのコンソーシアムではなく、国際コンソーシアムであることを強調している。

IICも、製造業を重要なターゲットとしており、アプローチの仕方がやや異なるとはいえ、インダストリー4・0と重なる部分も多い。

IICは現在、参加希望企業によるテストベッドでの実証試験を多数実施中であり、これらの積み重ねによりデファクトスタンダードの獲得も視野に入れているものとみられる。2016年3月には、「インダストリー4・0」との間で協力協定が結ばれており、テストベッド間の相互アクセスや、標準化に向けての相互協力が謳われている。今後の製造業分野の標準化に関する議論は、事実上「インダストリー4・0」とIICを軸に進む可能性が高いとみられる。

②グーグル、アップル、アマゾン、etc

アメリカのもう1つの大きな流れは、グーグルやアップルなどに代表される新しいIT系の企業である。これらの企業は、インターネットやスマートフォンのプラットフォームを握ることを起点に、ビッグデータや人工知能、ロボット、自動操縦などの新技術を駆使して、新たなビジネスモデルを次々に生み出そうとしており、ドイツが最初に危惧したのはこちらの動きと推察される。これら企業の関心は、広範な分野に広がっているが、自動車をはじめとして製造業分野にも強い関心を抱いているようで、今後の展開が注目される。

(2) 日本

このようなドイツやアメリカの急速な動きを目のあたりにして、日本でも最近、様々の動きが進行している。

①ロボット革命イニシアティブ協議会

政府の「ロボット革命実現会議」が2015年1月にとりまとめた「ロボット新戦略」に基づいて、同年5月、「ロボット革命イニシアティブ協議会」が設立された。同協議会には、日本の主要な製造業企業がこぞって参加しており、その下に設置された「IoTによる製造ビジネス変革WG」において、IoT時代の日本の製造業の変革のありかたについて検討が進められている。(2016年1月、中間報告)

②IoT推進ラボ(IoT推進コンソーシアム)

製造業のみならず幅広い業種・分野でIoTによる変革が進行していくと予想されることから、総務省・経済産業省協力のもとに、2015年10月「IoT推進コンソーシアム」が設置された。その下に設けられた「ＩｏＴ推進ラボ」において、製造、モビリティ、医療・健康、観光、金融等様々の分野の企業が業界の枠を超えて連携する先進的なモデル事業の創出を支援している。

③ 日独間のＩｏＴ／インダストリー４・０協力

日独間のこの分野での協力については、２０１５年３月のメルケル首相訪日の際、安倍首相との間で基本的な合意がなされていたが、これを具体化するものとして、２０１６年４月28日、日本の経済産業省とドイツ経済エネルギー省は、「ＩｏＴ／インダストリー４・０協力に関する共同声明」に署名した。今後この共同声明に基づき、ＩｏＴ／インダストリー４・０に関する様々の共通の問題の解決に向けて、日独両国間で連携していくこととなる。具体的には、(i)産業サイバーセキュリティ、(ii)国際標準化、(iii)規制改革、(iv)中小企業、(v)人材育成、(vi)研究開発、の６つの分野において、関心ある民間団体等の参加を得て、連携を進める。また、政府ベースのこのような動きに並行して、「ロボット革命イニシアティブ協議会」と「プラットフォームインダストリー４・０」の間、更に、研究開発機関の間でも、日本の産業技術総合研究所とドイツ人工知能研究所（ＤＦＫＩ）間で、協力連携を強化する旨合意している。

④ ハノーバーメッセ＋日独経済フォーラム

ドイツは、ハノーバーメッセを「インダストリー４・０」のＰＲの場として実に上手く活用している。

ハノーバーメッセ２０１６への出展も相変わらず盛況で、海外からも中国６００超、パートナー国のアメリカ４００超を数えたが、日本は58にとどまった。

また、その一環として開催された10回目を迎える日独フォーラムは、上述の日独共同声明の発表もあり、大盛況となった。

また、日本の民間連携組織ＩＶＩ（Industrial Value chain Initiative・法政大学西岡靖之教授をリーダーとし、多数の企業が参加）によるプレゼンも注目された。

なお、翌年のハノーバーメッセ２０１７のパートナー国は、日本が予定されている。

⑤ 成長戦略

安倍内閣の成長戦略においては、ＩｏＴ・ビッグデータ・人工知能など第４次産業革命を大きく取り上げるに至り、特に最近の「日本再興戦略２０１６」においては、その副題を「第４次産業革命に向けて」とするなど力が入っている。「第４次産業革命」こそが日本の抱える諸問題を解決し、日本を再び成長へと導く最大の鍵との認識である。

(3) 中国

メルケル首相は、外交政策上中国を重視しているが、２０１４年10月には、「独中間のインダストリー４・０に関する協力文書」が合意されており、その中で、「標準化の分野で密接な協力を行う」ことも盛り込まれている。中国側からみれば、少子高齢化と賃金上昇が進む中で、中国が「世界の工場」としての地位を今後とも確保するためには、製造業の高度化が不可欠であり、インダストリー4・0との協力関係を深めることは渡りに舟であったし、ドイツ側からみても、中国に進出している自動車などの企業のグローバルなオペレーション上も、更にインダストリー4・0仕様の工場・機械輸出といった観点からも、中国をインダストリー4・0のグループに取り込むことが得策と考えたことは、容易に推察できる(Dual Purpose)。これを踏まえて、中国は、翌2015年に発表した「中国製造2025」においても、製造業とIT産業の融合を最重点課題の一つに掲げている。なお、2016年7月には、ドイツの有力ロボットメーカーKUKAが中国のエレクトロニクス企業大手、美的集団の傘下に入ることが報道されている。

4　インダストリー4・0の課題

「インダストリー4・0」やIoT、ビッグデータ、AIといった新たな動きは、それ自身多くの課題を内包していると同時に、社会や経済のあらゆる分野にこれまでとは全く異質のインパクトを与え、その変容を迫ることとなる。

(1)　標準化の問題

インダストリー4・0の世界では、「つながる」ことが前提であり、標準化の問題は極めて重要なテーマである。

この分野の国際標準化機関であるIEC(International Electronical Commission)においては、すでに、ドイツが提案するアーキテクチャ「RAMI4・0」に沿って次世代製造業に必要な規格の特定が始まっている。他方、ISO(国際標準機関)においても、スマートマニュファクチャリングに関するSAG(戦略諮問グループ)を設置し、検討を開始している。

ただ、今後の具体的な標準策定にあたっては、欧米とも、現在進められているユースケースやテストベッドなどでの実証テストの実績を積みあげた上で議論する必要があると考えており、日本もユースケースなどへの取り組みを急ぎ、国際標準形成の場に積極的に参加していく必要がある。

(2) サイバーセキュリティの問題

あらゆるモノがネットワークに接続され、サイバー空間と実空間の融合が高度に進化する社会が到来するにつれ、サイバー攻撃の被害規模が甚大となり、社会的影響も深刻化することが懸念されている。このため、先の伊勢志摩サミットにおいても、主要なアジェンダの一つとして取り上げられ、「サイバーに関するG7の原則と行動」に合意するとともに、サイバー空間の安全及び安定促進のためG7作業部会を立ち上げることとなった。この問題こそ、国際的な協力が必須の分野であり、G7はもちろん、G20や経済連携協定、その他様々のフォーラムにおいても、重要なテーマになるものと考えられる。「インダストリー4・0」など産業分野のサイバーセキュリティについても、このような動きと密にタイアップしながら、最優先で国際的に協力して取り組む必要がある。

(3) 個人情報の保護とデータの国際流通の問題

個人情報の保護等に配慮しながら、情報の自由な流通を促進すべきという基本的な考え方は同じように見えても、実は、欧・米で考え方にかなり大きな差がある。アメリカが情報の自由な国際流通に力点を置くのに対して、ヨーロッパは、歴史的に個人情報の保護を重要な人権としてとらえ、優先的価値を置いている。

2016年春には、EUは、個人情報の国際流通に関するレギュレーションを発出しており、日本からEUに進出して拠点を設けている企業にとって頭の痛い問題になりつつある。この点は、日EU間の協議においても何らかの対応が必要と考えられる。

(4) 雇用へのインパクト

インダストリー4・0やIoT、ビッグデータ、ロボット、AIなどの議論に際して、これらの雇用へのインパクトあるいは労働市場への影響と対応については、すでに大きなテーマとして世界的な議論が始まっている。

ドイツでは、2015年4月にプラットフォームの体制変更が行われた際、IGメタルも参加することとなったことでも明らかなように、この問題は早期から意識されている。

またドイツ労働社会省は、2015年4月には、グリーンペーパー「労働4・0」(Arbeiten4.0)を発表し、国民との対話プロセスを開始している。ここでは、デジタル化による変革と将来の労働環境に関するあらゆる問題について、国民各層の意見を求めるとともに、専門委員会を設けて検討を進めている。2016年末には、ホワイトペーパーという形で、成果が発表される予定である。

2016年1月に開催された世界経済フォーラム(ダボス会議)においてもそのメインテーマは、「第4次産業革命」であった。「テロと難民」という喫緊の大問題発生のため、若干影が薄れた感は否めないが、前年オックスフォード大学の2人の教授が今後10年から20年の間に米国の全雇用の47%がコンピュータによって置き換わる可能性があると予測したことが大きな関心を呼び、雇用問題に議論が集まった。

「雇用への影響」といったとき、単にこれまでの人の労働がどれだけロボットやコンピュータに置き換わるかといったことだけでなく、同じ職業でもその内容がどう変化するのか、新たに必要となる人材はどのような資質を必要とするのか、教育のありかたをどう変える必要があるのか、若者だけではなく、中高年齢者に対する再教育をどうするべきか、など幅広い観点からの考察が必要である。特に、デュアルシステムという特有の社会システムを採用しているドイツにとっては、この問題は特段に重要で、「人とロボットとの協働」を基本の姿に置こうとしているようである。

いずれにせよこのテーマは、第4次産業革命の将来にとって極めて重要であることは確かで、日独間でも十分な意見交換がなされることを期待したい。

(5) 中堅・中小企業の問題

インダストリー4・0は、シーメンスやボッシュ、SAPなどの大企業がリーダーシップを発揮したことは確かだが、ドイツとしての真の狙いは、むしろ導入サイドの中堅・中小企業にあると考えられる。特に2015年の「インダストリー4・0プラットフォーム」の改組以降は、その意図はより明確になってきている。ドイツの強さの大きな部分を構成するHidden Championとも呼ばれるMittelstand（中堅・中小企業）を脱皮させ、彼らの世界市場での競争力を維持強化しようというものである。

しかし、大部分の中堅・中小企業は、これまでのところ、むしろ懐疑的な企業が多いというのが実情のようである。「自社にとってのインダストリー4・0の内容、投資効果がはっきりしない」「自社の生命線である企業秘密が漏れるおそれがある」といった疑問、批判が結構多いと伝えられている。

現在、プラットフォームでは、具体的な投資の内容と効果を実感できるようテストベッドを数十用意して、中堅・中小企業の理解増進に努めているとのことであり、理解、納得のプロセスに十分な時間をかける考えとみえる。

この点は、企業グループの形態に相違があるとはいえ、日本との共通点も多いと考えられるので、日独間の情報交換は、大いに意味あるものといえよう。

5 第4次産業革命がもたらすもの

(1) ドイツとEUにとって

2000年代初めまで「欧州の病人」といわれる状態にあったドイツを救出したのが、「共通通貨ユーロの導入」と「シュレーダー経済構造改革」であったことは周知のとおりである。その結果ドイツは経済面ではEU内で「一人勝ち」といわれるまでになったが、シュレーダーの後を引き継いだメルケル首相としては、将来に向けてドイツ経済をより強固なものに作り替える政策を必要としていた。そこで着眼したのが「インダストリー4・0」であり、産官学労など国内の関係者を糾合し、海外からも注目を浴びるなど、滑り出しはおおむね順調といってよいと思われる。

他方、ドイツが世界市場の中で強い地位を得ることは、EU全体を支えざるをえないドイツにとって必要なことではあるが、他のＥＵ諸国との格差が一方的に拡大することは、「一人勝ち」をさらにひどくする恐れもある。フランスとのテストベッドの情報共有はすでに行われてはいるが、ドイツとしてもＥＵ各国との連携をさらに進める必要があると思われる。

一方、ＥＵとしても、ユンケル委員長の掲げる優先政策課題である「デジタル単一市場」戦略の中で、初めての取り組みとして「欧州産業のデジタル化」（Digitising European Industry）をとりあげた（２０１６年４月公表）。ここでは、ドイツのほか、オランダ、英国、フランスなどで展開されているデジタル政策、イノベーション戦略を踏まえ、インフラの整備や標準化の加速などＥＵワイドでの関連政策のコーディネーションと枠組みの構築を目標としており、今後の展開が注目される。

(2) アメリカ、日本との関係

ドイツが「インダストリー４・０」に取り組んだのは、アメリカの新しいＩＴ企業の動きに触発された対抗意識が一因であることはすでに述べた。しかし同時に、現実的な判断として、「インダストリー４・０」とＩＩＣは、手を結んでいる。標準化の問題を含め、相互に協力することが必要かつ得策というのが両者の判断である。

一方日本は、ドイツと極めて酷似した立場にあり、製造業分野でドイツと手を結ぶことは、双方にとって自然な流れといえるだろう。同時に、主要な日本企業はＩＩＣのメンバーでもあり、IICとの協調も不可避と考えている。

結局この分野では、「つながる」という意味においては、欧州と日本、アメリカは、手を結ばざるを得ない。と同時に、国の枠を超えて、様々の形で合従連衡が試みられ、競争と協調が併存すると考えられる。特に、今後焦点となるであろうプラットフォームを巡る動きがどうなるか、注目したい。

(3) 先進国製造業復活の切り札として

「インダストリー4・0」など製造業分野における先進国の取り組みは、グローバル化の中で、途上国の安い賃金を求めて出て行った製造業を、国内に取り戻そうという発想とも連動している。変種変量生産と呼ばれる自動化率の高い生産方式を導入して、需要地の近くに生産拠点を置く、そうすれば輸送費を加味すると、コスト面でも優位に立てるようになる、というものである。

この数十年製造業分野の後退を余儀なくされたアメリカにおいても、オバマ政権の下、「メークインアメリカ」政策を掲げて製造業の復活を図っており、ここでもITとの融合が切り札となっている。

ドイツのアディダスにとっては、16年7月、スポーツ靴製造工場のドイツ国内新設計画を発表している。このような動きが実際に大きな流れとなるか、注目したい。

(4) 新興国、途上国

他方、新興国、途上国としても、低賃金を武器とした製造業への依存から抜け出て、ＩＴの導入による製造業の高度化を目論んでいる。

中国については、「中国製造２０２５」が製造業とＩＴ産業の融合を目標に掲げていることはすでに述べた。

ここで最後に触れておきたいのは、ダークホース的存在としての、インドである。そもそもアメリカのＩＴ産業を支える人材の多くがインド人であることはよく知られているが、インド国内でもアメリカ企業のオフショア部門として育ってきた地場のＩＴ企業群の躍進が著しい。今後インドでは、インフラ整備の進捗とともに製造業が育ってくる可能性が高いが、その時には、ポテンシャルの高いＩＴ産業と一体化してくる可能性が大きいと考えられ、今後の動向を注目したい。

〈おわりに〉

「第4次産業革命」といわれる動きは、すでに世界で進行しつつある。これは恐らく、21世紀前半の世界の諸々の流れのなかでも最大のものになると思われる。産業構造や雇用構造、経済社会システムなどが大きく変化するとともに、国や地域の勢力関係にも影響を及ぼす。この流れをどう捉え、対応するかによって、国も企業もどう存立できるかが決まってくるといっても、過言ではなかろう。ドイツは、すでにその先導者となるべく走り始めている。われわれの、決意をもった、主体的な取組みが必要と思われる。

参考文献

Recommendations for implementing the strategic initiative Industry 4.0, Final report of the Industry 4.0 Working Group（April 2013）

尾木蔵人（2015）『インダストリー4・0第4次産業革命の全貌』東洋経済新報社

長嶋聡（2015）『日本型インダストリー4・0』日本経済出版社

岩本晃一（2015）『インダストリー4・0ドイツ第4次産業革命が与えるインパクト』日刊工業新聞社

小川紘一（2015）『オープン&クローズ戦略』増補改訂版、翔泳社

MONOist（モノイスト）記事

『ものづくり白書』2015年版、2016年版

（独法）経済産業研究所（2016）「研究報告」（岩本晃一）

（一財）企業活力研究所（2016）「ものづくり研究会報告書」

おわりに――再統合の条件

現在、最大の岐路にあるEUだが、危機打開への道が封じられたわけではない。それは英国の離脱を受けて、EUが再統合に踏み出せるどうかにかかっている。再統合への道には、紆余曲折が待ち受ける。ユーロにはイタリアの銀行の不良債権問題など不安が残る。あちこちに広がる反EUの機運も簡単には収まらないだろう。しかしEUは遠心力と求心力を繰り返しながら、着実に一歩前に進んできた。それがEUの長い歴史である。二度の世界大戦を経て創設された平和の組織は「たゆたえども沈まず」なのである。

1　再統合へのシナリオ

EUの将来像はすでに描かれている。欧州5機関の長（欧州委員会委員長、EU大統領、欧州議会議長、ECB総裁、欧州財務相会議議長）が2015年にまとめたリポートである。ユンケルEU委員長が主導した。2025年までにユーロ圏財務省を創設するという壮大な構想である。

進展してきた経済統合、金融統合を深めるとともに、財政統合、政治統合に踏み出すのが狙いだ。とりわけユーロ圏財務省構想は、最終的には税収と歳出の決定を国家の権限を越えて集団的決定に移行するもので、野心的な統合構想といえる。また政治統合では欧州大統領を直接選挙で選ぶ構想を盛り込んでいる。統合を加速することで、ほころびかけたEUの再結束をめざすのが狙いである。しかし、この構想が実現するには、多くの課題が残る。

そこには、「欧州統合の父」であるジャン・モネがめざした「超国家」（欧州合衆国）とドゴール仏大統領がこだわった「国家連合」としてのEUという理念の食い違いが横たわる。

EUには「超国家」の機能がかなりある。関税同盟、共通通商政策、競争政策、それにユーロ圏の統一金融政策などである。その一方で、大半の政策はEUと加盟国の「主権の共有」にとどまっている。EUはこれまで「超国家」と「国家連合」の間を歩んできており、ユンケルEU委員長がえがく「超国家」という将来像にはなお距離がある。

当面の焦点は、ユーロ運営の構造問題をどう打開するかである。ユーロ危機が起きたのは、金融政策は「超国家」のように一元化されていても、金融行政や財政政策は「国家主権」にもとづくというズレがあったからだ。金融行政の一元化は銀行同盟によって動き出した。財政統合を進められるかどうかがユーロ運営のカギを握る。

しかし、「国家主権」が支配する財政を一挙に「超国家」にするには無理があるだろう。中間段階として「主権の共有」をめざすのが順序かもしれない。ユーロ共同債の発行はその手段といえる。破綻処理のための共同資金にあてれば、財政統合と金融行政統合を同時に進められる。

拡大したEUを束ねるのは、簡単ではない。原加盟国と東欧圏など後発加盟国、ユーロ圏と非ユーロ圏、シェンゲン協定国と非シェンゲン協定国など、EUはすでにツゥ・スピードになっている。この現実を踏まえて、統合を粘り強く進めることだ。大きな曲がり角で急ぎすぎれば、国家主権にこだわるEU各国内のナショナリズムをかえって刺激しかねない。分裂の危険をはらむ。統合に向けて着実に歩を進めていくしかないだろう。

EUが再結束するには、統合への新たな制度設計と合わせて、EU創設の原点に戻ることも重要である。第2次大戦後のEUの創設は仏独の和解が原点だった。その後の大欧州への拡大と深化の過程でも、EUは仏独主導で運営されてきた。フランスの政治、外交力とドイツの経済力がうまく接合されてきた。

ところが、ここにきてドイツ独り勝ちが目立つ。経済力の優位は圧倒的だ。若年失業は大幅に減り、ユーロ安で貿易黒字は膨らむ。財政均衡どころか財政黒字まで達成した。そのうえに、第4次産業革命まで先導している。

ドイツでメルケル首相は世界で最も影響力のある政治家になった。その一方で、オランド仏大統領の影は薄くなるばかりだ。ウクライナ停戦合意はイランの核合意でのドイツの存在感は大きかった。「EUの盟主ドイツ」が鮮明になるなかで、大国意識がありながらEUではアウトサイダーの英国は、ますます居づらくなった面はあるだろう。

問題は、ドイツ独り勝ちがEU運営をぎくしゃくさせている点である。EUという大所帯で財政健全化を指針にするのは当然だが、ユーロ危機でも明らかなように、それが行き過ぎれば、なかなか危機から抜け出せない国も出てくる。独り勝ちのドイツがドイツ流の財政再建一辺倒を押しつければ、EU経済にきしみが生じる。テロなど連鎖危機の温床である構造失業から抜け出せなくなる。

ドイツ独り勝ちは「ドイツ問題」とされるが、実は「フランス問題」でもある。フランスは得意であるはずの成長戦略をEU再生の基軸として、EU全域に広げることが肝心だ。ドイツと肩を並べるリーダーとしてフランスが復活して初めてEU再生の可能性が開けてくる。それは足元の極右勢力の台頭を抑えることにもつながるはずだ。

EU再生のもうひとつのカギは、ブリュッセルのEU官僚機構の改革である。英国のEU離脱をめぐる国民投票では、バナナの曲がり具合まで口出しするとされた「ユーロクラート」(EU官僚)が批判の的になった。官僚機構の肥大化には徹底してメスを入れる必要があるのはいうまでもない。

しかし、EUがほかの経済圏と全く違う大きな影響力を誇るのは、ローマ条約からマーストリヒト条約、リスボン条約という法的枠組みの積み上げと、それを支えるブリュッセルの官僚機構の存在である。EUは創設以来、言語主権が貫かれてきており、加盟28ヵ国の言語は20に及ぶ。この言語主権を維持しようとすれば、その通訳、翻訳機能は残さざるをえない。

ブリュッセルの改革で重要なのは、英国のEU離脱を受けて「ブリュッセル・コンセンサス」

をどう維持するかである。ＥＵの強みは混合経済の独仏と市場経済の英国のバランスのうえに、きめ細かな討議を重ねて世界のルール・メーカーになってきたところにある。地球温暖化防止や個人情報保護などブリュッセル・コンセンサスが世界標準になってきた。ブリュッセル官僚のなかで英国出身者の役割はかなり大きかっただけに、「英国抜き」のブリュッセルの再建も必要になる。

2　試される「文明の融合」

キリスト教文明の単色の共同体として拡大し深化してきたＥＵが試されるのは「文明の融合」である。パリやブリュッセルという自由で開放的なＥＵ社会がテロの温床になってきたのは、ＥＵ域内に根付くイスラム社会とのあつれきや格差が背景にある。難民やテロなど欧州と中東の連鎖的危機を防ぐには、「文明の衝突」から「文明の共存」へ、さらには「文明の融合」にまで深化させられるかにかかっている。

２０１６年は、いまの中東危機の遠因とも位置付けられるサイクス・ピコ協定から１００年である。第１次世界大戦のさなか英国のサイクスとフランスのピコという中東専門家が線引きした中東分割の秘密協定である。英仏合意にロシアも加わる。部族や宗派を度外視した欧州列強による中東分割は、その後の長い中東混迷につながる。「文明の衝突」を招きかねない協定だったといえる。

このサイクス・ピコ協定の2カ月前、英仏海峡では悲劇が起きていた。スペインの音楽家、グラナドス夫妻を乗せた客船がドイツのUボートによって撃沈される。ニューヨークで歌劇「ゴエスカス」を初演したあと欧州への帰路だった。パリでの初演を計画していたが、第1次大戦でかなわず、ニューヨークに変更したのがあだとなった。

グラナドスの音楽が美しいのは、そこに「文明の融合」があるからだ。スペイン舞曲集のなかにある「オリエンタル」はイスラム文明へのあこがれと畏敬にあふれている。イスラム建築の粋であるアルハンブラ宮殿を追われるイスラム教徒たちへのノスタルジーも感じられる。

イベリア半島では、キリスト教徒とイスラム教徒の勢力争いが繰り返された歴史があるが、そのなかで「文明の融合」が進み、独特の文化を形成していった。

100年後のいま求められるのは、「文明の融合」を幅広い視野で進めるという新たな発想である。一見、至難にみえるが、欧州にはそれを実現してきた長い歴史がある。

カギを握るのは、欧州と中東の接点にあるトルコとの関係をどう構築するかである。言論統制や死刑復活機運などエルドアン政権の強権化もあり、トルコのEU加盟問題はたなざらしにされたままだ。民主化の条件を満たさなければ、トルコのEU加盟はいつまでたっても実現しないだろう。

しかし、難民問題の打開でトルコの役割は見逃せない。北大西洋条約機構（NATO）の一員としての役割も重要である。関係の再構築を模索するしかない。

EU内には従来通り「キリスト教共同体」を貫くべきだという暗黙の了解がある。しかし、主役なき世界が混迷するなかで、経済の相互依存だけではすべてを割り切れなくなっている。岐路にあるEUは単色のキリスト教共同体を超えて、「文明の融合」に踏み出せるかどうかを問われている。「文明の融合」を通じて、EUを転換できれば、混迷する世界で新たな協調モデルになる可能性もある。

3　たゆたえども沈まず

パリの市庁舎にはこんなラテン語の紋章が掲げられている。「Fluctuat nec mergitur（たゆたえども沈まず）」である。この言葉はいまのEUにそのままあてはまる。

EUにはこれまでも懐疑説や悲観論が繰り返されてきた。その多くは「英国発」だった。英国の発信力は強く、それは世界に伝播した。英国のEU離脱はそんなEU懐疑説の土壌から生まれたといえる。しかし、EU離脱の衝撃を最も受けているのは、当の英国である。離脱交渉の難航は必至で、離脱の経済的打撃ははかりしれない。英国分裂の危険もある。英国は自らのEU懐疑説の自縄自縛で「大後悔時代」を迎えている。

極めて狭い道だが、英国がEUに戻る道が消えたわけではない。離脱交渉の難航によってメイ政権は解散・総選挙で国民の声を聞き直すこともありうる。あるいは、リスボン条約50条にもとづく離脱の正式通告そのものを見合わせることも考えられる。

どちらにしろ、英国の混乱は長く続く恐れがある。その混乱をみて、EUはむしろ再結束の動きを強めるだろう。英国のEU離脱でEUは分裂・解体の時代に突入するとみるのは、悲観的すぎる。2度の世界大戦を経て粘り強く築き上げられた平和の連合は、簡単には崩壊しない。それどころか主役なき混迷の世界にあって、EUには世界を結びつける新たな役割が求められている。危機にあるいまこそ「たゆたえども沈まず」という言葉を思い起こすときである。

本書の作成にあたっては、明治大学国際総合研究所（林良造所長）の研究者の方々の意見を参考にさせていただいた。とくにEU研究会に講師として参加してくれた田中俊郎慶応大学名誉教授、田中素香東北大学名誉教授、塩尻孝二郎前EU大使、森井裕一東大教授、村田奈々子東大特任准教授、赤石浩一経済産業省審議官、三菱UFJリサーチ&コンサルティングの尾木蔵人氏に大きな示唆をいただいた。また川嶋周一明治大学准教授、フランク・ミシュラン明治大学特任准教授、田中晋JETRO企画部主幹、太田瑞希子亜細亜大学講師、菅野幹雄日本経済新聞論説委員らEU研究会のメンバーをはじめ多くの方々に協力を仰いだ。出版にあたっては、EU研にも参加してくれたNTT出版の永田透氏に尽力していただいた。出版にかかわったすべての方々に深く感謝します。

2016年9月

岡部直明

1997年5月	アジア通貨危機
1998年6月	ＥＣＢ発足
1999年1月	ユーロ誕生（独、仏、伊、オランダ、ベルギー、ルクセンブルク、アイルランド、スペイン、ポルトガル、オーストリア、フィンランドの11ヵ国）
2001年1月	ユーロにギリシャ加盟
2001年9月	米同時多発テロ
2002年1月	ユーロ紙幣年硬貨流通
2003年3月	イラク戦争
2004年1月	ＥＵに中東欧諸国など10ヵ国加盟（キプロス、チェコ、エストニア、ハンガリー、ラトビア、リトアニア、マルタ、ポーランド、スロバキア、スロベニア）
2007年1月	ＥＵにブルガリア、ルーマニア加盟
2007年1月	ユーロにエストニア加盟
2008年1月	ユーロにキプロス、マルタ加盟
2008年9月	リーマン・ショック
2009年1月	ユーロにスロバキア加盟
2009年12月	リスボン条約発効。ＥＵ大統領誕生
2010年1月	ギリシャ危機が表面化
2010年12月	アラブの春
2011年1月	ユーロにエストニア加盟
2011年12月	米軍がイラク撤収
2012年10月	欧州安定メカニズム（ＥＳＭ）発足
2012年12月	ＥＵにノーベル平和賞
2013年7月	ＥＵにクロアチア加盟（28ヵ国に）
2014年1月	ユーロにラトビア加盟
2014年3月	ウクライナ危機。ロシアがクリミア併合
2015年1月	ユーロにリトアニア加盟（19ヵ国に）
2015年4月	中東、北アフリカなどからＥＵへ大量の難民流入
2015年10月	ＴＰＰ合意
2015年11月	パリ同時テロ
2015年12月	中国主導のＡＩＩＢ創設
2016年3月	ブリュッセル・テロ
2016年6月	英国民投票でＥＵ離脱を選択
2016年7月	トルコでクーデター未遂

欧州統合をめぐる歴史

1944年6月	連合軍ノルマンディ上陸
1944年7月	ブレトンウッズ会議（金ドル本位制決定、IMF年世銀年ガット体制へ）
1945年9月	第2次世界大戦終結
1947年6月	米マーシャル・プラン発表
1948年6月	ソ連、ベルリン封鎖
1949年4月	NATO創設
1950年5月	シューマン・プラン発表
1951年4月	ECSC設立条約（仏、西独、伊、オランダ、ベルギー、ルクセンブルクの6ヵ国）
1958年1月	ローマ条約発効。EEC、EURATOM発足
1955年3月	米、ベトナム北爆
1967年7月	EC発足
1971年8月	ニクソン・ショック（金ドル交換停止）
1973年1月	ECに英、アイルランド、デンマーク加盟
1979年3月	EMS発足
1981年1月	ECにギリシャ加盟
1983年11月	米ソINF交渉決裂
1985年6月	シェンゲン協定署名
1985年9月	プラザ合意（ドル高是正）
1986年1月	ECにスペイン、ポルトガル加盟
1989年4月	EMUのドロール報告
1989年11月	ベルリンの壁崩壊
1990年19月	東西ドイツ統一
1992年9月	EMS危機。英ポンド、伊リラがERM離脱
1992年12月	NAFTA署名
1993年1月	EC単一市場スタート
1993年11月	マーストリヒト条約発効。EU発足
1993年12月	ウルグアイラウンド合意
1995年1月	EUにオーストリア、フィンランド、スェーデン加盟
1995年1月	WTO創設

第13回（2014年12月）「英国のEU離脱を巡る論点」
基調報告：吉田健一郎（みずほ総合研究所欧米調査部上席主任エコノミスト）

第14回（2015年2月）「ユーロ危機を超えて－デフレか成長復活か」
基調報告：田中素香（中央大学教授）

第15回（2015年5月）「ギリシャ問題の歴史的背景と現代的課題」
基調報告：村田奈々子（東京大学特任講師）

第16回（2015年7月）「国民投票後のギリシャ」
基調報告：伊藤さゆり（ニッセイ基礎研究所上席研究員）

第17回（2015年10月）「ＥＵ新体制が進める優先策とインダストリー 4.0」
基調報告：田中晋（ジェトロ企画部）

第18回（2015年11月）「難民問題のドイツ・ＥＵへの影響」
基調報告：森井裕一（東京大学大学院総合文化研究科教授）

第19回（2016年1月）「ドイツで進むインダストリ ── 4.0への取組み」
基調報告：尾木蔵人（三菱UFJリサーチ＆コンサルティング㈱コンサルティング・国際事業本部 国際本部 国際営業部副部長）

第20回（2016年3月）「ＥＵの行方と日ＥＵ関係」
基調報告：塩尻孝二郎（外務省参与、前ＥＵ日本政府代表部特命全権大使）

第21回（2016年5月）「ＥＵと中東 ── 難民、テロ問題の背景」
基調報告：脇祐三（日本経済新聞コラムニスト）

第22回（2016年6月）「日EU経済関係の今後の展開について──伊勢志摩G7首脳会議を踏まえて」
基調報告：赤石浩一（経済産業省大臣官房審議官/通商政策局担当）

第23回（2016年7月）「英国のＥＵ離脱とその影響」
基調報告：吉田健一郎（みずほ総合研究所 欧米調査部/市場調査部 上席主任エコノミスト）

第24回（2016年8月）「日EU経済連携協定について」
金子知裕（経済産業省政策局連携課長）

明治大学国際総合研究所「EU研究会」基調報告一覧

（2016年8月/所属は報告当時のもの）

第1回（2013年7月）　「ユーロ危機は終わったか」
基調報告：林秀毅（一橋大学客員教授、日本経済研究センター特任研究員）

第2回（2013年9月）　「ユーロ危機と銀行同盟」
基調報告：勝悦子（明治大学副学長（国際連携担当）、政治経済学部教授）

第3回（2013年10月）　「ＥＵの政治潮流」
基調報告：平石隆司（㈱三井物産戦略研究所・国際情報部欧米室長）

第4回（2013年11月）　「ユーロ圏の債務危機と労働市場 ― 構造改革の成果と課題」
基調報告：伊藤さゆり（ニッセイ基礎研究所上席研究員）

第5回（2014年1月）　「最近の日欧関係 ― 日欧ＥＰＡ／ＦＴＡなど」
基調報告：塚本弘（日欧産業協力センター事務局長）

第6回（2014年2月）　「銀行同盟 ― EU銀行監督と破綻処理」
基調報告：太田瑞希子（亜細亜大学）

第7回（2014年3月）　「欧州経済：ここは我慢のしどころ ― デフレとの闘いの勝算は？」
基調報告：田中理（第一生命経済研究所主席エコノミスト）

第8回（2014年4月）　「ウクライナ危機を巡って ― 歴史の教訓」
基調報告：ミシュラン、フランク（明治大学国際連携機構特任准教授）

第9回（2014年6月）　「ヨーロッパ統合史から見たＥＵの課題」
基調報告：川嶋周一（明治大学政治経済学部准教授（ＥＵ政治））

第10回（2014年7月）　「強いドイツと弱いユーロ圏 ― 危機の現場にみた欧州の苦悩」
基調報告：菅野幹雄（日本経済新聞社編集局経済部長、前欧州駐在編集委員、ベルリン支局長）

第11回（2014年9月）　「ＥＵの対中政策」
基調報告：田中俊郎（慶應義塾大学名誉教授、ジャン・モネ・チェア）

第12回（2014年10月）「ウクライナ危機の行き着く果て」
基調報告：田中理（第一生命経済研究所主席エコノミスト）

◉編著者紹介
岡部直明（おかべ・なおあき）
明治大学国際総合研究所フェロー

◉著者紹介
EU研究会
明治大学国際総合研究所において、岡部直明フェローをプロジェクト・リーダーとして、2013年から精力的に活動を始める。ユーロ危機でＥＵに不安が広がっているなかで、ＥＵの真実を見つめ直す。危機の現実を直視し、しかし、行き過ぎた悲観論に陥らず、ユーロ再生とＥＵの新展開を探る。研究会では、学界、民間研究機関、経済界、官界、メディアなど幅広い人材が参加して討論が行われる。

EUは危機を超えられるか——統合と分裂の相克

2016年10月19日　初版第1刷発行

編 著 者　岡部直明

著　　者　EU研究会

発 行 者　長谷部敏治

発 行 所　NTT出版株式会社
〒141-8654　東京都品川区上大崎3-1-1 JR東急目黒ビル
営業担当／TEL 03-5434-1010　FAX 03-5434-1008
編集担当／TEL 03-5434-1001　http://www.nttpub.co.jp

装　　丁　Boogie Design

印刷製本　株式会社 光邦

ISBN 978-4-7571-2360-1　C0033